KB142218

Succession Planning for Perpetuating

100년 기업을 위한 승계전략

100년 기업을 위한 승계전략

2013년 4월 4일 초판 1쇄 발행 | 2013년 4월 18일 4쇄 발행
지은이 · 김선화

펴낸이 · 박시형
책임편집 · 권정희, 임지선 | 디자인 · 김애숙

경영총괄 · 이준혁
마케팅 · 장건태, 권금숙, 김석원, 김명래, 탁수정
경영지원 · 김상현, 이연정, 이윤하
펴낸곳 · (주)쌤앤파커스 | 출판신고 · 2006년 9월 25일 제406-2012-000063호
주소 · 경기도 파주시 회동길 174 파주출판도시
전화 · 031-960-4800 | 팩스 · 031-960-4806 | 이메일 · info@smpk.kr

ⓒ 김선화 (저작권자와 맺은 특약에 따라 검인을 생략합니다)
ISBN 978-89-6570-138-5 (03320)

쌤앤파커스(Sam&Parkers)는 독자 여러분의 책에 관한 아이디어와 원고 투고를 설레는 마음으로 기다리고
있습니다. 책으로 엮기를 원하는 아이디어가 있으신 분은 이메일 book@smpk.kr로 간단한 개요와
취지, 연락처 등을 보내주세요. 머뭇거리지 말고 문을 두드리세요. 길이 열립니다.

Succession
Planning for
Perpetuating

100년 기업을 위한
승계전략

· 김선화 지음 ·

쌤앤파커스

기업승계,
리스크로 안을 것인가
기회로 만들 것인가

평생 죽을힘을 다해 키워온 회사가 있다. 열심히 일해온 덕분에 회사는 어느 정도 자리를 잡았지만, 요즘 승계문제만 생각하면 골치가 아프고 잠이 안 온다. 그동안 기업을 키우느라 앞만 보고 달려왔지, 승계는 손 놓고 있었기 때문이다. '내 아들이 물려받았으면…' 하고 막연히 생각하긴 했지만, 일단 회사를 어느 정도 키우고 나면 어떻게든 술술 풀릴 줄 알았다. 은퇴 시기는 하루하루 다가오는데 자식들은 회사 일에 관심이 없고, 눈에 차는 후계자 찾기도 하늘의 별 따기다. 그렇다고 이제 와 새로운 사람을 경영자로 키우자니 방법을 모르겠고 시간도 촉박하다. 기껏 죽자사자 일해서 이만큼 키워놓았는데, 자칫 이대로 회사 문을 닫게 되는 건 아닌지 속이 탄다.

많은 경영자들이 이처럼 승계의 중요성을 간과하다가 발등에 불이 떨어져서야 고민을 시작한다. 그러다가 승계에 실패해서 기업이 하향세로 접어들거나, 아예 기업을 매각하는 경우도 있다.

가족에게 기업을 물려주려는 오너경영자들에게 가장 큰 고민은 무엇일까? 아마도 세금 문제일 것이다. 우리나라에서는 기업이 세대이전에 실패하는 이유로 상속·증여세 문제가 가장 크게 부각된다. 실제로 과중한 상속세를 감당하지 못해 문을 닫는 기업도 있고, 승계 후 기업 경쟁력이 약화되는 사례가 심심치 않게 들려오기 때문에, 경영자들이 세금 문제에 촉각을 세우는 것은 당연하다.

그런데 조세정책을 아무리 열심히 들여다보고 세금을 획기적으로 아낀다고 해서 100% 승계에 성공할 것이라고 생각한다면 오산이다. 세금문제는 성공적 승계를 위한 필요조건이긴 하나 그것만으로 성공을 보장할 수 없다. 그보다는 다른 문제들이 경영권 승계의 성패를 좌우하며, 나아가 기업의 영속성에도 훨씬 더 주요하게 작용한다.

"부자는 3대를 넘기기 어렵다"는 속담을 증명하듯, 자녀에게 돈만 물려주다가 망하는 기업들이 숱하다. 오늘날 기업이 창업자 세대를 넘어 생존하는 비율이 30%에 불과한 이유도 결국, 기업의 핵심이 되는 경영철학과 기업가정신을 후대에 물려주지 않기 때문이다. 승계에서 가장 중요한 첫 단추는 '기업의 핵심가치'와 창업자의 '경영철학'이다. 승계는 5년 후, 10년 후를 보고 준비해야 하는데 당신이 이미 늦었을지도 모르는 상황이라면, 이제라도 뭐가 가장 중요한지 알고 효과적으로 준비해야 하지 않겠는가? 이 책에는 그런 마인드에 관한 내용을 담았다. 이 책에 상속세에 대해서는 구체적으로 다루지 않았다. 조세정책은 계속 변하기 때문에 지속적인 업데이트가 필요하고, 마음만 먹으면 어디서든 쉽게 당신을 도와줄 전문가를 만날 수 있기 때문이다. 대신 여기서는 그보다 더 근본적인 문제, 가족기업이 세대이전에 실패하는 원인의 80%를 차지하는 가족관계와 경영권 승계문제에 주목했다.

이 책은 크게 6장으로 구성되어 있다. 1장에서는 장수경영에 성공한 기업과 실패한 기업 사례를 통해, 가족이 기업의 흥망성쇠에 어떤 영향을 미치는지 살펴보았다. 2장에서는 가족기업에서 끊임없이 발생하는 가족분쟁의 원인이 어디에 있는지 살펴보고 이에 대한 해결방안을 제시했다. 3장과 4장에서는 후계자 선정 방법과 리더십 개발, 승계 과정에서 경영자의 역할 등, 구체적인 승계 프로세스를 중점적으로 짚어보았다. 5장에서는 100년 이상 생존한 기업들의 다양한 사례를 통해, 기업활동의 중심이 되는 경영철학과 핵심가치를 소개한다. 6장에서는 불화를 막고 성공적인 관계를 형성하기 위해서는 어떤 조직체계가 필요한지 살펴본다. 그리고 부록으로 가족기업 경영자들이 직접 가족과 기업의 문제를 점검해볼 수 있도록 "가족기업의 성공적 세대이전을 위한 체크리스트" 50가지 항목을 실었다. 경영자로서 자신이 가진 강점과 약점을 직시하는 기회가 될 것이다.

지난 4년간 가족기업을 연구하며 새로운 지식을 얻는 즐거움을 경험했다. 처음에는 가업승계에 대한 관심으로 시작해서 가족기업 연구로 발전되었다. 우리나라에는 가족기업 관련 자료가 거의 없어 대부분을 해외연구에 의존해야 했다. 현장감 있는 정보나 사례를 얻고자 수차례 미국이나 유럽 등지의 컨퍼런스와 세미나를 찾아다녔다. 해외 장수기업들이 어떻게 100년, 200년 가족의 화합을 유지하며 가족기업의 정체성을 지켜왔는지 들으며 부러움도 느꼈다. 한편으로는 우리나라의 수많은 기업들이 가족갈등이나 분쟁을 해결하지 못하는 현실, 가족기업들이 국가경제에 크게 기여하고 있음에도 단점만이 강조되는 현실도 안타까웠다. 그러한 것들이 이 책을 쓰게 된 동기다. 우리나라에도 앞으로 존경받는 100년 기업들이 쏟아져 나오고, 그 과정에서 이 책이 도움이 되기를 바란다.

김선화

Part II 창업 이후, 수성을 준비하라

Part III 100년을 뛰어넘는 토대를 물려줘라

I

왜
기업은 3대를 못 가는가?

가족기업,
3대가 고비다

1

많은 연구에 따르면, 부가 3대까지 유지되는 비율은 고작 10% 정도밖에 안 된다. 게다가 이 비율은 어느 나라에서나 거의 동일하게 나타난다. 장수기업 연구의 대가인 제임스 휴즈 주니어는 부자가 3대를 못 가는 메커니즘을 이렇게 설명한다. 공교육도 제대로 받지 못하고 힘든 일만 하면서 검소하게 살았던 첫 번째 세대가 고생 고생해서 마침내 큰 재산을 모은다. 두 번째 세대는 대학을 나와 유행하는 비싼 옷을 입고 도시 아파트에 살면서 시골 부동산에 투자도 하여 마침내 상류사회로 진입한다. 그러나 세 번째 세대는 어릴 때부터 사치스럽게 자라서 일도 거의 하지 않고 돈만 물 쓰듯 하다가 마침내 물려받은 재산을 날려버리고 만다. 그 결과 다시 허리띠를 졸라매게 된다. 이것이 이 속담을 설명하는 대표적인 3단계 공식이다. 즉 1단계는 재산 형성기이고 2단계는 안정 또는 현상 유지기, 3단계는 탕진기라고 요약할 수 있다. 이는 물리학에서 말하는 에너지 순환단계와 같다.

100년 기업,
운과 실력만으로는 부족하다[1]

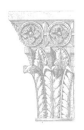

　앤호이저부시라는 이름을 들어본 적 있는가? 우리나라 사람들에게는 조금 낯설지도 모르겠다. 하지만 앤호이저부시는 몰라도 버드와이저를 모르는 사람은 거의 없다. '맥주의 제왕The King of Beers'이라 불리며, 미국 맥주의 상징으로 자리 잡은 '버드'. 한때 버드와이저를 생산하던 앤호이저부시는 미국 맥주 시장의 50%를 점유했을 뿐 아니라 세계 판매량 1위의 맥주회사였다. 대표적인 미국 맥주이자 '미국의 자존심' 버드는 그러나 이제 미국 기업이 아닌 벨기에 기업 인베브InBev가 소유하고 있다. 앤호이저부시는 지난 2008년, 적대적 인수전이 시작된 지 불과 한 달여 만에 전격적으로 인베브로 넘어갔다. 인수대금은 총 520억 달러. 사람들은 이렇게 큰 규모의 인수합병이 엄청나게 빠른 속도로 진행된 것에 경악했다. 이로써 벨기에의 작은 양조회사에서 시작한 인베브는 세계 1위의 맥주회사가 되었다.

세계 1위 기업이던 앤호이저부시는 어쩌다 이름도 알려지지 않았던 인베브에 넘어가게 되었을까? 이 드라마틱한 이야기의 중심에는 앤호이저부시를 지배하던 부시가家의 흥망성쇠가 숨어 있다.

1860년, 에버하르트 앤호이저Eberhard Anheuser가 미국 세인트루이스에서 문을 연 앤호이저부시는 그의 손자 거씨 부시Gussie Busch와 증손인 어거스트 부시 3세August Busch III를 거치며 미국 최대 양조회사로 성장했다. 이들이 만든 버드와이저가 '맥주의 제왕'으로 거듭나는 데는 부시 3세의 광고전략이 주효했다. 그는 회사를 맡은 1977년 이후 13년 동안 경영 일선에서 비즈니스를 완벽하게 통제하며 미국 내 시장점유율을 22%에서 50%까지 끌어올렸다. 누구도 부시 3세의 능력을 의심하지 않았다. 그는 회사에서 군주처럼 군림했다. 그러나 인간적으로는 매우 폐쇄적이고 괴팍한 경영자였다.

그는 장남인 어거스트 부시 4세를 못 미더워했다. 부시 4세는 늘 아버지 앞에서 위축되었고, 어떤 사안에서도 자기 목소리를 내지 못했다. 그러나 후계자로 다른 대안이 없었기 때문에, 2006년 부시 4세가 앤호이저부시의 CEO 자리에 올랐다. 그러나 부시 3세는 승계 후에도 여전히 회사에 남아 사무실을 지켰고, 자신의 절대권력을 조금도 놓지 않았다. 그는 아들 위에서 회사를 통제했다. 앤호이저부시의 이사들은 항상 둘 사이의 긴장관계 속에서 눈치를 살펴야 했다.

부시 4세가 CEO가 되었을 당시, 앤호이저부시의 황금시대는 저물어가고 있었다. 세계적으로 맥주 소비가 감소하면서 이미 다른 맥주회사들은 글로벌 인수합병 등으로 연합해서 적극적인 공세를 시작했다. 하지만 앤호이저부시의 이사회는 '우리는 세계에서 가장 큰 양조회사다. 우리같이 큰 회사를 인수한다는 것은 불가능하다'라는 안이한 생각에 빠져 외부 위협을 감지하지 못했다. 반면 부시 4세는 아버지에 비해 맥주산업에 대한 인식이 글로벌화되어 있었다. 그는 다른 기업과 인수합병하여 해외에 진출하고 규모를 키우려 했지만, 부시 3세의 반대를 통과하지 못했다.

2006년 앤호이저부시는 인베브의 맥주를 미국 내에서 독점 판매하는 파트너십 협상을 시작했다. 부시 3세는 아들을 협상에 내보냈지만 어떤 의사결정권도 주지 않았고, 아들은 아버지를 설득하거나 거부하지도 못했다. 협상은 약 1년 6개월간 지속되다가 끝내 결렬되었다. 그러나 인베브로서는 손해날 게 없었으니, 협상과정에서 앤호이저부시를 속속들이 파악할 수 있었기 때문이다.

인베브의 어드바이저들은 부시 3세가 1980년 기업을 상장한 후 자신의 지분이 4%밖에 되지 않는데도 경영권 방어를 위한 '차등의결권주'조차 가지고 있지 않다는 것을 알고 경악했다. 차등의결권제도Dual Class Share는 1주당 1의결권의 원칙을 깨고 오너나 경영자 등 일부 주주에 대해 의결권을 차등 부여함으로써 안정적인 경영활동을 보장하고 적대적 M&A로부터 경영권을 방어하는 수단이다. 이는 북미와 일본, 유럽 등지에서 채택하고 있는 제도다. 그러나 부시 3세는 이마저도 갖추고 있지 않아 일반 주주와 다를 바가 없었다. 모든 사람들이 가족기업으로 알고 있었지만 그들은 가족 간 어떠한 협조나 협력도 없었고, 최고경영층에 있는 아버지와 아들 관계도 갈등으로 점철되었으며, 이사회도 제 기능을 다하지 못하고 있었던 것.

인베브 이사회는 일사불란하게 인수계획을 마련했다. 그 결과 150년 역사의 거대기업이 적대적 인수전이 시작된 지 불과 한 달여 만에 쓰러지고 말았다. 인베브는 기업을 인수한 뒤 사명을 앤호이저부시 인베브AB InBev로 바꾸고 즉각적인 인원감축과 공격적인 자산매각 등을 통해 유동성 확보에 나섰다. 앤호이저부시의 직원 1,400여 명은 하루아침에 실업자 처지가 되었다.

기업	차등주의 비중(%)	의결권(%)
구글(Google)	21.5%	73.3%
컴캐스트(Comcast)	0.3%	24.6%
포드(Ford Motor)	1.9%	40.0%
브로드컴(Broadcom)	10.0%	52.6%
IAC/인터랙티브(IAC/Interactive)	6.4%	40.4%
에코스타(Echostar)	55.6%	92.6%
뉴욕타임스(New York Times)*	0.6%	100%

미국의 차등의결권제도 채택회사 사례

출처 : Bloomberg CapitalIQ ; Company filings, 2011
*B클래스 주식으로 총 이사회 멤버 14명 중 9명의 선출권이 있음.

인베브 가족들은
권력보다 단합을 택했다

그렇다면 이번에는 인베브로 시선을 돌려보자. 이 다윗기업은 어떤 강점으로 골리앗을 쓰러뜨릴 수 있었을까?

흥미롭게도, 인베브 또한 가족기업이다. 인베브는 2004년 벨기에의 인터부르InterBrew와 브라질의 엠베브AmBev가 합병해서 만든 회사다. 그런데 이 합병을 주도했던 인터부르의 행보가 주목할 만하다. 그들은 5대를 이어오는 동안 가족들이 소유권을 100% 가지고 있었는데, 1988년 아주 중대한 결정을 내리게 된다. 여러 가족들이 경영에 참여하면 서로 이해관계가 달라지고 경쟁하게 되므로, 가족 모두가 경영일선에서 물러나기로 한 것이다. 그들은 전문경영인을 채용하는 한편, 가족 대표들이 이사회에 들어가 기업을 지배했다. 전문경영인은 외부를 대표하는 역할을 하고, 주요 의사결정은 가족들이 참여하는 이사회에서 이루어졌다. 그 결과 1988년부터 2005년 사이 7명의 CEO가 교체되는 혼란을 겪었지만 회사는 중심을 잃지 않고 더 크게 성장했다.

그들은 세계화 전략으로 이머징마켓, 동유럽, 캐나다 등지의 맥주회사를 인수하며 공격적으로 기업을 확장해나갔다. 1998년에는 한국의 OB맥주를 인수했다가 2009년 앤호이저부시의 인수자금을 마련하기 위해 OB맥주를 팔고 한국을 떠났다. 2000년에 인터부르는 세계 14개국에서 각국의 1~2위 맥주회사를 소유한 세계 3위의 맥주회사가 되었다. 그리고 그해 벨기에 주식시장에 상장했다. 그러나 상장 후에도 전체 지분의 66%는 여전히 가족재단을 통해 가족들이 보유했다. 가족주주는 약 70명으로, 대부분 창업자의 5, 6대 가족들로 구성되었다.

2000년 이후 인터부르는 세계시장 진출에 더 적극적으로 나섰다. 2004년에는 남미로 시장을 확장하기 위해 브라질의 가족기업인 엠베브Ambev와 합병해 회사명을 인베브로 바꾸었다. 이로써 그들은 세계 2위의 맥주회사로 한 단계 올라섰다. 전체 지분은 벨기에 가족이 28.3%, 브라질 가족이 약 24.7%를 가지고 있어 이들 가족의 기업지배력이 53%에 달했다. 합병 후 양측의 모든 가족주주들은 향후 20년 동안 가족주주 누구도 주식을 매도하거나 개인적으로 추가 매입하지 않는다는 내용을 골자로 하는 주주협약을 체결했다. 또한 의결권은 벨기에와 브라질 가족이 50%씩 동등하게 나누며, 이사회는 벨기에 가족대표 4명, 브라질 가족대표 4명, 사외이사 4~8명으로 구성하고 의장은 사외이사가 맡았다. 이사회에는 감사, 재무, 인사위원회를 두고, 이사회에서 전략, 마케팅, 세일즈, 회사설립 및 인수합병 등에 관한 주요 의사결정을 하고 있다.

설명으로 알 수 있다시피, 인베브는 벨기에와 브라질 가족들의 결속과 상호협약을 통해 효과적으로 기업을 지배해왔다. 그리고 마침내 2008년, 앤호이저부시를 인수하며 세계 1위의 맥주회사 자리에 올라섰다.

경영의 실패가 아니라
인간적 실패다

앤호이저부시의 인수합병 사례가 우리에게 주는 교훈은 무엇일까? 이들은 최고의 제품, 높은 시장점유율, 최고의 브랜드가치를 갖고 있었음에도 왜 인베브의 공격에 속수무책으로 당할 수밖에 없었는가?

결론적으로 말하자면, 앤호이저부시의 실패는 비즈니스의 실패라기보다는 오너의 독단적 경영, 세대교체 문제, 가족문제, 지배구조 문제 등과 같은 '인간적 측면의 실패'였다.

그중 가장 큰 문제는 오너의 독단적 경영에 있었다. 부시 3세는 회사 내에서 절대충성의 대상이었고, 그의 의사결정은 불가침의 영역이었다. 그는 지나치게 미국시장에만 집착했고, 낡은 전략에 빠져 세상의 변화를 수용하려 하지 않았다. 앤호이저부시는 한 사람의 탁월성 덕에 굉장한 성공을 이루었지만, 그 한 사람의 과도한 권력욕과 자만심을 해결하지 못해 실패한 것이다.

두 번째는 세대교체 문제다. 부시 3세는 승계 후에도 권력을 놓지 않고 기업을 통제하면서 후계자의 능력을 약화시켰다. 부자간 갈등으로 기업은 방향성을 잃었고, 내부 결속은 점점 와해되었다. 또한 아버지와 아들 간의 불화를 지속적으로 외부에 노출함으로써 인베브의 인수합병 타깃이 되었다.

세 번째는 지배구조 문제다. 그들은 유능하고 비싼 변호사와 어드바이저들을 고용했지만, '우리는 인수합병으로부터 안전하다'는 자만심 때문인지 법적으로 허용된 주식의 차등의결권 구조조차 구축하지 않았고, 포이즌필Poison Pill(적대적 M&A 시도에 맞서 기존 주주들에게 시가보다 훨씬 싼 가격에 새로운 주식을 매입할 권한을 주는 것)도 2004년에 만료되었지만 갱신하지 않았다. 결국 이것이 회사를 넘겨주는 결정적인 원인이 되었다. 이사회에는 부시 3세가 허튼소리를 하더라도 이에 대해 직언할 수 있는 사람이 아무도 없었다. 사외이사들은 부시 3세의 결정을 승인해주는 거수기에 불과했을 뿐, 경영감독이라는 제 역할을 다하지 못했다. 결국 이러한 인간적인 차원의 문제들이 복합적으로 작용해 부정적 시너지를 냈고, 결국 앤호이저부시를 실패로 이끌었다.

미국인들에게 사랑받아온 150년 역사의 기업은, 이렇게 기업 내부적인 문제로 불과 한 달여 만에 외국기업에 넘어갔다. 아돌푸스 부시가 장인으로부터 기업을 인수해서 앤호이저부시를 설립한 지 92년, 그의 증손인 부시 4세가 회사를 맡은 지 2년 만에 부시가의 손을 떠난 것이다. 2008년 기업을 매각한 뒤에도 부시 3세와 부시 4세의 관계는 끝내 회복되지 못했다. 아버지와 아들은 더 이상 서로 만나지도 얘기하지도 않았다. 그리고 부시 4세는 2010년 그의 집에서 27세 모델 출신의 여자친구가 약물 과다복용으로 사망하며 다시 한 번 매스컴의 입방아에 올랐다. 경찰이 50구경 기관총을 포함한 고화력 무기로 가득 찬 그의 집에 도착했을 때 그 역시 약물중독과 피해망상에 허우적대고 있었다. 거씨 부시, 부시 3세 등 부시가 사람들은 경영에는 탁월했을지 몰라도 과도한 자만심, 권력에 대한 집착, 부자갈등으로 결국 기업을 지켜내지 못했다.

앤호이저부시를 인수한 인베브는 이들과 확연히 달랐다. 두 기업 모두 특정 가문에 의해 지배되고 있었지만 경영방식이나 지배구조, 이사회 운영방식, 가족의 경영 참여나 의사결정 방식에는 엄청난 차이가 있었다. 인베브의 가족들은 서로 합의하고 협력하는 가족시스템을 구축해서 기업을 효과적으로 지배하고 전략적으로 성장시켰다. 이러한 차이는 결국 인베브가 부시가와의 경쟁에서 승리하는 원동력이 되었다.

앤호이저부시의 사례는 가족기업이 아무리 최고의 제품, 높은 시장점유율, 최고의 브랜드가치를 갖췄더라도 가족문제나 세대교체 문제, 지배구조 문제 등을 간과한다면 얼마든지 실패할 수 있음을 보여준다.

우리나라는 상장기업의 60~70% 그리고 중소·중견기업의 대부분이 가족기업이다. 가족 간의 '인간적 신뢰'가 기업에 어떤 영향을 미치는지를 적나라하게 보여준 두 맥주회사의 사례는 우리나라 기업들에도 시사하는 바가 크다.

부자는
3대를 못 간다?

앤호이저부시의 사례는 일견 드라마틱해 보이지만, 사실 다른 기업들에도 이런 문제들이 얽혀 있는 경우가 허다하다. 정도의 차이는 있지만, 많은 가족기업들이 경영권 승계 과정에서 세대간, 형제자매간 갈등을 겪고 있으며, 갈등을 극복하지 못해 결국 망하기도 한다. 왜 이런 문제들이 발생할까? 가족기업은 구조적으로 어떤 위험을 안고 있는 것일까?

"부자는 3대를 못 간다"는 속담이 있다. 이것은 우리나라에만 있는 속담이 아니다. 표현은 다르지만, 세계 모든 언어권에 같은 의미의 속담이 존재한다. 중국에는 "논마지기도 3대를 못 간다"는 속담이 있다. 미국에는 "셔츠바람으로 시작해서 3대 만에 셔츠바람으로"(Shirtsleeves to shirtsleeves in three generations)라는 속담이 있다. 1세대는 외투조차 못 입을 만큼 가난한 형편에서 시작해 혼신의 노력으로 부를 이루지만, 결국 3대에 가면 부를 잃고 다시 가난했던 시절로 돌아간다는 의미다. 독일에는 "아버지는 재산을 모으고, 아들은 탕진하고, 손자는 파산한다"는 속담이 있다. 이 또한 부자가 3대를 못 간다는 의미다. 우연치고는 대단한 우연 아닌가? 어쩌다가 이렇게 전 세계에 비슷한 속담이 생겼을까?

많은 연구에 따르면, 부가 3대까지 유지되는 비율은 고작 10% 정도밖에 안 된다. 게다가 이 비율은 어느 나라에서나 거의 동일하게 나타난다.[2] 장수기업 연구의 대가인 제임스 휴즈 주니어James Hughes Jr.는 부자가 3대를 못 가는 메커니즘을 이렇게 설명한다. 공교육도 제대로 받지 못하고 힘든 일만 하면서 검소하게 살았던 첫 번째 세대가 고생 고생해서 마침내 큰 재산을 모은다. 두 번째 세대는 대학을 나와 유행하는 비싼 옷을 입고 도시 아파트에 살면서 시골 부동산에 투자도 하여 마침내 상류사회로 진입한다. 그러나 세 번째 세대는 어릴 때부터 사치스럽게 자라서 일도 거의 하지 않고 돈만 물 쓰듯 하다가 마침내 물려받은 재산을 날려버리고 만다. 그 결과 다시 허리띠를 졸라매게 된다. 이것이 이 속담을 설명하는 대표적인 3단계 공식이다.[3] 즉 1단계는 재산 형성기이고 2단계는 안정 또는 현상 유지기, 3단계는 탕진기라 요약할 수 있다.

이는 물리학에서 말하는 에너지 순환단계와 같다. 물리학에 엔트로피entropy의 법칙이 있다. 자연 상태에서는 무엇이든, 시간이 지날수록 무질서가 점점 증가하는 방향으로 변화가 일어난다는 원리다. 원상 그대로 보존되는 것은 없다. 깨끗한 집이라도 아무도 살지 않으면 시간이 지나면서 먼지가 쌓이고 거미줄이 쳐져 흉가가 된다. 사회나 조직도 마찬가지다. 어떤 사회나 조직도, 그냥 놔두면 무질서가 증가하여 결국 효율이 떨어진다. 이는 물이 높은 데서 낮은 데로 흐르는 것만큼이나 보편타당한 자연의 법칙이다. 우리 삶도 인위적인 의지가 부여되지 않으면 삶이 흐트러지고 엔트로피가 높아져 결국 무질서하게 된다.

가족기업도 예외가 아니다. 가족기업연구의 대가인 존 워드 John Ward 박사의 연구에 따르면, 가족기업이 2대까지 생존하는 비율은 30%다. 그리고 3대까지의 생존비율은 14%, 4대까지의 생존비율은 4%다.[4] 가족기업이 100년 장수기업을 꿈꾼다면 최소 3대를 넘어 4대까지 생존해야 한다. 이 기준으로 본다면 100년 이상 살아남는 기업은 100개 기업 중 4곳밖에 되지 않는다. 그럼에도 미국이나 유럽, 일본 등지에는 100년, 심지어 1,000년 이상 생존하는 기업들이 있다. '3대의 함정'을 극복하지 못하는 대다수의 기업과 100년 이상 존속하는 장수기업에는 어떤 차이가 있을까?

전문가들은 가족기업이 장수경영에 실패하는 가장 큰 원인으로 가족관계와 승계문제를 지목한다. 예컨대 두 개의 가족기업이 있다고 가정해보자. 두 가족 모두 부모가 살아 있을 때는 회사에서나 가정에서나 협조도 잘되고 화목하게 지낸다. 그들은 아침에 모여 조찬을 함께하고 부친과 함께 회사에 출근하며 가족애를 과시한다. 그런데 부모가 세상을 떠난 뒤 두 가족의 양상이 현저히 달라진다. 한 가족은 경영권 다툼이나 재산상속 문제로 가족 간 분쟁이 일어나고, 급기야 소송으로 번진다. 그리고 이 때문에 경영이 악화되어 기업을 매각하는 처지에 이른다.

그런데 다른 한 가족은 부모가 생존해 있을 때나 세상을 떠난 후나 가족관계에 큰 변화가 없다. 가족들은 여전히 협력해서 회사를 성장시키고 이전과 다름없이 화목하게 지낸다. 두 가족의 차이는 무엇이라고 생각하는가?

전자의 경우는 무질서, 혼돈, 와해로 가는 엔트로피가 높은 가족이다. 내부에 엔트로피가 증대되는 것을 억제하는 활동이나 시스템이 없거나 약한 가족이다. 이에 반해 후자의 경우는 가족 간 갈등을 예방하고, 협력할 수 있는 내부 시스템이 갖춰진, 엔트로피가 낮은 가족이다.

앞서 보았던 앤호이저부시와 인베브의 사례도 마찬가지다. 앤호이저부시의 경우 모든 의사결정이 부시 3세에 집중되어 있어 시간이 갈수록 내부 무질서와 혼돈이 가중되었다. 그러나 인베브는 더 많은 가족과 세대가 결합되어 있음에도 잘 구축된 의사결정 시스템과 가족 간의 협약 등 내부 시스템으로 결속을 강화하고 갈등을 예방하고 있다. 이처럼 가족이든 기업이든 장기 생존을 위해서는 엔트로피 작용을 억제하는 활동이 더해져야 한다.

세계적인 장수기업들은 이미 이러한 메커니즘을 이해하고 있다. 그래서 그들은 가족관계나 승계문제를 아주 진지하게 생각하고 엄청난 시간과 노력을 투입한다. 그들은 바쁜 일정을 쪼개 다른 기업을 방문하는 등, 성공한 기업들로부터 배우려 노력한다. 또한 가족기업으로 영속하기 위해 항상 주의를 기울이며, 건강한 가족관계와 강력한 기업 시스템을 구축하는 데 많은 시간을 할애한다.[5] 단순히 비즈니스 감각이 뛰어나거나 운이 좋은 것만으로는 100년 기업이 될 수 없다.

가족기업은 위기에 강하고 기회에 빠르다

'가족기업'이라고 하면 어떤 이미지가 떠오르는가? 재벌가의 세습? 제왕적 통치? 권위주의? 구시대적 유물? 특히 우리나라에서 그동안 발표된 가족기업에 관한 글이나 견해는 대부분 가족기업의 문제점과 위험에 초점이 맞추어져 있다. 재벌가의 이윤 독식, 경영권 세습을 위한 불법·탈세 행위가 워낙 만연하기 때문이다. 언론에는 가족 간 분쟁이나 족벌경영 문제 등 가족기업에 관한 부정적인 이야기가 자주 등장한다. 가족기업이 일반 대중으로부터 존경받지 못하는 것은 어쩌면 당연해 보인다. 특히 대기업이 특정 가문에 의해 지배받는 것에 대한 부정적인 시각은 더욱 광범위하게 퍼져 있다. 그때문에 우리나라에서는 가족경영을 후진적 지배구조라 여기며, 소유와 경영을 분리해야 한다는 주장이 많다.

그런데 가족기업이 그저 재벌가에서 부를 세습하기 위한 시스템일 뿐이라면, 어떻게 이토록 꾸준히 지탱해올 수 있었을까? 이쯤에서 다시 한 번 물음을 던져보자. 가족경영은 과연 구시대적 지배구조인가?

가족기업에 대한 정의는 다양하지만 가장 보편적인 정의는 이것이다. 한 가족 또는 한 가문이 주식이나 의결권을 가장 많이 확보하고 있으며, 소유주 가족 중 한 사람 이상이 기업의 주요 경영진으로 활동한다는 것.[6] 다시 말해 가족기업은 한 가족이 지배적인 소유권을 갖고 경영하는 기업을 말한다.

그렇다면 전체 기업 중 가족기업의 수는 얼마나 될까? 예상했을지 모르지만, 실제로 전 세계 기업의 대부분은 가족기업이다. 미국 내 가족기업의 비중은 약 92%다. 대부분 중소기업이지만, '〈포춘〉 500대 기업' 중에서도 가족기업 비중은 3분의 1을 차지한다. 유럽의 경우 프랑스, 영국, 독일은 전체 기업의 60% 이상, 이탈리아는 90%가 가족기업이다. 우리나라 상황도 비슷하다. 전체 상장기업과 코스닥기업의 약 70%가 가족기업이다. 중소기업이나 비상장기업의 경우는 추측건대 90% 이상이 가족기업일 것이다. 이처럼 가족경영은 세계적으로 오너십의 중요한 형태로 자리 잡으며, 국가경제에서 큰 비중을 차지하고 있다. 사람들이 곱지 않은 눈으로 바라보는 만큼 문제도 많지만, 그 압도적인 숫자만큼이나 국가경제에 미치는 막대한 영향력은 무시할 수 없다.

소유와 경영의 분리는
영원한 진리인가?

가족기업이 합리적인 지배시스템인지 아닌지 궁금하다면 자본주의가 발달해온 과정에서 가족기업이 진화돼온 모습을 잠시 살펴보자.

자본주의는 기업을 누가 어떻게 소유하고 관리하는게 좋은지, 그 방향성을 모색하며 끊임없이 변모해왔다. 산업혁명 이전에는 기업을 소유한 사람이 기업을 경영하는 것이 당연한 일이었다. 그러나 산업혁명 이후 대량생산 시대가 열리고, 막대한 자본을 조달하기 위해 기업이 외부 투자자에게 의존하면서 소유가 분산되기 시작했다. 또한 생산기술이 발달하고 판매경쟁이 격화되면서 기업들로서는 전문적인 지식을 가진 전문경영자가 필요해졌다.

이러한 배경에서, 기업의 소유와 경영이 분리되어야 한다는 주장이 1932년 하버드 대학의 아돌프 벌리Adolf Berle와 가드너 민스Gardiner Means에 의해 처음 제기되었다. 이들은 기업의 규모가 커지게 되면 소유와 경영이 분리되는 것이 가장 이상적인 지배구조라고 주장했다. 이로써 록펠러, 멜런, 카네기 등의 오너경영자들이 기업의 흥망을 좌우하는 시대가 가고, 전문경영인이 등장하는 이른바 관리자본주의 시대가 된 것이다.[7]

그런데 막상 이득은 기대에 미치지 못했고, 전문경영인들은 주주보다 자기 개인의 부와 지위를 쌓는 데 더 열심이었다. 이러한 문제를 해결하기 위해, 노벨 경제학상 수상자인 마이클 젠센Michael Jensen과 윌리엄 메클링William Meckling은 2가지 방안을 제시했다. 첫째는 전문경영인이 회사의 이익을 위해 일할 수 있도록 스톡옵션이나 주식을 제공하는 보상정책이다. 그리고 둘째는 주주 이익을 보호하기 위해 전문경영인을 감시하는 독립적 사외이사를 포함한 이사회를 두는 것이다.8 이로써 전문경영인들도 주주와 같은 입장이 되었다. 전문경영인들이 주주 이익 극대화에 초점을 맞추는 시대가 시작된 것이다. 이것이 바로 주주자본주의다. 이후 '경영의 목적은 주주 이익의 극대화'라는 명제가 2008년 금융위기 전까지 보편적인 진리로 받아들여졌다.

주주자본주의의 최선두에 있던 사람은 다름 아닌 GE의 전 CEO 잭 웰치다. 그는 1981년부터 2001년까지 회사 규모를 40배나 키웠고, 자신도 천문학적인 보상을 받았다. 그는 '주주가치운동의 아버지'로 불리며 세계적인 경영모델이 되었다.

그러나 전문경영인들이 주주의 입맛을 맞추다 보니 부작용이 생겨났다. 장기적인 안목으로 투자하기보다는 눈앞의 이익에 충실하고, 주가를 높여 단기 시세차익을 얻고 자신들의 몸값을 높이는 데만 연연하는 것이다. 결국 주주자본주의는 2008년 최악의 세계경제위기를 초래하게 된다. 주주가치 극대화를 주장했던 잭 웰치도 2009년 "주주가치란 세상에서 가장 어리석은 아이디어"라고 스스로 비판했다. 그는 "기업의 단기수익은 기업의 장기가치증대와 결합돼야 한다"고

충고했다. 실제 토론토 대학 로저 마틴Roger Martin 교수의 연구에 따르면, 주주자본주의는 주주에게도 이롭지 않았던 것으로 밝혀졌다. 주주들은 주주자본주의 도입 전인 1933년부터 1976년까지 7.6%의 수익을 거두었지만, 1977년부터 2008년까지의 주주자본주의 시기에는 연 5.7%의 수익을 거두는 데 그쳤다. 결국 2008년 금융위기 이후 주주자본주의에 대한 비판과 함께 '주주가치 극대화' 이론은 쇠퇴하고 최근에는 '고객가치 극대화'를 중심으로 한 고객자본주의가 확산되고 있다.

사실 여기까지는 대부분의 사람들이 이미 보편적으로 알고 있는 사실이다. 그런데 여기서 짚고 넘어가야 할 중요한 문제가 하나 있다. 1932년부터 2008년까지 세계시장을 지배했던 관리자본주의와 주주자본주의는 소유와 경영이 분리되어야 한다는 이론을 기본 전제로 하고 있다. 그런데 둘 모두 결과적으로는 오너가 경영하던 시대보다 더 좋은 성과를 내지 못했다. 그럼에도 이를 뒷받침했던, 소유와 경영이 분리되어야 한다는 주장이 아직도 유효하다고 할 수 있을까?

가족기업이
더 높은 성과를 낸다

전문경영인의 경영보다 오너경영이 더욱 높은 성과를 냈다는 것에 고개를 갸우뚱하는 사람이 있을 것이다. 그렇지만 사실이다. 실제 통계자료를 통해 살펴보자.

2003년 6월, 로널드 앤더슨Ronald Anderson과 데이비드 리브David Reeb가 〈파이낸스 저널〉에 발표한 연구는 세계적인 관심거리가 되었다. 그동안 가족기업에 가졌던 일반적인 시각, 즉 가족기업은 소유와 경영이 분리된 일반기업에 비해 전문성이 떨어지고 비효율적이라는 통념에 일격을 가하는 결과를 제시했기 때문이다. 그들의 발표에 따르면 S&P 500 기업 중 가족기업이 차지하는 비중은 약 30%다. 그런데 놀라운 것은, 가족기업의 평균 실적이 S&P 500 전체 수준을 뛰어넘었다는 것.[9] 즉 가족기업이 비가족기업보다 더 높은 성과를 내고 있는 것이다. 그동안 가족기업 연구자들도 유사한 결과를 발표했지만, 경제학자가 실증적인 자료를 통해 가족기업의 성과를 확인한 것은 처음이었다.

이러한 연구결과는 미국에서만 국한된 것이 아니다. 2005년 벤저민 모리Benjamin Maury가 유럽 기업을 대상으로 한 연구에서도, 가족기업이 비가족기업보다 성과가 더 높았다. 여기서 한 가지 눈여겨봐야 할 사실이 있다. 가족이 소유권만 갖고 경영에 소극적으로 참여하는 경우 성과에 큰 차이가 없었지만, CEO나 회장 중 하나를 맡고 있는 경우 성과가 더 높았다는 점이다. 그러나 오너경영으로 대리인 비용이 발생하지 않는 장점이 있는 반면, 가족주주 간 갈등이 문제가 될 수 있다는 점도 함께 지적했다.[10]

아시아에서는 가족기업이 전체 상장기업의 약 50%, 중소기업의

90% 이상을 차지하며 경제의 중추 역할을 하고 있다. 그럼에도 가족기업에 대한 연구는 아주 미미했다. 그러던 중 2011년 크레딧 스위스은행의 이머징마켓 연구소에서 미국과 유럽에 이어 아시아 가족기업에 대해서도 동일한 연구결과를 발표했다. 연구에 따르면 아시아의 가족기업은 2002년과 2003년 IT 버블, 2008년 금융위기를 겪었음에도 2000~2010년 사이 10년 동안 누적수익 265%, 연평균 13.7% 성장이라는 경이적인 성과를 보였다. 이는 시장 평균을 훨씬 상회한다. 우리나라의 대규모 가족기업이 2008년 금융위기 이후 높은 성장세를 보이는 것도 이러한 연구결과를 뒷받침한다. 이로써 미국, 유럽, 아시아 지역에서 가족기업은 비가족기업보다 우수한 성과를 내는 사실이 확인됐다.

　게다가 가족기업은 성과만 높은 것이 아니라 위기에도 강하다는 조사결과가 있다. IMD(스위스 국제경영개발대학원)의 요아킴 슈바스Joachim Schwass 교수는 가족기업이 다른 기업들에 비해 경제위기를 잘 극복했다고 평가했다.[11] 금융위기 이후 1년간 세계 가족기업을 방문하고 연구한 슈바스 교수는 70%의 가족기업이 다른 기업들과 비슷한 수준의 어려움을 겪었으나 20%는 더 나은 모습을 보였고, 10%는 월등히 높은 실적을 거뒀다고 발표했다. 슈바스 교수는 "가족경영의 전형적인 이점은 바로 경영과 소유가 일치한다는 데 있다"고 말했다. 통상 가족기업은 보수적이고, 모험보다 안정을 추구하며, 장기적인 사업계획을 세운다. 이러한 가족기업의 전형적인 특징이 경제위기

동안 오히려 장점으로 작용한 것.

2008년 경제위기 이후 미국과 유럽을 중심으로 가족경영에 대한 평가가 달라지고 있다. 또한 가족기업이 어떤 이유로 더 성공하는지에 대한 관심이 높아지고 있다. 그리고 '가족기업이 우수한 이유는 무엇인가?' 가족기업은 일반기업과 어떻게 다르며, 어떤 요인이 더 큰 성과를 내게 만들었는가?'에 대한 연구들이 진행되고 있다.

가족기업은 오랜 역사를 자랑하지만, 관련 연구는 1980년대 이후 들어서야 미국과 유럽에서 활발하게 이루어지기 시작했다. 이들 가족기업 전문가들은 소유권에 대해 기존과는 다른 관점을 제시한다. 주주는 다 같다고 얘기하지만 사실은 그렇지 않다는 것이다. 일반적으로 주주는 이익을 최우선으로 하기 때문에 내일이라도 주식을 사고팔거나 다양한 종목에 분산투자할 수 있다. 그러나 기업을 효과적으로 지배하는 오너그룹은 특별한 주주로서, 장기적으로 기업에 헌신한다. 그들의 투자는 쉽게 회수하기 어려울 뿐 아니라, 기업에 대한 열정을 가지고 경영에 직접적인 영향력을 행사한다. 이들은 경영에 직접 참여하므로 소유와 경영이 분리된 기업이 갖는 대리인 비용 등의 문제가 발생하지 않는다.

지금까지 살펴본 바와 같이, 가족기업 전문가들은 오히려 가족기업의 지배구조를 우수한 시스템으로 평가한다. 과거 가족기업은 구시대적이며 비효율적인 지배구조로 인식되었지만, 점차 그 효과성을 인정받고 있다. 특히 줄리언 프랭크스Julian Franks 등에 따르면, 그동안 보편적 사실로 여겨졌던 아돌프 벌리Adolf Berle의 라이프 사이클Life Cycle 이론, 즉 기업이 성장하면 소유권이 분산되고 이에 따라 경영과 소유가 분리되어야 한다는 이론은 아직까지 어디서도 검증되지 않았다고 한다. 오히려 그들은 가족기업이 일반기업보다 성과가 높으므로, 전문경영인을 내세우기보다 가족 내에서 성공적으로 승계하는 것이 중요하다고 강조했다.[12]

물론 모든 가족기업이 우수한 성과를 내고 장점만 있는 것은 아니다. 족벌경영이나 부적합한 가족 구성원의 경영 참여, 오너에 집중된 의사결정구조 등은 여전히 문제로 지적되고 있다. 또한 가족기업들이 장기적 관점에 치우쳐 단기적으로 과도한 위험을 떠안는다거나, 리더가 자만에 빠지거나 독단적으로 의사결정을 하고 기업을 사유물로 여기는 행위 등 기업의 영속성을 저해하는 문제점도 동시에 존재한다.

그러나 앞서 소개한 일련의 연구결과 덕에 최근에는 가족기업을 구시대적인 지배구조로 보는 주장이 많이 줄어들었다. 이보다는 오히려 가족기업이 좋은 성과를 내는 원인이 어디에 있는가에 더 주목한다. 이제 중요한 것은 가족기업이 가진 문제들을 어떻게 극복하고 장점을 강화할 수 있느냐다.

가족 때문에 실패하는 가족기업

일반기업의 평균수명이 15년인 데 비해 가족기업의 평균수명은 24년에 달한다. 일반기업보다 다소 길긴 하지만, 문제는 여전히 있다. '가족기업'임에도 2대로 계승되는 비율이 높지 않다는 것. 이들의 생존기간은 창업 오너의 평균 재임기간과 거의 비슷한 수준이고, 단지 30%의 가족기업만이 2세대까지 생존한다. 3세까지 생존하는 비율은 14%로 줄어든다. 가족기업이 성과도 높고 평균 기업수명이 긴데도 세대이전 시 생존율이 낮은 이유는 무엇일까?

가족기업이 세대이전에 실패하는 가장 큰 이유는 5가지로 요약할 수 있다.[13]

첫째, 환경과 기술이 끊임없이 변하기 때문에 한 기업이 계속 최고의 자리를 유지하기 어렵다. 즉 기업이 시장 변화를 인식하지 못하거나, 인식하더라도 변화에 대응할 능력이 없어 실패하게 된다.

둘째, 상속·증여세 때문에 사업이 해체되거나 약화된다. 즉 상속세를 납부하기 위한 유동성 문제로 기업이 약화되거나 또는 재원이 부족하여 기업을 매각하거나 폐업하는 경우다.

셋째, 후계자가 리더로서 능력이 부족하거나 준비가 미흡한 경우다. 기업경영의 동기가 약하고, 부모세대보다 사업에 대한 헌신이나 헝그리정신이 약하다.

넷째, 세대가 지날수록 가족 수가 늘어나지만 각자의 관심과 가치관, 목표, 꿈이 다르므로 상호 이해관계가 복잡해지고, 이 때문에 가족 간 갈등이 생긴다. 결국 기업에 대한 헌신이나 공동의 목표가 약화되어 가족기업으로서의 에너지가 떨어진다.

다섯째, 부모세대와 자녀세대의 경영철학이나 가치관, 생각이 서로 다르다. 때로는 부모세대의 강압적인 경영방식이 자녀를 곤경에 빠뜨리기도 하고, 자녀들이 부모와는 다른 방식으로 회사를 경영하는 과정에서 갈등이 생긴다. 세대갈등은 자녀의 문제해결능력을 떨어뜨리고 극단적으로는 후계자가 바뀌거나 회사를 떠나는 상황도 발생한다. 이러한 문제들은 경영층의 응집력을 약화시킨다.

이상은 가족기업 전문가들이 지적하는, 세대이전 실패의 가장 주요한 이유들이다. 우리나라에서는 이 중 첫 번째와 두 번째, 즉 변화에 대한 적응력 부족과 상속세 문제를 가장 많이 언급한다. 언론에서는 상속세를 내지 못해 문을 닫는 기업 사례들을 소개하며 세금문제를 가장 크게 부각한다. 그러나 사실 이보다는 뒤의 3가지 이유, 즉 후계자의 능력이나 준비 부족, 가족 간 갈등과 분쟁 그리고 세대 갈등이 더 주요한 원인이다.

위의 5가지 원인에는 눈에 띄는 특징이 있다. 처음 2개 항목이 기업과 관련된 것이라면 마지막 3개 항목은 모두 가족과 관련된 것이다. 즉 세대이전 과정에서 가장 큰 걸림돌은 비즈니스 문제보다는 가족 간의 문제에 있다는 것이다. 이 3개의 가족 관련 문제가 승계 실패 원인의 80%를 차지할 정도다.

가족기업이 '부자는 3대를 못 간다'는 3세대의 함정을 뛰어넘고자 한다면 기업문제 못지않게 가족문제에 관심을 가져야 한다. 가족 내의 엔트로피를 낮추기 위해 특별한 '의지'를 보여줘야 하며, 가족 간 협력 시스템을 구축해야 한다. 가족 협력 시스템은 결국 가족의 지배구조로 이어진다(이에 관해서는 6장에서 상세히 살펴보겠다).

장기생존을 가로막는
가족전쟁

〈욕망의 불꽃〉이라는 드라마가 있었다. 기업 승계를 둘러싼 인간의 끝없는 탐욕과, 권력과 부에 대한 욕망을 다룬 내용이다. 후계 자리를 놓고 벌이는 세 형제의 암투, 며느리들 간의 견제와 음모, 경영권을 갖기 위해 검찰에 아버지의 비리를 고발하는 아들이 등장한다. 과연 현실에서 이런 일이 일어날 수 있을까 싶을 만큼 비뚤어지고 망가지는 한 가족의 이야기다. 〈욕망의 불꽃〉은 방영 당시 '막장 드라마'라는 오명을 얻었다. 시청률을 올리기 위해 비현실적이고 비윤리적인 소재로 시청자들을 자극한다는 비판이었다.

그런데 이 드라마가 한창 방영되고 있을 때, 실제 한 중견그룹에서 승계를 둘러싸고 드라마 같은 사건이 벌어졌다. 사건의 내용은 이렇다. 모 그룹의 맏며느리가 경영권 분쟁을 벌이던 남편을 돕고자 경쟁관계에 있는 시동생 측 개인정보를 빼내어 사생활을 캐내려 한 혐의로 불구속 기소된 것. 당시 남편이 회장인 시아버지의 신임을 얻지 못한다고 판단해, 경쟁자의 약점을 캐내려고 범행을 계획했던 것이다. 이를 안 회장이 며느리를 검찰에 고발해 수사가 진행되었다. 드라마와 흡사한 가족기업의 어두운 면이 경제면을 통해 폭로된 것이다.

이와 같은 가족분쟁은 비단 우리나라에서만 일어나는 일은 아니다. 어느 나라에서나, 기업 규모와 관계없이 가족 간 분쟁은 지속적으로 발생한다. 극단적인 경우 이 때문에 기업이 해체되기도 한다.

그런데도 우리나라에서는 승계를 전후해 벌어지는 가족 간 분쟁을 그저 집안싸움 정도로만 과소평가하고 있다. 가족분쟁을 비판하기는 하지만 이러한 분쟁이 궁극적으로 기업에 어떤 영향을 미치는지에 대한 연구나 고민은 거의 없는 실정이다.

가족 간의 갈등이나 분쟁으로 기업이 문을 닫거나 다른 기업에 매각되거나 또는 가족이 해체되는 사례는 수없이 많다. 그 대표적 사례 중 하나가 세계적 명품그룹 구찌Gucci다. 구찌 브랜드는 아직도 살아 있지만, 구찌가는 창업자로부터 시작해 3대를 넘기지 못하고 결국 가족경영의 막을 내렸다.[14]

구찌라는 이름은 지금도 세계에서 손꼽히는 명품 중 하나로 대중의 머릿속에 새겨져 있다. 지금은 구찌가가 아닌 다른 기업에 의해 운영되지만, 창립자인 구찌오 구찌Guccio Gucci에서 출발해 3명의 아들과 4명의 손자를 거치기까지의 스토리는 한 편의 영화를 방불케 한다.

구찌가의 이야기는 설립자 구찌오 구찌와 함께 시작된다. 그는 이탈리아 출신으로 대대로 밀짚모자를 만들어온 집안에서 태어났다. 가업을 물려받을 생각이 없었던 그는 고향을 떠나 영국 사보이호텔에서 일을 시작했다. 당시 사보이호텔은 전 세계 부호들이 모이는 곳이었다. 그는 여기에서 부호들의 럭셔리 취향과 문화를 체험하였고, 그동안 모은 돈을 가지고 1921년 피렌체로 돌아와 작은 가게를 냈다. 1925년에는 그의 맏아들 알도가 아버지 비즈니스에 참여했다. 그는 아버지 이름을 딴 알파벳 GG를 이용한 로고를 처음 만들었다. 승마용품을 파는 가게로 시작한 구찌는 핸드백, 여행가방, 장갑, 신발, 벨트 등으로 제품라인을 확장하며 번영을 누렸다. 1953년 창업자 구찌오가 사망할 당시 그는 이미 백만장자가 되어 있었다.

그의 기업은 세 아들이 물려받았다. 그는 형제간 반목이 있을 거라고는 꿈에도 생각하지 않았다. 그런데 기실 갈등의 원인은 다름 아닌 그 자신이었던 것으로 보인다. 구찌오는 아들들끼리 경쟁하게 함으로써 서로 자극받고 발전하게 하는 양육전략을 썼다. 또한 그는 성별과 노동에 대해서는 전통주의자였다. 그래서 딸은 기업의 유산 지분에서 제외되었다. 이것이 첫 번째 반목의 원인이 되었다. 그의 딸은 창업 초기부터 회사를 위해 일했고, 사위도 회사 뒷바라지를 해왔기에 아버지의 상속방식에 격분해 소송했지만 결국 패소했다.

구찌는 그의 아들 알도, 바스코, 로돌프에게 기업 지분을 3분의 1씩 남기고 세상을 떠났다. 그러나 바스코가 일찍 사망하면서 장남 알도와 막내 로돌프가 바스코의 지분을 다시 50%씩 각각 나눠 갖게 되었다. 일찌감치 회사에 참여한 알도에 비해 로돌프는 회사에 기여하는 바가 적었다. 그래서 알도는 로돌프에게 간 50%의 지분이 항상 불만이었다.

알도는 1960년대 후반 홍콩과 도쿄에 매장을 내면서 아시아를 공략했고, 액세서리 컬렉션과 향수사업을 시작하면서 1970년대에 럭셔리 제국을 이루었다. 그런데 그 과정에서 알도와 로돌프의 싸움이 격렬해졌다. 첫 균열이 생긴 것은 알도가 구찌가 수익의 상당부분을 자회사인 향수사업으로 옮긴 것을 로돌프가 알게 되면서부터다. 향수회사의 지분은 알도가 80%, 로돌프가 20%씩 가지고 있었다.

그러나 더 큰 분쟁의 씨앗은 다른 데 있었다. 자녀들이 기업에 참여하면서 형제간 분쟁은 부자간 분쟁으로 확대되었다. 알도는 엄하고 권위적인 아버지였다. 그의 아들들은 아버지와 함께 뉴욕에서 일을 시작했지만 권위적인 아버지와 일하는 것이 싫어서 모두 이탈리아로 돌아와 자리를 잡았다.

한편 동생 로돌프는 42세 때 비극적인 일을 겪었다. 그의 아내가 외아들 마우리치오를 남기고 갑작스럽게 병으로 사망한 것이다. 그 때문에 로돌프는 아들 보호에 집착했다. 아들이 자전거를 타고 밖으로 나가면 차로 뒤따랐고, 학기 중에는 귀가시간을 엄격히 관리했다. 로돌프는 아들의 대인관계와 결혼에 지나치게 간섭했으며, 인생의 모든 세부적인 일까지 통제했다. 아버지한테 주눅 든 아들은 아버지를 피해 다녔고, 그와 멀어지기 시작했다. 마우리치오는 대학 졸업 후 삼촌 알도의 충고로 뉴욕의 가족기업에서 일을 시작하게 된다.

그러나 정작 화약고는 다른 곳에 있었다. 바로 알도의 아들 파울로 구찌가 그 주인공이다. 그는 기업에서 항상 독립적이기를 원했고, 가족기업에서 자신이 큰 역할을 맡지 못한 것에 좌절감을 느꼈다. 그는 가족기업에서 일하며 아버지와 삼촌과 갈등을 빚었다. 이 때문에 파울로는 가족기업에서 나와 구찌 플러스(GP)라는 이름으로 구찌보다 더 저렴한 브랜드를 만들려고 했다. 알도는 아들이 자신과 경쟁하려는 의도를 알고도 내버려둘 수가 없었다. 이 일로 파울로는 기업 내부에서 큰 반발을 불러일으켰다. 이사회에서는 주먹다짐이 오가는 난

투극이 벌어지고, 파울로는 가족기업을 상대로 피해보상 소송을 제기했다. 그런 와중에 1982년 알도의 동생 로돌프가 사망하며 경영권을 그의 아들 마우리치오가 물려받는다. 그는 자신에게 생긴 지분 50%를 이용해서 회사의 주도권을 잡기 위해 삼촌 알도와 대립했다. 이렇게 삼촌과 조카가 적대관계를 형성하는 와중에 알도의 아들 파울로는 아버지에게 보복하기 위해 사촌 마우리치오와 동맹관계를 맺고 1986년 미국에서 아버지의 탈세를 고발하기에 이른다. 알도가 아들과 조카에게 당한 치욕적인 사건이었다. 그나마 그들의 동맹관계도 오래가지는 않았다. 파울로는 마우리치오를 세금포탈 혐의로 세무당국에 고발했다. 이 일로 마우리치오는 수백만 달러의 벌금을 지불해야 했다. 분쟁이 한창이던 1987년경, 구찌가에 속한 미해결 소송은 18개에 이르렀다.

엄청난 재정적 압박에 시달리던 마우리치오는 자신의 부담을 경감시킬 방안을 모색했다. 그는 가문의 다른 계보를 확실하게 축출하고 기업을 재설립하는 발판으로, 사촌들이 보유한 주식을 매수하기 위한 재정파트너를 찾았다. 마침내 투자회사 인베스트코의 지원으로 그는 구찌 후손들에게 흩어져 있던 지분 50%를 인수했다. 알도는 자신의 지분을 팔면서 아들의 경영권을 빼앗는 것 외에는 아무런 조건도 내세우지 않았으니, 당시의 반목이 얼마나 심각했는지 짐작이 갈 것이다. 회사의 나머지 50% 지분과 경영권은 마우리치오가 계속 유지하도록 했다. 그러나 1990년 구찌 그룹은 재정적인 어려움에 처해, 결국 1993년 마우리치오는 더 이상 버티지 못하고 자신이 보유한 모든 지분을 인베스트코에 매각한다. 이로써 구찌가의 시대는 막을 내렸다.

알도는 1990년 84세의 나이에 세상을 떠났다. 몇 년 후 그의 독불장군 아들 파울로도 1995년 간질환으로 사망했다. 가장 충격적인 장면은 마우리치오의 죽음이다. 마우리치오의 전 부인 파트리치아는 남편이 주식을 매각하는 바람에 자식들에게 남겨질 유산이 사라진 사실을 알고 격분했다. 그녀는 암으로 의심되는 병을 앓고 있었는데, 마우리치오의 적대행위에 깊은 상처를 받았다. 그녀는 제멋대로 생활하는 전 남편을 파멸시키기로 결심하고 그의 존재를 사라지게 할 청부업자를 찾았다. 그리고 1995년 3월, 살인청부업자는 사무실로 가던 마우리치오를 총으로 살해했다. 파트리치아는 살인교사로 체포되어 29년형을 받고 투옥되었다. 이로써 구찌가의 이야기는 끝을 맺는다.

구찌가의 이야기는 한 편의 드라마와 같다. 그들은 '부자는 3대를 못 간다'는 속담을 뛰어넘지 못했다. 사실 가족 간 분쟁으로 승계에 실패하는 사례는 구찌가 이외에도 너무나 많다. 이들은 왜 실패했을까? 가족기업의 비극적인 결말 속에는 항상 가족기업을 가족의 공동재산이 아닌 개인 사유물로 여기고, 자기 이익에만 매몰되는 가족들이 등장한다. 그리고 가족 간의 불신, 대립, 경쟁으로 인한 분쟁과 갈등이 상존한다. 이런 분쟁은 비단 가족문제에 국한되지 않고 기업에도 직접적인 영향을 미친다. 일상적인 경영활동에 부정적인 영향을 미치는 가족 간 갈등과 분쟁을 어떻게 관리하느냐는 가족기업의 가장 큰 과제가 아닐 수 없다.

부를 세습하지 말고
스튜어드십을 물려주어라

　KBS에서 방영되었던 〈100년의 기업〉이라는 프로그램이 있다. 전 세계적으로 100년 이상 존속하고 있는 50여 개 기업을 소개했는데, 이들 100년 기업은 공통점이 있다. 대부분 한 가문에서 최소 100년, 심지어 1,000년 이상 운영하는 가족기업이라는 것이다.

　가족기업이 세대이전에 성공하는 비율은 낮지만, 그럼에도 100년 이상 번창하는 가족기업도 아주 많다. 여기에는 카길, 미쉐린, 뉴욕타임스, 에스티로더, SC 존슨, 이케아, 포드 등과 같은 글로벌 기업이 있는가 하면, 중소·중견기업들도 있다. 《히든 챔피언》의 저자 헤르만 지몬Hermann Simon이 꼽은 '히든 챔피언' 가운데서도 3분의 1이 100년 이상 생존하는 가족기업이다. 그리고 수백 년 또는 1,000년 이상 생존하는 소규모 가족기업도 있다. 그는 이렇게 말한다.

"히든 챔피언은 대부분 가족기업입니다. 이들은 다른 기업의 평균 보다 높은 이익을 내고 있죠. 자기자본 조달 비중이 높고, 자금조달 에 관해선 전반적으로 보수적입니다. 이것이 히든 챔피언의 독립성을 유지시키는 비결이에요."[15]

이외에도 장수가족기업들에는 공통적인 특징이 있다. 그것은 오너 가 기업을 개인 사유물로 인식하지 않으며, 성공을 중시하는 출세주 의자가 아니라는 것이다. 그렇다면 이들은 일반기업과 비교해 구체 적으로 어떤 차이점이 있을까?

장기적 시야로, 장기적 전략으로, 장기적 생존을 꾀한다

장수가족기업을 연구한 대니 밀러Denny Miller와 이사벨 르 브르통 밀 러Isabelle Le Breton Miller는 20년 이상 시장점유율 1, 2위를 달리며 해당업계를 선도해온 40개의 가족기업을 연구했다. 이들의 절반 이상은 100년 이상 생존한 기업들이다. 연구에 따르면, 이들 장수가족기업은 2가 지 중요한 특징을 가지고 있다.[16] 첫째, 성과 측면에서 비가족기업을 능가할 뿐 아니라 대개는 비가족기업보다 수명이 길다는 것. 둘째, 가 족기업은 구시대적이라는 고정관념과 달리, 좋은 기업의 역할모델이 될 수 있으며, 배울 점이 많다는 것.

그렇다면 가족기업이 비가족기업보다 더 높은 경영성과를 내고 기업수명도 더 긴 비결은 어디에 있을까? 가족기업 전문가들이 주장하는 요인은 3가지로 요약할 수 있다.

첫째, 가족기업 오너경영자와 일반기업 경영자는 경영의 목적이 다르다. 금융위기 전 주주자본주의를 보편적 진리로 받아들이던 시절, "기업의 목적이 무엇입니까?"라고 질문했다면 전문경영인들은 모두 주주가치의 극대화라고 답했을 것이다. 그러나 같은 질문을 가족기업 경영자에게 했을 때 주주가치의 극대화라고 대답하는 경우는 거의 없었다. 가족기업의 오너경영자들은 주주가치보다는 기업의 영속성을 더 중요하게 생각한다. 기업의 목적이 주주가치의 극대화인 모델과 기업의 영속성인 모델은 기업을 경영하는 방식에서도 분명 큰 차이가 있다. 가족기업들이 주주이익의 극대화를 최고의 가치로 여기지 않음에도 더 높은 성과를 내는 것은 경영의 목적이 다르고 경영방식에 차이가 있기 때문이다.

둘째, 가족기업의 경영자는 장기적인 관점을 가진다. 이는 가족기업 경영자의 재임기간과도 관련이 있다. 최근 일반기업 경영자의 평균 재임기간이 4년으로 점차 줄어들고 있는 반면, 가족기업 오너경영자의 평균 재임기간은 24년이다. 이처럼 오너경영자의 직위가 안정적이기 때문에, 장기적인 관점에서 경영전략을 수립하고 자원을 배분할 수 있다. 장기적 관점으로 투자에 접근하는 것은 미래 가족기업의 핵심경쟁력이다. 이러한 투자 방식은 임기가 짧은 경영자가 실행할 수 없으므로, 다른 경쟁기업이 모방하기도 어렵다.

셋째, 오너경영자들은 임기가 짧은 전문경영인에 비해 직위가 안정적이기 때문에, 이사회에 좋은 인상을 주려고 단기 실적에 연연하지 않는다. 스웨덴의 세계적인 가족기업 중 하나인 이케아IKEA는 처음 러시아에 진출할 때 "우리는 15년 후에나 적자에서 면할 수 있을 것이다"라고 하였다. 이것은 오너경영자만이 할 수 있는 말이다. 이들은 단기간에는 손실이 있더라도 궁극적으로 회사에 유익한 방향으로 자원을 사용한다. 또한 가족기업은 비가족기업과 비교해 연구개발비뿐 아니라 공장시설, 장비 및 IT 등에 더 많이 투자하는 것으로 나타났다.[17] 그리고 수익을 높인다는 미명 하에 자신들의 전문분야와 관련 없는 분야에 진출하거나 잠재적 위험이 있는 의사결정을 하지 않는 경향이 있다.

물론 모든 가족기업이 우수하지는 않다. 무능한 경영자들로 인해 실패한 사례 또한 많다. 하지만 앞의 3가지 특성은 가족기업이 일반 기업보다 성과가 좋다는 전제하에 가족기업의 경쟁우위가 어디에 있는가를 말해준다.

대니 밀러와 이사벨 르 브르통 밀러는, 성공한 가족기업에는 지배구조를 비롯해 경영철학과 사회철학에 다음과 같은 뚜렷한 차이가 있다고 지적했다.[18]

* **소유철학** 가족주주들은 기업에 더욱 헌신적이고 깊게 관련되어 있으며 장기적인 목적으로 회사에 투자한다. 오너경영자

들은 성공을 중시하는 출세주의자가 아니라 관리자처럼 행동한다. 이들은 기업의 장기적인 이익과 모든 이해관계자를 중시하고, 주주보다는 직원, 고객, 사회의 이익을 우선으로 고려한다.

• **경영철학** 오너경영자는 사명을 완수한다는 각오로 사업에 임하며, 장기적인 결과를 중요하게 여긴다. 따라서 미래를 예측하며 사업을 진행한다. 그리고 사업 및 직원에 많은 투자를 감행하며 자사의 핵심 역량을 지키고, 발전시키며, 새롭게 하기 위해 지속적으로 노력한다.

• **사회철학** 가족기업은 가족, 직원들이 가치를 공유한다. 동기부여 수준이 높고 화합이 잘되므로 직원들이 조직의 이익을 위해 행동하며, 이직률이 낮고, 중요한 정보가 유출되지 않는다. 또한 외부 파트너 및 고객과의 지속적인 관계를 중시하고 호혜적인 관계를 추구한다.

물론 가족기업 중 눈앞의 이익을 추구하는 기업도 많다. 또 가족기업이 아니더라도 성공적으로 장수하는 곳이 많이 있다. 그럼에도 장기적으로 성공한 가족기업들에게 위와 같은 특징이 뚜렷이 보인다는 것은 부인할 수 없는 사실이다.

'양육'의 실패는
'가업'의 실패를 낳는다

100년 이상 생존하는 장수기업들은 선대로부터 물려받은 기업을 건강하고 가치 있는 기업으로 성장시켜 다음 세대에 성공적으로 물려주어야 한다는 높은 책임의식을 갖고 있다.[19] 이러한 관리자로서의 책임의식을 스튜어드십stewardship이라 한다. 스튜어드십은 기독교에서 이야기하는 '청지기 정신'과 같다. 청지기는 주인이 아니라 관리자다. 그들의 역할은 자신이 맡은 것을 구성원의 가치와 비전에 따라 멋지게 관리하고 다음 세대에 넘겨주는 것이다. 스튜어드십 이론에 따르면 장수가족기업의 리더는 단기적 성과보다는 장기적 성과, 주주 이익보다는 직원, 고객, 사회 등의 이해관계자를 더 중시한다. 그들은 더 높은 차원의 니즈에 의해 동기부여되므로 회사 이익을 위해서는 개인의 이익을 희생해서라도 관리자로서의 역할을 다한다. 그들은 현재뿐 아니라 자녀와 손자 세대까지 고려해 장기적인 관점에서 의사결정을 한다. 독일의 한 히든 챔피언 기업 대표는 이렇게 말한다.

"우리는 연도가 아니라 세대 차원에서 생각합니다. 회사가 다음 분기에 잘될지 어떨지는 생각하지 않습니다. 대신 우리는 세대를 이어 영향을 줄 수 있는 지속성에 대해 생각합니다."[20]

물론 이는 단기적인 목표들을 무시한다는 의미가 아니다. 그러나 기업의 장기적인 전략과 비전은 놀라운 힘을 발휘한다. 자신이 무엇을 원하는지 알고 목표를 향해 지속적으로 나아가는 사람은 항상 단기적 성공만 추구하는 사람에 비해 우월하기 마련이다.

일반적으로 스튜어드십이 낮은 경영자는 기업을 개인 사유물로 여긴다. 대기업이든 중소기업이든 승계를 전후해 가족 간 분쟁이 일어나는 것은 다 이 때문이다. 오너경영자가 기업자금을 개인적으로 유용하거나 독단적인 의사결정으로 기업을 곤란에 빠뜨리는 것도 다 여기에 해당한다. 사람들이 가족기업에 대해 부정적인 인식을 갖는 것도 같은 이유 때문이다. 그런데 이를 단지 한 가족의 문제로만 치부할 수 있을까? 한 개인과 가족의 차원을 넘어서기 때문에 문제가 심각해지는 것 아닌가? 앞서 살펴봤듯, 기업을 개인의 사유물로 여기는 행위는 기업의 영속성을 저해하는 가장 큰 원인이 된다. 2011년 말에는 일본의 재벌 3세 회장이 도박으로 큰 금액을 날리고 회사를 떠난 사건이 있었다. 당시 이 사건은 일본에서도 큰 논란거리였다. 이는 스튜어드십 관점에서도 시사하는 바가 크다.

사건의 주인공은 1943년 창립한 다이오大王 제지 창업자의 손자. 그는 2007년 사장, 2011년 회장에 취임했다. 당시 다이오 제지는 연간 매출 4조 규모로 일본 제지업계 3위였으며, 계열사가 35개에 달했다. 그는 일본 최고 명문인 도쿄대 법학부 출신의 엘리트 경영인으로, 평소 '나는 다른 창업자 가족 CEO와는 다르다'고 말하는 등 엘리트로서의 자부심을 드러냈다. 그는 개인재산을 불리기 위해 적극적으로 주식투자 등 재테크를 했지만, 2008년 리먼쇼크로 거액의 손실을 보자 이를 만회하려다 본격적으로 도박에 빠진 것으로 알려졌다. 그가 1,500억 원이 넘는 돈을 탕진하는 데는 2년도 채 걸리지 않았다. 주로 싱가포르와 마카오 카지노의 VIP룸을 이용했으며, 하룻밤 사이에 22억 원을 날리기도 했다. 회삿돈 유용 사실이 발각되기 직전에는 일주일 만에 150억 원을 인출하는 등, 시간이 갈수록 배팅 액수가 눈덩이처럼 불어났다. 그의 파멸에 대해 엘리트의 실패 없는 성공 과정이 원인이라는 분석도 나오고, 명문가에서 태어나 어릴 때부터 제왕학帝王學을 배웠지만 진정한 친구를 사귀지 못한 데 따른 것이라는 분석도 나왔다. 그는 유흥가에서 돈을 물 쓰듯 쓰는 '밤의 신사'로 통했고, 연예인들과 마작을 즐겼다. 그의 아버지인 전 회장은 아들이 초등학생일 때 비행기에 태워 도쿄의 학원에 보내는 등 누구보다도 자녀교육에 열성이었다. 그러나 3세 경영자는 기업에 대한 책임보다 자신의 재산을 불리는 데 관심이 많았고, 그것이 기업과 자신을 망치는 원인이 되었다. 창업자 가족이 보유하고 있던 다이오 제지 주식은 호쿠에쓰키슈北越紀州 제지로 넘어갔다.[21]

우리나라에도 아직까지 자녀에게 제왕학을 가르치는 기업들이 있다. 그런데 제왕학은 군주시대 왕이 나라를 통치하기 위해 배웠던 것으로, 더 이상 현실과는 맞지 않는다. 다이오 제지의 실패는 세계 장수기업들이 공통적으로 갖춘 스튜어드십이 결여된 데 있다. 이에 더해 세대 간 올바른 가치와 경영철학을 이전하는 데 실패한 것도 주요한 원인이다. 자녀양육 실패는 결국 가업승계의 실패로 이어진다. 물질적으로 풍족한 사람은 자기 욕구를 채우기 위해 돈을 물 쓰듯 쓰는 경우가 많다. 이렇게 양육된 자녀들은 기업을 가족과 사회의 공동 재산으로 인식하기보다는, 자신의 이익에만 초점을 맞추기 쉽다. 부모들은 풍요롭고 안정적인 기업을 이루는 것이 가족의 안녕까지 보장하지는 않는다는 것을 명심해야 한다.

장수기업들이 자녀들에게 스튜어드십을 계승하려고 노력하는 이유가 바로 여기에 있다. 그들은 여러 가지 방법과 경로로 자녀들에게 스튜어드십을 전해준다. 어떤 가족은 후계자에게 선조의 이름을 물려주는 방식으로 책임의식을 고취시킨다. 또 어떤 가족은 자녀들과 함께 기업이 나아갈 방향이나 비전을 공유하며 동기부여하기도 한다. 가업승계를 계획하는 경영자라면 어떤 식으로든 자녀들이 책임의식을 갖고 가족기업을 영속기업으로 이어가게 하는 방안을 마련해야 한다.

어떻게 스튜어트십을 계승하는가?

수대에 걸쳐 가족 간의 결속과 기업에 대한 헌신을 유지하기란 결코 쉬운 일이 아니다. 스튜어드십은 부모가 자녀들에게 '이렇게 해야 한다' 하고 당부하는 것만으로는 계승될 수 없다. 장수가족기업에서는 각 세대가 의식적으로 스튜어드십을 계승하기 위해 노력한다. 그들은 자신들이 설립했거나 상속받았던 것보다 더 나은 기업을 후손들에게 물려주는 것을 목표로 삼는다. 그러려면 이에 걸맞은 가족문화와 시스템이 구축되어야 한다. 이는 "자녀를 어떻게 양육할 것인가? 가족과 기업의 궁극적인 목표와 비전은 무엇인가?"와 같은 질문에서부터 시작되어야 한다.

스튜어드십을 계승하기 위해서는 첫째, 자녀를 포함한 모든 가족이 가족의 핵심가치(가훈)와 명확한 미래 비전을 공유해야 한다. 가치와 비전을 공유하는 과정에서 가족 구성원은 하나로 묶인다. 그리고 이는 훗날 가족관계를 망칠 수도 있는 여러 문제를 극복하는 기반이 된다.

둘째, 부모들은 기업에 대한 가족의 책임을 분명히 하고, 의사결정과 과업 하나하나에 원칙을 지키는 모습을 보여주어야 한다. 자녀들은 부모로부터 '들으며 배우는' 것이 아니라 '보고 배우기' 때문이다. 그 밖에도 많은 장수기업들은 자녀들에게 부에 대한 책임을 가르치며, 가족갈등을 예방하고 협력관계를 구축할 수 있도록 함께 가족합의서나 가족사명서 등을 만든다.

인시아드INSEAD 가족기업연구소의 랜들 칼록Randel Carlock 박사는 가족기업을 평가할 때 일반기업의 성과측정 방법에 하나를 더해야 한다고

과제	기간	성과 측정 항목
경영성과	1~2년	이익률, 매출증가, 현금흐름, 생산성
가치창출	2~5년	관리능력, 기업 지배구조, 재무적 강점, 새로운 시장
스튜어드십	5~20년	가족에 대한 투자, 가족 리더십, 가족 지배구조, 가족 자선재단

가족기업의 성과 측정법

했다. 바로 스튜어드십에 대한 측정이다. 일반적으로 기업의 성과지표는 2가지로 측정한다. 하나는 경영성과이고 다른 하나는 가치창출이다. 경영성과 측정이란 현금흐름이나 생산성, 수익성의 관점에서 특정기간 비즈니스의 결과에 대한 재무적 효율성을 측정하는 것이다. 그러므로 경영층이나 이사회에서는 분기별로 또는 연간 단위로 이러한 지표를 검토한다.

두 번째 가치창출 측정이란 경영전략의 효율성이나 주주 및 이해관계자를 위한 장기적 가치창출을 측정하는 것이다. 즉 기업의 장기적 건전성과 미래의 가치창출 능력을 확인하는 것이다. 여기에는 새로운 시장 개발, 재무건전성, 경영팀의 자질 그리고 효율적 지배구조 등이 포함된다.

랜들 칼록 박사는 여기에 더해, 가족기업은 스튜어드십을 측정하도록 제안했다. 스튜어트십 측정이란 가족들이 오너로서 또는 관리자로서 기업성공을 위해 지속적으로 헌신했는지를 평가하는 것이다.

즉 스튜어드십은 인적투자, 리더와 관리자로서의 행동, 전문성, 직원에 대한 배려, 자선활동 또는 공정성과 같은 관점에서 가족이 얼마만큼 노력했는지를 평가하는 것이다.[22] 가족기업이 대를 이어 영속하려면 일반기업처럼 단순히 재무적으로만 측정해서는 안 되며, 스튜어트십 측정 등 평가방법을 확장할 필요가 있다.

로스차일드가 250년 지속경영의 비밀, 콩고르디아[23]

　가족경영에 대해 사회적으로 부정적인 시각이 많지만, 모든 가족들이 다 문제를 가지고 있는 것은 아니다. 어떤 기업은 3대를 못 가 실패하지만 어떤 기업은 건강한 기업으로 수세기, 심지어 1,000년 이상 존속한다. 무엇이 이렇게 큰 차이를 만드는 걸까? 여기에는 여러 가지 이유가 있겠지만 가장 중요한 이유 중 하나는 가족관계에 있다. 가족기업에서 가족은 경우에 따라 기업에 해가 될 수도 있고 주요한 자원이 될 수도 있다. 가족갈등이 극심하고, 자질이 부족한 구성원이 경영에 참여한다면 이는 기업의 부채 항목이 되고, 장기적으로 기업을 망치는 원인이 된다. 그러나 가족이 함께 협조하고, 능력 있는 가족이 기업에 헌신한다면 이는 무엇과도 바꿀 수 없는 기업의 핵심자산이 된다.

비록 구찌가처럼 가족문제로 가족기업의 막을 내린 경우도 있지만, 장수가족기업 사례를 보면 대부분 가족이 훌륭한 자원이 되고 있다. 이들은 가족이기 때문에 더욱 단결하고 화합하여 시너지를 내고, 궁극적으로 기업의 장기생존을 가능케 한다.

이처럼 가족이 화합하고 단결해 장수하는 사례는 수없이 많은데, 그중 세계적으로 유명한 로스차일드가 어떻게 200년 넘게 가족기업으로 성공했는지를 살펴보자.

로스차일드 가문은 18세기 이후 약 250년간 유럽 금융계를 이끌어온 유대계 거대 금융가문이다. 그러나 시작은 아주 미약했다. 가문을 일으킨 마이어 암셀 로스차일드는 1744년 프랑크푸르트의 유대인 격리지역 게토에서 태어났다. 당시 유대인은 성이 없었다. 게토에 번지가 정해지기 전, 유대인들은 자신이 사는 곳을 알리기 위해 집 앞에 간판을 걸었다. 로스차일드라는 성은 집 대문에 그려진 '붉은 방패(독일어로 '로스칠트')' 모양 간판에서 따온 것이다.

열한 살에 아버지를 여읜 마이어는 은행에서 사환으로 일을 시작했다. 그리고 5년 뒤 돈을 모아 골동품 가게를 열었다. 그 뒤 독일 내에서 통용되는 다양한 화폐를 교환하는 환전소를 차렸는데, 이는 초보적인 형태의 은행이었다. 마이어는 헤센의 제후인 빌헬름 공에게 진귀한 메달과 동전을 팔며 친분을 쌓았다. 그러다 1769년에는 빌헬름 공의 어용상인으로 임명받게 된다. 그는 빌헬름 공이 나폴레

옹 군대에 쫓겨 망명길에 오르자 자신의 재산을 다 뺏기면서까지 목숨 걸고 벨헬름 공의 대외차관장부를 지켜냈다. 망명에서 돌아온 빌헬름 공은 이에 대한 보답으로 그에게 유럽 각국에서 돈을 수금할 권리를 주었다. 이를 계기로 그는 가난한 유대인 골동품상에서 왕실 재정 대리인으로 변모했다.

마이어 암셀의 가장 큰 자산은 그의 다섯 아들이었다. 그는 아들들에게 자신을 대리해 유럽 각국에서 수금하는 일을 맡겼다. 덕분에 그의 아들들은 유럽의 지리와 정보를 훤히 꿰뚫게 되었다. 이는 훗날 로스차일드 가문이 최초의 다국적 금융기업으로 거듭나는 밑거름이 된다. 다섯 형제는 유럽 주요 도시에 은행을 하나씩 세워나갔다. 첫째인 암셀은 독일 프랑크푸르트, 차남인 살로몬은 오스트리아 빈, 셋째 나탄은 영국 런던, 넷째 칼만은 이탈리아 나폴리, 다섯째 야코프는 프랑스 파리에 은행을 세웠다.

이와 함께 마이어는 아들들에게 부족했던 한 가지, 온화함을 가르쳤다. 그는 협상능력보다 상대방을 즐겁게 하는 능력이 중요하다는 사실을 알려주기 위해 자녀들에게 스스로 미소를 지었다. 형제들은 도끼로도 끊을 수 없는 끈끈한 결속력으로 서로를 도왔다. 아들들은 아버지가 흘린 피땀의 씨앗을 정성껏 길러 막대한 수확을 거두었다. 그리고 그들이 흘린 땀은 다시 후대의 번영을 위한 새로운 씨앗이 되었다.

가문의 문장에
가치와 긍지를 새기다

로스차일드에는 확고한 가풍이 있다. 아무리 개인이 총명하더라도 큰일을 성취하려면 집단의 힘이 필요한데, 형제나 사촌이 서로 부족한 점을 보완한다는 점이다. 새로운 시대가 열려도 이 가풍은 지속되고 있다. 로스차일드가 사람들은 '가문'에 대해 이야기할 때 반드시 대문자를 써서 'The Family'로 표현한다. 가문의 긍지와 결속을 강조하기 위한 것이다.

가족 간의 결속은 가문의 문장을 통해 수세기 동안 이어지고 있다. 로스차일드가 문장의 중앙에는 화려한 깃털 달린 왕관이 있고, 그 아래는 헤센의 사자와 유니콘이 양쪽에서 왕관을 받치고 있다. 이 문양 밑을 두루마리가 받치고 있는데, 그 두루마리에는 라틴어로 '협력, 완전, 재능 Concordia, Integritas, Industria'이라는 글귀가 쓰여 있다. 이것이 지금까지 이어져 내려오며 로드차일드가를 지배하는 핵심가치다. 그리고 왕관 밑 중앙에는 방패가 있는데, 방패의 오른쪽 위와 왼쪽 아래에는 5개의 화살을 쥔 손이 새겨져 있다. 가문의 시조인 마이어 암셀의 다섯 아들을 상징하는 것. 화살처럼 빠르되, 하나로 묶여 있어 어느 누구도 부러뜨릴 수 없는 강한 힘을 지닌 형제를 뜻한다.[24] 각 문양은 로스차일드가의 문장의 본질을 완벽하게 담고 있다. 이곳에 새겨진 가치들은 250년간 로스차일드 가문을 이어온 밑거름이다.

로스차일드가에서 형제간의 협력은 무엇보다 우선한다. 이는 후대에 남기는 선대의 유서를 통해서도 나타난다. 프레더릭 모턴의 《250년 금융재벌 로스차일드 가문》에는 그들이 가족 협력을 얼마나 중시하는지가 잘 그려져 있다.[25]

1836년 2대 나탄이 임종을 맞이했다. 그는 임종이 가까워지자 의식이 또렷해졌다. 그는 아들들에게 "이제는 세상이 우리의 돈을 빼앗으려 할 것이므로 예전보다 더 긴장해야 한다"고 말했다. 그는 "누가 5만 파운드 이상의 유산을 물려받을 것인가가 중요한 것이 아니다"라고 주의를 주었고 "중요한 것은 너희들이 일치단결하는 것이다"라고 강조했다. 선대인 아버지의 마지막 유언처럼, 나탄은 유언을 통해 자신의 아들들만이 회사의 파트너가 될 수 있고, 수단과 방법을 가리지 말고 어떤 대가를 치르더라도 가족의 화합을 유지할 것을 당부했다. 나탄의 유언장에는 다음과 같이 적혀 있었다.

"이 유언장의 집행인뿐 아니라 거명되지 않은 런던이나 프랑크푸르트의 친족들도 이 유언장만을 충실히 집행할 따름이며, 유산에 대한 추가 정보나 장부, 계산서 등을 요구하는 것은 유언의 집행과는 상관없는 일이므로 절대 하지 말 것을 당부한다."

나탄의 아들들은 아버지와 큰아버지, 작은아버지들이 보여주었던 단결력과 상호존중의 예를 충실히 지키겠다고 서약하였다. 로스차일드 일가는 이러한 선조의 정신을 이어받아, 일가가 공동의 목표를 향해 나갈 때 한층 더 견고히 단결했다.

1874년 3세 안젤름이 작성한 유언장을 보자. 유언장에 담긴 당부 내용과 정서는 로스차일드가의 시조 마이어가 62년 전에 작성한 것을 그대로 반복하고 있다.

"나의 사랑하는 모든 자녀들에게 명한다. 항상 완벽한 조화를 이루며 살고, 가족의 유대를 잃지 말 것이며, 서로 간에 분쟁이나 불화를 일으키지 말고, 재판을 하지 말고, 관용과 인내로 서로를 감싸주고, 악한 감정에 빠지지 않도록 할 것이다. 나의 자녀들은 위대한 조부모를 본받으라. 그러면 모든 로스차일드가가 영원히 행복하고 번영을 누릴 것이다. 나의 사랑하는 자녀들은 이런 가문의 정신을 절대로 소홀히 하지 말라. 너희들을 진심으로 사랑했던 나의 할아버지의 훈계를 따라 너희와 너희 후손들은 언제까지나 유대교 신앙에 충실하도록 하라."

그리고 나서는 프랑크푸르트의 유대인 거리로부터 내려온 수많은 로스차일드 유언장의 후렴구를 그대로 따르고 있다.

"나는 나의 자녀들에게 그 어떤 경우든 법원이나 다른 기관이 나의 재산을 조사하는 것을 절대로 허락하지 않음을 분명히 밝힌다. 동시에 유산의 평가에 관한 어떤 법적 조치나 공표도 금한다. 누구든 이 명령을 따르지 않고 가족 간에 분쟁을 야기하는 어떤 종류의 행동이라도 취하는 자는 나의 유언에 대항하는 것으로 간주될 것이며, 그 행동에 대한 처벌을 받을 것이다."

로스차일드가
250년 번영의 DNA

로스차일드 가문이 250년 동안 항상 승승장구한 것만은 아니다. 그들도 한때 큰 위기를 겪었다. 1863년에는 나폴리 은행이 시칠리아 황실의 몰락과 함께 사라진 데 이어, 후계자가 없던 프랑크푸르트 은행도 1901년 문을 닫았다. 빈 은행은 1938년 나치에 몰수되었다. 로스차일드 은행의 양대 축이라 할 수 있는 프랑스 파리 은행은 1981년 사회당이 집권하면서 국유화되었다.

그러나 이들에겐 200년을 이어온 번영의 DNA가 있었다. 이는 가문의 문장에 새겨진 '콩코르디아Concordia(협력)'다. 협력의 정신을 기반으로 프랑스의 로스차일드 가문은 이후 오를레앙 은행을 설립했고, 영국 일가와 지분 관계를 맺은 뒤 다시 전 세계로 뻗어나갔다.

로스차일드가 사람들은 단순히 부자이기 때문에 인정받는 것이 아니다. 그들에게는 허세, 과시, 허풍을 경멸하고 신용과 겸손, 공공의 이익을 생각하는 마음이 있다. 또한 이들은 의료시설, 공공주택, 보육원 등 소외계층을 위한 자선사업도 꾸준히 해왔다. 의료 부문에도 관심을 갖고 관련 기금에 큰돈을 기부했으며, 공공주택 개발사업도 했다. 로스차일드가는 20세기 초 노동자들이 주로 사는 지역에 당시로서는 최신 시설을 갖춘 아파트를 지었다. 특히 이곳에서 각 가정의 출생이나 사망, 결혼, 병력 등에 관한 사실을 일일이 기록해 주거환경 개선사업에 힘쓴 것으로 유명하다.[26]

그렇다면 이들은 오늘날 어떤 모습일까?

2012년 4월 〈파이낸셜 타임스〉의 보도에 따르면, 프랑스와 영국 자산을 하나로 통합해 적대적 인수 등으로부터 경영권을 방어하고 강화하기 위한 새로운 조직을 설립할 것이라고 했다. 통합된 그룹의 회장은 선대 창업주 마이어 암셀 로스차일드의 6대손인 데이비드 로스차일드가 맡는다. 놀랍게도 이들은 '로스차일드는 하나'라는 형제 파트너십 경영원칙을 지금까지 유지하고 있다.

로스차일드가의 250년 성공의 비밀은 바로 '콩코르디아', 즉 가족 간의 협력에 있다. 이는 가문의 문장에만 쓰여 있는 것이 아니다. 현재 로드차일드가 지주회사의 이름으로도 사용되고 있다. 로스차일드가 형제들은 끈끈한 결속력으로 서로를 도왔고, 조카들은 다섯 형제가 그랬던 것처럼 힘을 합쳐 연대하며 서로를 지원한다. 그들은 세월이 흘러도 로스차일드라는 이름으로 엮이는 가족의 연대감으로 위기를 돌파해왔다. "5개의 화살이 한 묶음으로 유지될 때 부러지지 않듯이 다섯 형제간에 화합하라. 흩어지면 번영은 끝날 것이다"라는 창업자의 유언에 담긴 콩코르디아 정신으로 말이다.

가족기업이 가족의 화합과 협력 없이 수세기를 생존한다는 것은 불가능에 가깝다. 가족관계가 제대로 될 때에만 가족기업은 효율적으로 운영되고 발전할 수 있다. 가족 간 화합과 협력은 기업 규모나 업종, 국가 등을 초월하여 대다수의 장수가족기업에서 공통으로 나타나는 현상이다. 일반적으로 형제자매간 조화로운 관계는 어린 시절 그들이 공유한 경험으로부터 온다. 그리고 자녀들의 어린 시절 부모의 양육방식은 향후 기업경영에 결정적인 역할을 한다. 가족기업이 장수경영을 꿈꾼다면 가족 화합을 최우선 목표로 삼아야 한다.

기업보다 가족을
먼저 경영하라

2

장수하는 가족기업들은 가족 간에 신뢰가 구축되어 있으며, 기업의 영속성이라는 공동의 목표를 위해 헌신한다. 그러나 우리나라의 수많은 가족기업들은 가족분쟁을 겪고 있다. 만약 이 때문에 가족관계가 단절되고 가족으로서의 에너지가 떨어진다면, 과연 100년 후에도 가족기업으로 존속할 수 있을까? 가족분쟁의 유형을 살펴보면 형제들 간 경영권과 소유권 분쟁이나 부자간의 갈등이 대부분으로, 갈등의 구조가 대개 비슷한 패턴을 보인다. 재벌기업뿐 아니라 중소기업이나 중견기업에서 발생하는 분쟁도 이 범위를 크게 벗어나지 않는다. 이는 무슨 뜻인가? 가족기업의 갈등은 특정 가족만의 문제도, 한 개인의 자질이나 성품에 관한 문제도 아닌 구조의 문제라는 것. 이 말은 곧 경영자가 사려 깊게 준비한다면 갈등을 충분히 예방할 수도 있다는 말이다. 하지만 '시스템'에 대한 깊은 고민 없이 무조건 '화합'만을 강조하기 때문에 가족갈등이 해결되지 못한 채로 법정분쟁으로 이어지고, 가족관계가 단절된다.

가족보다 기업을 중시할 때,
가족경영이 무너진다

가족기업이 통계적으로 높은 성과를 보이고 장수할 확률이 높다고는 했다. 그런데 실제 우리가 보는 가족기업들은 많은 문제점을 노출하고 있다. 가족경영이 효율적인 지배구조라면 왜 이렇게 가족기업을 둘러싼 분쟁이 끊이지 않을까? 오랫동안 장수기업을 연구해온 윌리엄 오하라William O'Hara의 말에서 힌트를 얻어보자. 그는 가족기업이야말로 21세기 경제활동의 대안이라며 이렇게 말했다.

"가족기업이 오래가는 데는 그럴 만한 이유가 있다. 가족들은 서로를 신뢰한다. 그들은 재산을 물론 중시하지만, 동시에 명성을 중시한다. 또 현재의 가족은 물론 미래의 자손까지 생각한다. 한마디로 특이한 존재다. 이것이 바로 가족기업이 오래 존속하는 이유다."[1]

그는 가족기업이 장수하는 원인을 기업 측면이 아닌 '가족'에서 찾았다. 그런 이유에서 그는 우리나라 가족기업에 대해 우려를 나타냈다. 너무 비즈니스 관점만 강하다는 것. 국내 어느 매체와의 인터뷰에서 가족경영에 실패한 대표적인 기업에 대해 묻자 그는 의외로 한국의 글로벌기업 '삼성'을 들었다.

"삼성은 기업 규모를 보면 성공한 기업일 수 있지만 가족경영에는 실패한 대표적인 기업입니다. 가족경영이 망가지기 시작하는 가장 큰 원인은 리더들이 가족보다 기업을 우선시하는 거예요. 또 다른 원인은 실력을 검증받지 않은 가족 구성원이 비즈니스에 뛰어드는 것이지요. 삼성은 전자에 해당합니다. 기업을 키우기 위해 가족 간 대화와 세대 간 대화, 또 가족이기 때문에 가질 수 있는 '갈등관리 능력'을 포기했지요. 그건 아쉬운 부분입니다."[2]

그뿐 아니라 다른 가족기업 전문가들도 한국 가족기업에 대해 전반적으로 우려를 표한다. 많은 기업들이 비즈니스는 성공했을지 몰라도 세대이전 과정에서 가족 간 갈등이나 분쟁을 해결하지 못하고 있기 때문이다. 장수하는 가족기업들은 가족 간에 신뢰가 구축되어 있으며, 기업의 영속성이라는 공동의 목표를 위해 헌신한다. 그러나 우리나라의 수많은 가족기업들은 가족분쟁을 겪고 있다. 만약 이 때문에 가족관계가 단절되고 한 가족으로서의 에너지가 떨어진다면, 과연 100년 후에도 가족기업으로 존속할 수 있을까?

갈등을 예방하는
시스템을 갖춰라

최근 10년 사이 부쩍 재벌가의 가족분쟁 소식이 많이 들려온다. 창업 1세들이 사망하고 2세들 간 경영권과 소유권 다툼이 본격화되었기 때문일 것이다. 가족분쟁의 유형을 살펴보면 형제간 경영권과 소유권 분쟁이나 부자간의 갈등이 대부분으로, 갈등의 구조가 대개 비슷한 패턴을 보인다.

첫 번째로 가장 많은 갈등 유형은 형제간 '경영권과 소유권 분쟁' 이다. 그런데 자세히 들여다보면 이것이 비단 형제간의 문제인 것만은 아님을 알 수 있다. 대부분의 형제간 분쟁은 삼각구도를 이룬다. 맨 위에 아버지가 있고 아래쪽에는 두 아들이 있다. 그리고 둘 중 아버지가 편애하는 자녀가 있다. 일반적으로 창업자는 처음에 장남을 잠정적인 후계자로 선정한다. 가족의 가치를 우선으로 두기 때문이다. 그런데 일정 시간이 지난 뒤, 자신이 생각하기에 기업 운영 능력이 더 뛰어나다고 생각되는 다른 자녀를 후계자로 선정한다. 가족관계보다 기업이 더 중요하다고 생각을 바꾸는 것이다. 그리고 대부분의 오너들은 더 능력 있는 자녀가 기업을 맡아야 한다고 하지만, 결국 자신과 가장 닮은 자녀를 후계자로 지정하는 경우가 많다.[3] 이 때문에 형제간 경영권과 소유권 분쟁이 발생하고, 동시에 후계 자리에서 밀려난 자녀와 아버지도 갈등관계가 된다. 우리나라 대기업 중 동아제약, 현대그룹, 한라그룹, 삼성그룹의 형제 및 부자간 갈등이 모두 이 같은 구조를 띠고 있다. 이러한 유형의 갈등은 해외 가족기업에서도 흔하다. 합리적이고 공정한 후계자 선정 방법이 없기 때문이다. 또한 경영자가 처음부터 승계 과정에서 가족을 우선으로 둘지, 기업을 우선으로 둘지에 대한 명확한 가치와 철학이 서 있지 않기 때문이기도 하다.

두 번째 갈등 유형은 형제간 '상속분쟁'이다. 대부분 창업자가 소유권에 대해 분명히 유언하지 않고 사망한 경우 발생한다. 물론 유언장 없이도 형제들 간에 분쟁 없이 기업을 배분하는 경우도 있지만 이런 일은 매우 드물다. 한화그룹은 형제간 소유권 분쟁으로 30여 차례 재판을 했다. 한진그룹은 상속 문제로 유언장의 진위 시비까지 일었다. 삼성그룹도 예외 없이 상속분쟁을 겪었다. 그런데 상속분쟁을 가만히 들여다보면 단순히 재산 배분 문제만 걸려 있는 것이 아니라 가족 간에 오래된 감정적 앙금이 밑바탕에 깔려 있는 것을 알수 있다. 그렇기 때문에 일단 분쟁이 일어나면 해결의 실마리를 찾기가 더욱 어렵다. 창업자가 소유권에 대해 명확한 철학이나 가치관을 후대에 전달하지 못하고, 심지어 유언장조차 남기지 않는 것이 가족분쟁의 불씨가 되는 것이다.

세 번째 갈등 유형은 형제간의 '주도권 경쟁'이다. 우리나라 대부분의 기업이 한 자녀에게 주도적인 경영권을 이전하는 방식을 택하는 데 반해, 두산그룹과 금호그룹은 형제들이 소유권을 동일한 비율로 갖고 기업을 공동 경영하는 형제경영 방식을 택했다. 그런데 금

회사명	분쟁구조	분쟁의 원인 및 형태
금호그룹	형제	2대 형제경영에서 형제간 지분경쟁
두산그룹	형제	3대 형제경영에서 계열사 분리를 계기로 형제간 비자금 폭로
대림그룹	숙질	삼촌과 조카가 지분을 놓고 분쟁
동아제약	형제, 부자	2대 경영권과 소유권 분쟁, 지분 관련 법정소송
대성그룹	형제	2대 형제간 경영권 분쟁
롯데그룹	형제	1대 형제간 기업 부지매각 분쟁과 시장 경쟁 (관광, 라면, 소주, 우유 등)
삼성그룹	형제	2대 상속분쟁
한라그룹	형제	2대 경영권과 소유권 분쟁
한진그룹	형제	2대 상속분쟁
한화그룹	형제	2대 상속분쟁으로 31차까지 재판
현대그룹	형제, 숙질	2대 경영권 분쟁(1,2차 왕자의 난), 기업 정통성 분쟁(형제, 숙부)

재벌그룹의 가족분쟁

호그룹은 형제 중 한 명이 다른 형제들과 사전 협의 없이 자기 지분을 늘리면서 분쟁이 시작되었고 결국 형제경영도 막을 내렸다. 경영권을 향한 욕심이 화를 자초한 것이다. 한편 두산그룹은 1896년에 설립한 국내 최고령 기업으로, 현재 우리나라 재벌기업 중 가장 먼저 4대째 기업을 이어가고 있다. 2대 박두병 회장은 "반목은 결국 파멸을 가져오고 화목은 영원한 발전을 의미한다"며 가족 간 화합을 강조했다. 그 덕에 3대에서는 3형제가 공동소유, 공동경영의 원칙을 가지고 모범적으로 형제경영을 했다. 그런데 형제 중 한 명이 계열사 분리를 요구하며 갈등이 시작되었고, 가족 간에 비자금 폭로전이 벌어져 4형제가 함께 법정에 서기도 했다. 형제간 불신과 라이벌 의식이 불행을 초래한 것이다.

그런데 주도권 경쟁은 형제 공동경영뿐 아니라 계열사가 분리된 경우에도 발생한다. 예를 들면, 현대건설을 놓고 현대가에서 벌어진 분쟁도 결국 형제간에 서로 정통성을 차지하려는 주도권 경쟁이었다. 이러한 갈등은 가족기업을 가족 공동의 재산으로 보기보다는 개인의 사유재산으로 보기 때문에 생긴다. 즉 대를 이어 가족기업을 존속시키려는 가족 공동의 꿈이 결여되었기 때문이다.

이상과 같이 재벌기업의 갈등을 분석해보면 그 구조는 의외로 매우 단순하다. 중소기업이나 중견기업에서 발생하는 분쟁도 이 범위를 크게 벗어나지 않는다. 이는 무슨 뜻인가? 가족기업의 갈등은 특정 가족만의 문제도, 한 개인의 자질이나 성품에 관한 문제도 아닌 구조의 문제라는 것. 이 말은 곧 경영자가 사려 깊게 준비한다면 갈등을 충분히 예방할 수도 있다는 말이다. 하지만 '시스템'에 대한 깊은 고민 없이 무조건 '화합'만을 강조하기 때문에 가족갈등이 해결되지 못한 채로 법정분쟁으로 이어지고, 가족관계가 단절되는 것이다.

게다가 갈등은 한 세대에서 확실하게 해결하지 못하면 다음 세대로 대물림되는 경향이 있다. 어쩌면 이것이 더 큰 문제다. 최근 우리나라의 많은 대기업들이 3세로의 경영권 이전을 앞두고 있다. 향후 몇십 년 동안 엄청난 부의 세대 이전이 진행될 것이다. 만일 현재 1세나 2세 경영자들이 가족 간 협력시스템과 갈등관리 능력을 갖추지 못한 채 퇴진한다면, 다음 세대에서는 부모세대보다 더 많은 가족분쟁이 일어날 가능성이 크다. 기업에 참여하는 가족 수가 점차 늘어나고, 그에 따른 이해관계도 갈수록 복잡해지기 때문이다. 그 갈등이 우리 사회에 미치는 여파가 얼마나 클지는 쉽게 짐작될 것이다.

발렌베리가나 로스차일드가와 같이 100년, 200년 이상 존경받는 가족기업으로 생존하기를 원하는가? 그렇다면 무엇보다 먼저 가족 간의 화합과 결속에 초점을 맞추고, 갈등을 예방하는 시스템을 마련해야 한다. 세계적인 장수가족기업은 가족 간의 갈등해결 능력이 뛰어난 기업들이다. 아니, 그들은 가족 갈등을 관리하는 능력이 뛰어나기 때문에 장수가족기업이 될 수 있었다.

가족문제는 가족의 관점으로, 기업문제는 기업의 관점으로

가족기업이 일반기업과 가장 크게 다른 점은 무엇일까? 일반적으로 기업은 경제적인 합리성을 추구하는 하나의 시스템이다. 반면 가족기업은 가족과 기업이라는, 목표와 니즈가 서로 다른 두 시스템이 연결되어 있다.[4] 기업이 경제논리와 합리성을 중시한다면, 가족은 가치와 전통, 가족 구성원 간의 관계를 중시한다. 기업을 운영하는 가족들 간에 갈등이나 분쟁이 많은 이유가 여기에 있다.

예를 들어, 가족 중 누군가가 기업에서 일하게 되면 그 사람은 동시에 2가지 이상의 역할을 맡게 된다. 집에서는 부모와 아들딸 관계이지만, 회사에서는 상사와 부하직원의 관계가 된다. 동일한 사람에게 상황에 따라 다른 역할을 기대하게 되는 것이다. 그러나 가족과 기업에서의 역할을 명확히 구별하기란 쉽지 않다. 갈등은 이렇게 가

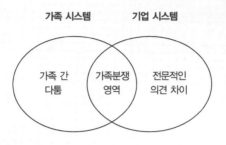

가족 시스템   기업 시스템

가족 간
다툼

가족분쟁
영역

전문적인
의견 차이

가족과 기업 시스템 내의 갈등

족과 기업 간 경계가 모호해지는 데서 발생한다. 어떤 경우에는 회사에서 생긴 문제가 가족문제로 확대되고, 반대로 가족들 사이의 감정적인 문제가 회사 일에 영향을 미치기도 한다. 즉 어느 한쪽에서든 문제가 생기면 다른 영역으로까지 갈등이 확대되어, 결국 가족관계가 멀어지고 기업에도 부정적인 결과를 초래한다.

그렇다면 이 문제를 어떻게 극복할 수 있을까? 자고로 원인에 해법이 있는 법. 즉 가족문제는 가족의 관점에서 바라보아야 하고, 기업 문제는 기업의 관점에서 바라보아야 한다. 물론 쉽지 않은 일이다. 이와 관련해서 자주 인용되는 예화가 있다.

한 가족기업 오너의 아들이 회사에 입사했다. 그런데 그는 지각이 잦고, 일에 적응을 못했으며, 흥미나 의욕도 없어 보였다. 당연히 다른 직원들에 비해 업무능력이 떨어졌다. 어느 정도 지켜보던 아버지는 아들이 회사에서 일하겠다는 동기도 약하고, 회사 일이 적성에 맞지 않다는 결론을 내렸다. 그래서 하루는 아들을 따로 불러 점심 약속을 했다. 그는 점심식사를 마치고 아들에게 진지하게 얘기를 꺼냈다. "나는 지금 너의 상관으로서 얘기하는 거다. 너의 상관으로서 오늘 너를 해고한다." 그러고는 어깨를 늘어뜨리고 풀이 죽어 있는 아들의 어깨를 감싸 안으며 다시 말했다. "네 아버지로서 네가 일자리를 잃었다니 너무 마음이 아프구나. 내가 너를 도와줄 일이 없겠니?" 그 시간 이후 아들은 회사를 정리하고 나왔다. 그리고 한 쇼핑몰에서 관심 있었던 사업을 시작해 성공적으로 운영하고 있다. 물론 이 모든 과정에서 아버지의 도움이 컸다.

만일 이런 상황에 처한다면, 대부분의 부모들은 자녀를 야단치거나 강압적으로 자신의 방식을 따르게 한다. 자녀의 적성 따윈 안중에도 없이 무조건 가업에 적성을 맞추라고 요구한다. 자녀들은 그런 부모에게 반항하거나 서운한 마음을 갖게 된다. 회사에서의 문제가 부모와 자녀 간의 감정적 문제로 발전하고, 향후 더 큰 문제로 확대되는 것이다. 이처럼 가족기업에서 대부분의 가족갈등은 가족과 기업 간의 역할 전환을 못하거나 경계를 명확히 하지 않아서 발생한다. 가족은 감성적이며 사랑을 중시하고, 기업은 이성적이며 성과를 중시하는 집단이다. 그러므로 가족기업에서는 어떤 문제가 발생하면 가족과 기업의 경계를 구분하려는 노력이 필요하다. 이것이 건강한 가족과 건강한 기업을 만드는 토대가 된다.

가족이 우선인가?
기업이 우선인가?

사람들이 중요한 의사결정을 할 때는 대개 자신이 중요하게 생각하는 가치를 기준으로 삼는다. 가족기업의 경영자도 마찬가지다. 회사와 가족 문제가 한데 얽혀 있을 때 어떤 경영자는 가족을 우선하고, 어떤 경영자는 기업을 우선한다. 즉 경영자의 가치와 경영철학에 따라 대응방식이 다르다. 물론 그에 따라 의사결정방식이 다르고 결과도 달라진다.[5]

가족을 중시하는 오너경영자들은 중요한 의사결정을 할 때 가족의 행복이나 화목을 무엇보다 우선시한다. 이런 가족은 자녀나 친족을 우선적으로 고용하는 네포티즘Nepotism(친족 중용주의)이 강하다. 그들은 자녀의 능력이나 기업에 대한 헌신 등은 크게 고려하지 않는다. 원한다면 가족 누구라도 기업에서 일할 수 있고, 급여도 동등하게 지급한다. 가족을 해고하는 경우도 거의 없다. 가족이 회사에 재정적으로 손해가 되거나 실적에 좋지 않은 영향을 미치더라도 기업보다는 가족의 가치를 더 중요하게 생각하기 때문에 가족의 실수나 실패에 매우 관대하다. 그들은 가족이 행복하지 않고 서로 협력하지 않는다면 기업도 장기적으로 건강하게 유지될 수 없다고 생각한다. 후계자를 선정할 때도 자녀들의 능력보다는 성별이나 출생순서 등을 기준으로 하고, 가족 간의 위계질서를 중시한다. 마치 기업이 가족을 위해 존재하는 것처럼 여긴다. 가족들이 일반직원에 비해 누리는 특권도 많다. 이런 기업은 대체로 재무구조도 불투명하고 가족끼리 비밀이 많다. 그런 탓에 능력 있는 직원을 고용하고 유지하기가 쉽지 않다.

이처럼 가족이 최우선 요소이지만, 정작 오너의 가족들은 대를 이어 기업을 키워나가야 한다는 비전과 꿈이 약하기 때문에 결국 기업을 매도하는 경우가 많다. 만일 기업을 영속시키려는 열망이 있다 하더라도, 후계자 선정이나 건전한 기업경영을 위해 필요한 지배구조가 취약하므로 어려움을 겪는다.

반대로 가족보다 기업을 중시하는 오너경영자들은 중요한 의사결정을 할 때 무엇이 기업에 최선인가를 기준으로 생각한다. 가족이 기업에서 일하는 경우 채용이나 보상, 직급 등의 문제는 기업정책을 엄격히 따른다. 어떤 기업들은 가족 구성원이 기업에서 일하려면 먼저 다른 기업에서 경험을 쌓아야 하는 등, 일반직원보다 더 까다로운 조건을 제시하기도 한다. 가족에 대한 평가나 인사정책도 일반직원들과 동일한 기준을 적용하고, 보상도 가족의 위계를 따르지 않고 성과나 책임을 기준으로 한다. 후계자를 선정할 때 기업을 관리하고 성장시킬 능력이 있는지를 면밀히 살피며, 출생순서나 성별보다는 기업에 대한 헌신과 능력을 우선시한다. 이들은 가족모임에서도 주로 회사에 관한 대화를 나누고, 때로는 예정된 가족행사도 회사에 일이 있으면

항목	가족 우선	기업 우선
고용정책	모든 가족에게 고용 개방. 가족기업은 종종 기업 밖에서 일자리를 얻지 못한 가족들의 피난처가 된다.	자격이 되는 가족만 기업에 참여. 가족들은 정해진 고용조건에 부합해야 한다. (교육, 외부 경력 등)
보상정책	모든 가족이 경력이나 회사에 대한 기여도와 관계없이 거의 동일한 급여를 받는다. 그러나 능력 있는 가족은 그렇지 못한 가족과 비교해서 더 많은 보상이나 혜택을 기대한다.	보상은 책임과 성과를 기준으로 한다. 보상은 가족의 필요에 의해서가 아니라 산업이나 시장을 기준으로 한다. 책임이나 보고 체계가 명확하게 세워져 있고 가족들이 이를 정확히 이해한다. 높은 성과에는 높은 보상이 따르지만, 성과가 낮은 가족 구성원은 해고될 수도 있다.
리더십	리더십은 능력이나 성과를 반영하기보다는 가족의 서열에 따른다. 사업 성공보다는 기업 유지에 대한 의지가 높다.	가족의 최고 목표는 최고의 기업을 운영하는 것이다. 때에 따라 기업 내부에 이미 최고경영진을 확보하고 있음에도 외부에서 리더를 영입하기도 한다.
기업자원 배분	기업의 자원은 가족들의 개인적인 필요를 위해 사용된다. (주택, 자동차, 개인적인 구매 등)	가족과 기업의 자산을 명확히 분리하고, 기업의 자원을 전략적으로 배분한다. 예산이나 계획을 중요하게 생각하고, 수익은 성장전략을 위해 사용한다.
가족 훈련	공식적인 훈련 프로그램이 없다. 가족들은 비즈니스에 관해 경험적·직감적으로 배운다.	공식적인 훈련이 필요하다는 것을 명확히 인지하고 가족들에게 기업경영에 필요한 훈련 프로그램을 제공한다.

가족 유형별 가족 고용에 대한 우선순위

연기하거나 취소한다. 가족의 가치나 감정보다 기업의 효율성에 항상 초점을 맞춘다.

이런 오너의 가족은 기업경영에 헌신적일까? 안타깝게도 그렇지 않다. 기업을 우선하는 가족은 기업을 생산적인 '자산'으로 보기 때문에, 오히려 가족 내에서 대를 이어 기업을 이어가야 한다는 헌신적인 자세가 약하다. 실제로 이런 기업의 후계자들은 적당한 기회가 오면 기업을 매도하는 경우가 많다.

가족과 기업 간의
균형이 필요하다

기업이나 가족, 어느 쪽에 우선순위를 두어도 문제가 발생한다면, 대안은 물론 가족과 기업의 균형을 맞추는 것이다.6 성공적인 장수기업들은 마치 줄타기 명인이 공중에서 줄을 타며 균형을 맞추는 것과 같이 가족과 기업 간 균형을 맞춘다. 즉 기업의 재정적 안정과 가족들의 기대를 모두 충족시키는 방향으로 의사결정이 이루어진다. 중요한 것은 가족과 기업이 함께 비전을 공유하고, 기업의 영속성에 대한 사명감을 갖는 것이다.

장수가족기업들은 가족과 기업 간의 균형을 중시하기 때문에, 중요한 문제가 있으면 가족회의나 포럼을 열어 서로 의견을 나누고 합의를 도출한다. 가족회의는 갈등을 예방하고 가족들이 기업의 영속성에 헌신하도록 독려하는 중요한 수단이다. 또한 대부분은 가족들이 함께 합의한 가족헌장이나 가족고용정책을 가지고 있다. 그에 따라 능력이 있는 자녀들을 기업에 참여시키며, 자녀에 대한 평가나 보상도 다른 직원과 동일한 기준을 적용한다.

기업에 참여하지 않는 자녀들에게는 각자 재능이나 관심이 있는 분야에서 일하거나 비즈니스를 시작할 수 있도록 지원을 아끼지 않는다. 그럼으로써 잠재적인 반목의 씨앗을 처음부터 차단하는 것이다. 또한 기업경영은 건강한 지배구조와 기업문화, 공정한 정책 등을 기반으로 한다.

성공한 가족기업의 이면에는 이렇게 가족과 기업 간의 균형을 맞추려는 노력이 숨어 있다.

입장을 이해해야
갈등의 원인이 보인다

가족과 기업 사이에서 균형을 맞추기가 어려운 것은, 목표와 니즈가 다른 두 시스템이 얽혀 있는 만큼 구성원 간 이해관계도 다양하고 복잡하기 때문이다. 가족 구성원들 각자의 입장을 정확히 이해한다면 가족갈등의 원인을 파악하는 데 도움이 될 것이다. 예컨대 다음과 같은 상황에서 가족 구성원의 역학관계를 이해하는 일은 유용하다.

한 중견기업의 오너인 김 회장은 최근 승계를 놓고 고민에 빠져 있다. 그는 30여 년 전 회사를 창업하였고, 각고의 노력 끝에 이제 회사가 안정기에 접어들었다. 앞으로 몇 년 후에는 회사를 자녀들에게 맡기고 은퇴할 예정이다. 그의 바람은 자녀들이 서로 사이좋게 기업을 잘 유지하고 발전시키는 것이다. 그는 4남매를 두고 있는데 그중 3남매가 회사에서 일하고 있다. 첫째딸은 10년간 회사에서 일하고 있는데, 능력과 성실함으로 대내외적인 인정을 받고 있다. 둘째아들은 몇 년간 다른 회사에서 경력을 쌓고 현재 회사에 들어와 3년째 일하고 있다. 셋째딸은 다른 회사에서 일하고 있으며 앞으로도 가족회사에서 일할 생각이 없다. 그리고 막내아들은 최근 학업을 마치고 회사에서 일을 시작했다.

　김 회장은 어느 자녀에게 경영권을 승계할지 고민이다. 첫째딸이 경험이나 능력 면에서 뛰어나지만, 그는 아들이 대를 이어야 한다고 생각하기에 후계자로 큰아들을 마음에 두고 있다. 막내아들도 함께 일하지만 아직 경험이 부족하고 리더십도 약하다는 생각이 든다. 소유권 문제도 고민이다. 그는 자신의 사후에도 자녀들 간에 소유권 문제로 분쟁이 발생하지 않기를 바란다. 그래서 자녀들에게 공평하게 소유권을 나눠주어야 할지, 아니면 회사 경영을 책임질 아들이 지배력을 가질 수 있도록 안정적인 지분을 주어야 할지 고민이다. 김 회장의 가장 현명한 의사결정은 무엇인가?

　경영자가 한 명의 자녀만 두고 있다면 가족관계나 승계구도는 비교적 간단하다. 그러나 대체로 한 자녀 이상을 두는 경우가 더 많다. 그렇게 되면 기업에 참여하는 자녀와 참여하지 않는 자녀, 소유권이 있는 자녀와 없는 자녀는 기업에 대한 관심이나 이해관계가 달라진다. 이렇게 각자의 상황에 따라 이해관계가 달라지기 때문에 대부분의 가족들이 승계를 전후해서 갈등을 겪는다. 가족 간 갈등이나 분쟁이 생기면 가족들은 그것이 자기 가족만의 특별한 문제라고 생각한다. 그러나 앞으로 소개할 '가족기업의 3차원 시스템'을 이해한다면 가족 간에 발생하는 문제는 어떤 한 가족만의 문제도 아니고 특별히 이상한 것도 아니라는 것을 알 수 있다. 그리고 이를 통해 향후 일어날 문제를 예측하거나 예방할 수도 있다.

　가족기업은 가족, 기업 그리고 오너십이라는 3개의 하위 시스템이
서로 겹쳐져 하나의 복잡한 시스템을 이루고 있다. 이를 가족기업의
3차원 모델3 Circle Model이라 한다.[7] 이는 1980년대 하버드 대학의 레나토
타귀리Renato Tagiuri와 존 데이비스John Davis가 소개한 이후 가족기업의 메커
니즘을 이해하는 가장 중요한 모델로 여겨지고 있다. 3차원 모델이
중요한 이유는 이것이 가족기업을 구성하는 가족과 기업, 주주(오너
십) 간의 역학관계를 잘 설명하기 때문이다. 이 모델을 통해 가족기
업과 관련된 각 이해관계자의 입장을 살펴본다면, 왜 가족들 간에 갈
등이 발생하는지, 왜 가족기업에 속한 사람들은 목표와 기대, 관심
이 각기 다른지를 알 수 있다.

　가족기업은 아래 그림과 같이 가족, 오너십, 기업이라는 3개의 독

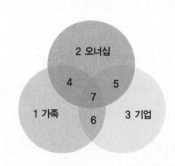

가족기업의 3차원 모델

립적인 시스템이 서로 연결되어 있다. 이 3개의 시스템은 서로 겹치면서 그림과 같이 7개 구역으로 분리된다. 가족기업과 관련 있는 사람이라면 누구라도 7개 구역 중 어느 한 부분에 포함된다.

예를 들면, 가족은 왼쪽 1번 원에 위치한다. 그리고 회사의 오너십을 가진 사람은 위쪽 2번 원에, 임직원은 오른쪽 3번 원에 위치한다. 원의 바깥쪽 1, 2, 3번 구역에 있는 사람들은 가족, 주주, 직원이라는 한 가지 역할만 갖는 사람들이다. 만약 가족시스템 안에 있는 사람이 동시에 하나 이상의 역할을 갖게 되면 원의 겹치는 부분 어디엔가 위치하게 된다. 즉 가족이면서 주식이나 지분을 보유한 사람은 4번에, 회사 임직원이면서 주식을 가지고 있는 사람은 5번에, 그리고 가족이면서 회사에 고용된 사람은 6번에 각각 위치한다. 그리고 7번에는 있는 사람은 가족이면서 소유권도 있고, 기업에서 일하는 사람이다. 이들은 오너경영자나 후계자 후보들이다. 이처럼 가족기업 시스템 내에 있는 모든 사람들은 반드시 3차원 모델의 어느 한 부분에 위치하게 된다.

그런데 사람들은 자신의 위치에 따라 서로 관심이나 기대가 다르다. 그리고 어떤 이슈가 있으면 각자 자기 관점에서 문제를 바라본다. 예컨대 가족 고용 문제를 보자. 1번에 위치한 가족은 '같은 자식이니 원하는 자녀들에게 모두 같은 기회를 주어야 한다'고 생각할 것이다. 그러나 3번에 위치한 직원들은 '가족이 최소한 다른 후보자와 동일하거나 더 뛰어난 경우 고용해야 하며, 그들의 승진은 실적으로 평가되어야 한다'고 말할 것이다. 어느 위치에 있느냐에 따라 동일한 문제에 대해서도 각자 견해나 이해관계가 달라진다.

가족기업의 3차원 모델은 가족갈등을 이해하는 데 매우 효과적이다. 이는 기업의 규모와 상관없이 모든 가족기업에 적용할 수 있다. 이해관계자 간 갈등이 발생했을 때, '왜 이런 일이 일어났는가?'에 관해 서로의 관점이나 상황의 차이를 이해한다면, 이에 대한 해결방안을 더 쉽게 찾을 수 있다. 각자의 위치에 따라 어떤 관심과 니즈를 가지고 있고 그들의 행동이 어떤 차이를 보이는지 살펴보자.

1. **가족** 기업에 참여하지도, 오너십이 있지도 않은 가족이다. 이들은 기업의 성과를 통해 자신의 삶이 경제적으로 향상되기를 바란다. 또한 가족은 누구라도 원하는 경우 기업에 참여할 기회가 제공되어야 한다고 생각한다. 그리고 언젠가 자신들도 다른 자녀들과 동등하게 오너십을 갖게 될 것으로 기대하고 이에 관심을 갖는다. 이러한 기대가 충족되지 않는다면 이들은 형평성을 문제 삼고, 심한 경우 가족분쟁으로 발전될 수 있다.

2. **주주 또는 투자자** 이들은 기업 주식이나 지분을 가지고 있지만 회사에 근무하지 않으며 가족도 아니다. 예를 들어 벤처캐피털이나 은행, 일반투자자 등이 이에 속한다. 이들의 근본적인 관심은 투자수익

에 있다. 그러므로 회사와 경영 관련 의사결정은 가족문제와 분리해서 명확하게 실행되기를 바란다. 그러나 가족기업에서 현실적으로 이는 불가능한 바람 아닌가. 그래서 이들은 가족들이 무분별하게 기업에 참여하는 것 등 가족의 경영 참여에 대체로 불만을 갖는다.

3. 임직원 이들은 기업에서 일하는 피고용인이다. 외부투자자들과 마찬가지로 이들도 기업 내 족벌주의를 우려한다. 이들의 최고 관심사는 자기 일에 대한 미래 전망과 직업 안정성에 있다. 회사는 최고의 직원을 고용하고 유지하려고 노력하지만, 이들은 항상 자신들보다 오너의 가족이 더 우선이라고 느낀다. 실제로 가족 간 분쟁이 생기면 가족들은 회사의 이익보다는 개인적 감정이나 이익에 따라 의사결정을 하므로 회사를 위기에 몰아넣기도 한다. 따라서 일부 가족기업은 기업의 성장과 발전을 위해 필요한 자질과 역량을 갖춘 관리자를 고용하거나 이들을 붙잡아두는 데 어려움을 겪기도 한다.

4. 오너십 있는 가족 이들은 주식이나 지분 등 오너십은 가졌지만 기업에서 일하지 않는 가족이다. 기업승계 시 소유권은 대개 오너경영자의 자녀들에게 이전된다. 오너십을 가진 자녀들은 감정적으로 기업에 더 많이 밀착하게 된다. 그래서 이들의 관심은 외부투자자들보다 더 다양하고 복합적이다. 이들은 가족으로서뿐 아니라 주주로서도 정당한 보상을 바라며, 기업 정보도 받기를 원한다. 그리고 기업

에서 일하는 가족들이 얼마나 열심히 일하고 기업에 헌신하는가보다는 자신과 비교해 어떤 혜택과 보상을 받는지에 관심이 더 많다. 이들은 물론 기업이 성장하기를 바라지만, 수익을 재투자하기보다는 배당을 높이고 싶어 하기도 한다. 배당에 대한 이들의 태도는 소유권을 개인 재산으로 여기는지, 아니면 다음 세대에 물려주어야 할 책임으로 여기는지에 따라 다르게 나타난다.

5. 오너십 있는 임직원 기업에서는 능력 있는 임직원을 외부에서 채용하거나 이들을 회사에 오래 붙잡아두기 위해 주식이나 지분을 제공하기도 한다. 그러나 일반적으로 그 비중이 매우 적고, 비상장기업의 경우에는 쉽게 양도할 수도 없다. 그러므로 이들이 가진 주식의 투자가치는 어쩔 수 없이 가족의 영향을 받는다. 이들 또한 다른 임직원과 마찬가지로 직업의 안정성에 관심이 있고 배당에도 관심을 갖는다.

6. 기업에서 일하는 가족 이들은 오너십 없이 기업에서 일하는 가족으로, 궁극적으로는 오너십을 갖기 원한다. 일반적으로 이들은 4번에 위치한, 오너십을 가진 가족과 갈등관계가 되기 쉽다. 자신들이 열심히 일한 대가가 오너십을 가진 가족에게 돌아간다고 생각하니 못마땅한 것. 배당과 관련된 입장도 서로 다르다. 이들은 회사의 장기적 성장을 위해 수익을 재투자하기를 원한다. 그러나 오너십을 가

진 가족은 회사의 성장을 저해하지 않는 한 적정한 배당을 원한다. 이 두 그룹은 서로 입장과 이해관계가 많이 다르므로 가족시스템 내에서 갈등이 가장 심하다. 이들은 각자 자기 입장에서 정당한 권리와 관심을 표명하는 것임에도, 서로 상대방을 이기적으로 생각하거나 또는 성격차이로 인식해서 문제가 감정적으로 확대되기도 한다. 그러나 이들의 궁극적인 관심사는 결국 누가 기업을 승계하느냐에 있다.

7. 오너경영자 및 후계자 후보들 오너경영자는 가족시스템 내의 가족, 기업, 오너십의 중심에 위치한다. 일반적으로 창업자의 경우에는 단독으로 지배적 소유권을 가지고 있으며, 승계와 관련된 모든 의사결정이 그에게 달렸다. 예를 들어 후계자를 선정할 때 그들은 '가족관계에 문제가 생기더라도 회사를 위해 최선의 선택을 해야 하는가?' 아니면 '가족의 정서를 고려해서 결정해야 하는가?'와 같은 어려운 의사결정을 해야 한다. 그러나 자녀들은 자신의 상황에 따라 입장이 달라서 각자의 필요나 요구가 충족되지 않으면 불만을 품을 수밖에 없다. 오너경영자들에게 이러한 문제를 감당하는 것은 결코 쉬운 일이 아니다. 한편, 기업이 성장하고 2세, 3세 가족들이 기업에 참여하게 되면서 오너십을 가지고 기업에서 일하는 가족들이 생긴다. 이 중에는 물론 '후계자'도 포함된다. 이들은 1, 4, 6번에 위치한 다른 가족들의 관심과 니즈를 모두 가지고 있다. 이들은 상황에 따라 배당

에 관심을 두기도 하고, 어떤 때는 회사에 재투자하여 회사를 성장시키는 데 관심을 갖는다. 그러나 이들의 궁극적인 관심은 회사의 경영권을 승계하는 것이다. 만일 여러 명의 자녀가 회사에서 일한다면 라이벌 의식을 갖게 되고, 승계와 관련하여 잠재적인 갈등이 커지게 된다.

이상에서 살펴본 것처럼, 가족기업 시스템 내에 속한 사람들은 누구나 자신의 입장에 따라 관심과 이해관계가 달라진다. 창업 초기에는 3개의 시스템이 겹치는 부분에 가족이 거의 위치하지 않는다. 그리고 오너경영자가 가족, 오너십, 기업, 3개 시스템의 모든 의사결정을 지배하기 때문에 가족갈등이 발생할 여지가 적다. 그러나 자녀들이 기업에 참여하면서 각자의 상황에 따라 이해관계가 달라지기 시작하고, 여기에서 갈등이 발생한다. 이는 어느 한 가족만의 문제도 아니고 특별히 나쁜 것도 아니다. 필연적으로 모든 가족기업들은 이러한 갈등구조에 놓이게 된다. 대개의 갈등은 서로 상대방의 입장이나 생각을 잘 알지 못하기 때문에 발생한다. 모든 분쟁을 해결하기 위해서는 우선 다른 사람의 관점을 이해할 수 있어야 한다. 그런 의미에서 가족기업의 3차원 모델은 가족갈등의 원인을 파악하는 데 매우 유용하다.

성공적인 장수기업들은 다음 2가지 사실을 확실히 알고 있다. 첫째, 모든 가족기업은 다 같은 문제와 갈등을 가지고 있다는 것이다.

둘째, 사람들은 같은 문제를 자신의 관점이나 입장에 따라 서로 다르게 본다는 것이다.[8] 이러한 사실을 정확히 알고 있기 때문에 그들은 사람들 간의 이해관계를 조정하고 갈등을 예방하는 시스템을 마련하는 데 많은 시간을 투자한다. 어떤 문제를 해결하기 위해서는 합의된 규정이 필요하다. 사람들은 대부분 공정하다고 생각되면 자신에게 불이익이 생기더라도 상황을 받아들인다. 그러려면 무엇보다 대화의 장이 필요하다.

세대가 바뀌면
소유권 구조도 진화한다

　가족기업에서 가족문제는 여러 형태로 나타난다. 어떤 경우에는 부모와 자녀 간의 문제로 나타나기도 하고 어떤 경우에는 형제자매 간, 또는 사촌 등 친족 간의 문제로 나타나기도 한다. 대표적인 다음의 4가지 갈등 사례를 보자.[9]

　A의 부친 김 회장은 20년 전 기업을 시작해서 자수성가한 사업가다. A는 지난 몇 년간 아버지 밑에서 착실히 후계자 수업을 받고 최근 기업을 승계하여 CEO가 되었다. 그런데 CEO가 된 이후 아버지와의 관계가 예전 같지 않았다. 김 회장이 승계 후에도 지속적으로 경영에 깊이 관여하기 때문이다. 김 회장은 A가 결정한 사안을 종종 뒤집으며 그를 곤란하게 한다. 그 때문에 임직원들도 누구의 의사결

정을 따라야 할지 혼란스러워한다.

B는 부모님이 창업한 기업을 승계해 동생과 함께 경영하고 있다. 이 회사의 지분은 회사에 근무하지 않는 누나와 본인, 동생, 이렇게 셋이 동일한 비율로 가지고 있다. 최근 B의 두 자녀가 회사에서 근무를 시작했다. 그런데 누나가 아들의 취업이 어려워지자 가족기업에서 일하게 해달라고 연락했다. 그는 조카가 회사와 맞지 않다고 생각하지만 누나의 부탁을 거절할 수 없는 처지다. 그런데 직원들은 가족들이 회사에 너무 많이 참여하는 것 아니냐며 불만이다.

C는 몇 년 후 자녀들에게 회사를 맡기고 은퇴할 예정이다. 현재 그의 딸이 부사장으로 마케팅과 해외사업을 관장하고 있다. 아들은 전무로, 재무와 관리를 맡고 있다. 최근 부사장인 딸은 새로운 해외사업을 추진하고 있다. 그런데 보수적인 아들은 회사의 급격한 변화를 반대하고 있다. 자녀들 간 갈등으로 임직원들도 두 편으로 나뉘었다. 그는 이러한 문제가 자녀들이 승계를 놓고 벌이는 경쟁심 때문이라고 생각한다. 자녀들은 각자 성향과 성품이 다르고 서로 경쟁의식이 강하기 때문에 자신이 없을 때 자녀들끼리 협력해서 기업을 잘 운영할 수 있을지 걱정스럽다.

D는 몇 년 전 자녀들에게 기업을 승계하고 은퇴했다. 회사는 두

자녀가 함께 경영하고 있는데, 둘은 회사지분을 동등한 비율로 갖고 파트너 관계로 일하고 있다. 얼마 전부터는 손자들도 회사에서 일하기 시작했다. 그런데 사촌들 간 보이지 않는 경쟁이 심하다. D의 첫째아들은 자녀가 한 명이고, 둘째는 세 자녀를 두고 있다. 향후 그들의 주식이 자녀들에게 이전되면 사촌 간 주식 비중이 달라지게 된다. 첫째의 자녀는 50%를 갖게 되고, 둘째의 자녀들은 각각 약 16%의 주식을 갖게 된다. 그는 향후 소유권 비중의 차이로 인해 사촌 간 협력관계가 깨지지 않을까 염려하고 있다.

이상의 4가지 사례는 기업을 운영하는 가족이라면 누구라도 겪을 수 있는 전형적인 가족기업의 이야기다. 그런데 이 사례들에는 공통점이 있다. 주인공이 모두 동일인물이라는 것. 즉 한 사람이 각기 다른 시점에서 겪는 갈등이다. 이는 가족기업과 관련된 사람들의 이해관계가 세대가 변함에 따라 얼마나 복잡해지는가를 보여준다. A는 40세 때 부친으로부터 승계를 받는 과정에서 겪은 갈등의 한 단면이다. B는 55세의 상황으로, 자녀들이 기업에 참여할 때의 모습이다. C는 65세에 자녀들에게 승계하는 과정, D는 75세에 본인이 은퇴한 후 손자들이 경영에 참여하면서 겪게 되는 문제들이다.

시간이 흐르면 무엇이든 변하게 마련이다. 조직이나 시스템도 변한다. 가족기업도 마찬가지로 세대가 바뀌면 소유권 구조가 변하게 되고 이에 따른 개인의 역할이나 기대도 달라진다. 세대가 바뀜에 따

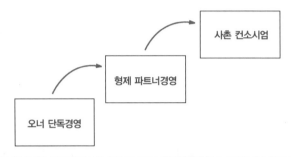

라 소유권 구조가 어떻게 바뀌고 그에 따라 어떠한 가족문제가 발생하는지 살펴보자.

일반적으로 가족기업 초창기에는 창업자가 지배적인 오너십을 갖고 단독으로 경영한다. 그러나 자녀들이 본격적으로 경영에 참여하고 세대 간 승계가 이루어지면 오너십 구조도 진화하게 된다. 오너십 구조의 진화 모델Ownership Development Model에 따르면 가족기업의 오너십은 위 그림과 같이 초기 오너 단독경영 단계에서 형제 파트너경영 단계로 그리고 사촌 컨소시엄 단계로 발전한다.[10] 즉 우리나라에서 흔히 얘기하는 오너경영, 형제경영, 사촌경영 단계로 진화하는 것이다.

물론 모든 기업이 이렇게 순차적으로 진화하는 것은 아니다. 한 명의 자녀에게 모든 소유권과 경영권을 이전한다면, 승계 후에도 오너 단독경영으로 이어진다. 그러나 수대에 걸쳐 한 자녀에게만 오너십을 전적으로 이전하는 것은 현실적으로 불가능하다. 어느 세대에서든 둘 이상의 자녀에게 오너십이 분산되면 이는 형제자매가 협력해서 기업을 운영해야 하는 형제경영 단계가 된다. 그리고 이들의 오너십이 다시 그 자녀들에게 이전되면, 오너십은 사촌들에게로 분산된다. 그러면 사촌이 함께 협력하는 사촌경영 단계로 진화한다. 그런데 어떤 가족은 형제경영 단계에서 형제들 간 주식매매를 통해 다시 단독경영으로 전환되기도 하고 사촌경영 단계에서 한 가계가 다른 사촌들의 주식을 매입하여 다시 형제경영 단계가 되기도 한다. 이처럼 가족의 오너십 구조는 가족의 특성이나 역사를 반영하여 다양한 형태로 변화한다. 그러나 어떤 경우라도 단독경영이나 형제경영, 사촌경영 중 하나의 형태를 띠게 된다.

가족이 함께 일하는 것은 결코 쉬운 일이 아니다. 기업에 참여하는 가족 수가 많아질수록 가족의 역학관계는 아주 복잡해진다. 그래서 많은 부모들이 한 명의 자녀에게 경영권을 이전하는 단독경영 방식을 선호한다. 미국이나 유럽에서도 가족기업 연구 초기에는 한 명의 후계자가 기업을 승계하는 단독경영 방식이 가장 보편적인 소유권 형태로 여겨졌다. 여기에는 형제자매가 함께 일하는 것이 쉽지 않다는 전제가 깔려 있다. 가족기업 연구의 창시자인 레온 댄코Leon Danco 박사는 자녀들 간에 권력을 공유하는 파트너십이나 대표직 공유와 같은 방식은 매우 순진한 생각이라고 했다.[11]

그러나 최근에는 오너 단독경영 방식의 승계보다는 자녀들이 공동으로 경영하는 파트너 방식이 더 많이 채택되고 있다. 물론 파트너십 구조를 모든 가족에게 다 적용할 수 있는 것은 아니다. 이 방식은 자녀들 간 경쟁이 심한 경우에는 실패할 확률이 매우 높다. 그러나 《세대 계승Succeeding Generation》의 저자인 이반 랜스버그Ivan Lansberg 박사의 조사에 따르면, 단독경영을 하는 오너경영자 중 다음 세대에는 자녀들이 함께 경영하는 형제경영 방식을 택하겠다는 응답자가 단독경영을 원하는 응답자의 두 배 가까이 되었다.[12] 즉 미국 가족기업의 경영자들은 자녀들이 함께 팀으로 일하는 것을 더 선호한다. 사람들은 매스컴을 통해 가족 간 경쟁이나 분쟁사례를 많이 접했기 때문에, 자녀들이 함께 성공적으로 일하기는 어렵다고 여기는 경향이 있다. 그러나 형제나 사촌끼리 함께 일하면서 눈에 띄는 성과를 이룬 사례는 수없이 많다. 예컨대 로스차일드나 록펠러, 듀폰, 발렌베리 같은 세계적인 기업에서도 형제 파트너경영 방식을 채택하고 있다. 단, 이러한 경영방식이 성공하기 위해서는 가족을 지배하는 효과적인 지배구조가 구축돼 있어야 한다.

자, 그렇다면 소유권의 진화 단계에 따라 경영방식이 어떻게 달라지며, 그때마다 경영자에게는 어떤 어려움과 기회가 있을까? 살펴보자.

오너 단독경영 :
모든 경영활동의 중심에 오너경영자가 있다

오너 단독경영의 특징은 오너경영자가 기업의 중심에 위치한다는 것이다. 이들은 기업의 한가운데서 비즈니스의 모든 부분에 깊이 관여한다. 특히 창업자인 경우 회사의 제품이나 서비스에 관해 누구보다도 잘 알고 있고, 은행이나 공급자, 고객 같은 중요한 외부 네트워크와도 직접 연결되어 있다. 이들은 회사운영을 위해 대출이 필요하면 개인적으로 보증을 서거나 개인자산을 담보로 제공한다.

댄코 박사에 따르면, 이러한 조직은 오너를 중심으로 자전거 바퀴와 같은 방사형 구조를 띤다. 단순한 업무보고부터 기업인수합병과 같은 중요한 업무까지, 모든 정보는 중심에 있는 오너경영자에게 보고된다. 오너의 의사결정은 각 부분의 관리자를 통해 말단직원들에게까지 퍼져간다.[13] 이러한 구조는 고객의 니즈와 시장의 요구를 즉각적으로 반영해야 하는 기업 초기 단계에 적합하다. 그러나 비즈니스의 규모가 커지고 복잡해지면 경영자의 업무에 과부하가 걸린다. 기업이 일정 단계를 넘어서면 경영자 혼자 모든 일을 관리하기 어려워지므로 어느 정도 다른 사람에게 위임해야 하는 상황이 된다. 그러나 오너경영자는 항상 단독으로 의사결정하고 모든 일의 중심에 있었기 때문에 다른 사람에게 업무를 위임한다는 것이 결코 쉽지 않다. 일을 틀어쥐고 놓지 않으려는 성향이 강하면 승계에도 장애가 된다.

단독경영의 또 다른 특징은 오너경영자가 모든 의사결정에 대한 통제권을 갖는 것이다. 초기 단계의 기업은 이사회의 기능이 매우 취약하다. 이사회가 있더라도 대부분 가족들로 구성되며, 그들의 역할은 경영자의 결정에 도장을 찍는 형식적인 수준에 불과하다. 따라서 의사결정이 빠른 대신, 경영자의 독단으로 잘못된 판단을 내릴 위험도 있다. 그러므로 기업이 성장하고 규모가 커지면 이러한 위험을 예방할 수 있도록 사외이사제도나 자문이사제도를 도입해야 한다. 그런데 단독경영이 창업세대에만 해당하는 것은 아니다. 경영권과 소유권이 한 자녀에게만 이전되는 경우에도 단독경영으로 이어진다. 이러한 상황은 자녀가 한 명만 있는 경우 또는 자녀 중 한 명만이 가족기업에 관심 있는 경우 그리고 경영자가 가장 능력 있는 한 자녀에게 승계하는 것이 바람직하다고 생각할 때 발생한다. 그런데 한 자녀에게만 회사를 물려주면 자녀들 사이에 질투와 경쟁심을 유발할 수 있다. 그러므로 부모가 단독경영 방식으로 승계하고자 한다면 자녀들에게 그 이유와 선정 방식에 대해 사전에 충분히 협의하고 알려줘야 한다.

형제경영 :
동등한 혜택과 책임을 공유하다

형제경영은 오너십을 가진 자녀들이 함께 기업을 운영하는 방식을 일컫는다. 자녀들이 팀으로 일하기 원하는 부모들은 형제경영 체제를 만들려고 한다. 일반적으로 이 경우 모든 자녀들은 동일한 비율로 소유권을 갖게 된다.

순수한 의미의 형제경영에서는 누구도 다른 사람보다 더 많은 혜택을 갖지 않고, 의사결정 시 동등한 영향력을 행사한다. 소유권을 공유한다는 것은 서로 책임을 공유하는 것이다. 그러나 여러 사람의 의견을 조율하는 일은 많은 시간이 소요되고 번거롭다. 만일 소유권을 가진 가족 중 일부가 기업에서 일하지 않는다면 의견 조율이 더 어려워진다. 또한 기업에서 일하는 사람들은 소유권만 가지고 있는 사람에 비해 기업에 더 많은 영향력을 행사하게 된다. 그러므로 이 시스템의 근본적인 과제는 자녀들 간에 힘의 균형을 유지하는 것이다.

형제경영방식은 2가지 유형으로 나뉜다.[14]

첫 번째 유형은 형제자매간 동일한 비율로 오너십을 갖고, 그중 한 명이 리더십을 행사하는 방식이다. 물론 세부적인 운영방식은 기업마다 차이가 있다. 어떤 가족은 초기 단계부터 서로 협의해서 의사결정하고 그에 따라 일을 처리한다. 그리고 어떤 가족은 리더의 역할을 정식으로 인정하고 그에 맞는 직위나 특권을 주어 다른 형제들과 차별하기도 한다. 어떤 경우든 형제경영 방식이 안정적으로 운영되려면 리더로 선정된 형제는 다른 가족에게 자신의 경영능력을 증명해 보여야 한다. 그리고 다른 형제들은 리더 역할을 맡는 형제에게 많은 권한을 주는 것이 자신들의 경제적 이득에 더 도움이 된다는 것을 알아야 한다.

두 번째 유형은 형제자매들이 소유권을 동일한 비율로 보유하고 리더십도 공동으로 행사하는 방식이다. 즉 형제자매가 한 팀으로 회사를 이끌어간다. 이 경우 형식적인 대표는 있지만 모든 주요 경영 의제는 공동으로 결정한다. 형제자매들은 각자 다른 부서나 부문의 책임자 역할을 맡고 있지만 동일한 의사결정 권한을 가지고 있으며, 급여나 보너스도 동일하게 지급받는다. 이 경우 가장 큰 과제는 직원들이나 회사 밖의 관계자들이 회사의 경영 시스템을 정확히 알도록 하는 것이다. 이런 방식은 단독경영에 비해 구조가 상당히 복잡하다. 형제경영 방식을 채택하기 위해서는 가족위원회를 중심으로 한 가족의 지배구조와, 이사회를 중심으로 한 기업의 지배구조 및 효과적인 커뮤니케이션 시스템 구축이 함께 이루어져야 한다. 그럼에도 최근 미국 및 유럽 가족기업의 경우 오너 단독경영 방식보다는 형제경영 방식이 늘어나는 추세에 있다.

형제경영 단계에서 가장 주의할 점은, 형제간에 경영방식이나 미래의 전략 방향 등에 대해 서로 다른 입장이나 견해를 가질 수 있다는 사실을 충분히 이해하는 것이다. 또한 이들 자녀들의 원칙 없는 기업 참여도 문제가 될 수 있다. 형제경영에 참여하는 인원이 많으면 그들 자녀들의 수도 그만큼 많을 것이다. 그런데 부모들은 자녀들이 원한다면 그들에게 회사에서 일하는 기회를 주려고 한다. 그래서 때로는 지나치게 많은 가족이 기업에 참여하게 되고, 능력 없는 자녀들이 경영에 참여하는 일도 생긴다. 이러한 문제를 예방하려면 가족들이 공유한 비전과 가족고용 등에 관한 정책이 사전에 마련되어야 한다. 그러나 무엇보다 먼저 형제들끼리 협의가 선행되어야 하며, 이에 따른 협약이 마련되어야 한다.

사촌경영 :
비전과 가치, 경영철학을 공유하다

형제경영 단계에서 주식이 각자의 자녀들에게 이전되면 사촌들이 함께 오너십과 경영권을 공유하게 된다. 이 단계를 사촌경영 또는 사촌 컨소시엄이라고 한다. 단지 3대뿐 아니라 4, 5대로 확장되는 경우에도 마찬가지로 사촌 컨소시엄 단계로 본다. 이 단계의 가장 큰 특징은 다수의 사촌들이 오너십을 공유한다는 것이다. 따라서 이 단계에서의 주요 과제는 각 가계 간의 정치적인 역할을 어떻게 관리하느냐 하는 것이다. 가족 계파 간 영향력은 다음의 3가지 요인에 따라 결정된다.[15]

1. **형제의 수** 다른 사촌들보다 형제 수가 적으면 상대적으로 더 많은 지분을 갖고 많은 영향력을 행사한다.

2. **연합능력** 사촌들과 연합하거나 공동의 관심사를 이끌어낼 수 있으면 의사결정을 위한 충분한 의결권을 확보할 수 있다.

3. 경영진의 수 다른 가족보다 고위 경영진이 많은 가족이 더 많은 영향력을 갖는다.

일반적으로 사촌경영에서는 각 가계의 대표가 고위 경영진에 참여한다. 그리고 대다수의 사촌들은 오너십만 갖는다. 그런데 문제는 기업의 성장 속도에 비해 가족 수가 더 빨리 늘어난다는 것. 기업이 4, 5대로 가면 소유권을 가진 가족의 수는 많게는 100~200명까지 늘어난다. 그러다 보면 각 개인의 소유권은 점점 작아지고, 기업에 참여하지 않는 가족들은 기업의 배당에 관심을 갖게 된다. 그러나 주식을 소유한 가족의 수가 많아질수록 배당이 줄어들어 오너십의 의미는 갈수록 퇴색되고, 가족 중 일부는 자신의 주식을 처분하여 현금화하기를 원하기도 한다. 그러나 비상장기업은 시장에서 매매가 형성되지 않기 때문에 그마저도 쉽지 않다. 그러므로 이와 관련된 갈등을 방지하기 위해서 사전에 주식매매와 관련된 협약을 마련하는 것이 좋다.

사촌경영의 또 다른 특징은 소유권과 경영권 승계가 따로 진행된다는 점이다. 오너가 단독으로 경영하는 단계에서는 소유권과 경영권의 이전이 거의 동시에 이루어진다. 그러나 사촌경영에서는 사촌 간 나이 차이가 있고 심지어 30년 이상 차이 나는 경우도 있다. 그리고 부모들이 자신의 상황이나 방식대로 자녀들에게 소유권을 이전하므로 소유권 이전은 오랜 시간에 걸쳐서 이루어진다. 그리고 상속계획도 가족별로 진행되므로 한 가족 안에서 오너십을 전체적으로 통제할 수 있는 능력은 점점 약화된다. 반면 경영권 승계는 CEO가 은퇴하는 시점에 이전된다. 그러므로 사촌경영 단계에서 가족이 함께 공유하는 비전이나 가치, 경영철학이 없으면 가족과 기업은 모두 혼란에 빠질 수 있다.

분쟁 없이 협력이 일어나는 시스템을 고민하라

한 명의 자녀가 지배적인 오너십을 갖는 단독경영 방식과, 자녀들에게 오너십을 분산하고 서로 협력하게 하는 방식. 어떤 소유권 구조가 적절할지 어떻게 알 수 있을까? 보통 이러한 결정은 경영자의 가치판단에 따른다. 가족의 화목과 평등의 가치를 중요하게 여기는 경영자라면 자녀들에게 오너십을 공평하게 분배하고 서로 협력해서 기업을 운영하는 형제경영 방식을 택할 것이다.[16] 이 경우에는 자녀들 간의 경쟁심과 갈등을 예방하고 서로 협력할 수 있도록 효과적인 커뮤니케이션 시스템과 지배구조가 마련되어야 한다. 그리고 자녀들 각자의 책임과 권한도 명확히 해야 한다. 한편, 능력 있는 한 자녀가 다른 가족의 간섭 없이 주도적으로 회사를 운영해야 한다고 생각하는 경영자라면 단독경영 방식을 선택할 것이다. 만일 경영자가 이러한 생각을 가지고 있다면 자녀들에게 사전에 자신의 생각을 알려주고, 회사에 참여하지 않는 다른 자녀들도 배려해야 한다.

경영자가 승계방식을 결정할 때 고려해야 할 또 한 가지는 자녀들 간에 분쟁이 일어나지 않도록 하는 것이다. 대개 자녀 간 갈등은 서로 경영권을 욕심내거나, 각자가 생각하는 기업의 미래 방향성이 달라서 발생한다. 그래서 어떤 경영자는 계열사 또는 사업부문을 분리하는 등의 방식으로 자녀들이 각각 자신의 회사를 갖도록 한다. 그러나 이 경우 회사의 장기적인 경쟁력이 약화될 수 있다. 또한 자녀 사이가 좋지 않으면 소유권이 분리된 뒤에도 가족분쟁으로 이어질 확률이 높다. 어떤 경영자는 자녀들이 원한다면 회사 밖에서 다른 형태의 비즈니스를 시작할 수 있도록 동일한 재정적 지원을 하는 것으로 문제를 해결한다. 그러나 이만큼 개인 재산이 많은 경영자가 얼마나 있겠는가? 어찌 됐든 승계 과정에서 자녀 간의 형평성이 깨지면 상속 문제로 인한 가족 분쟁은 피할 수 없게 된다. 경영자 사후에 발생하는 가족분쟁의 원인은 기업 상속 과정에서 자녀 간의 형평성이 맞지 않거나, 승계 과정에서 벌어지는 감정적인 문제가 대부분이다.

장수기업들은 이미 여러 세대의 경험을 통해서 이러한 문제를 잘 알고 있다. 그래서 그들은 예측 가능한 문제에 대한 다양한 규정을 협의하고 문서화한다. 이런 방식으로 한 가문에서 130년 동안 이어온 가족기업이 있다. 크리스털 브랜드 스와로브스키다. 이들은 소유권이 5대에 걸쳐 150명에게 분산되었음에도 서로 협력하여 기업을

지속적으로 성장·발전시키고 있다.[17]

우리나라 여성 5명 중 한 명이 가지고 있다는 스와로브스키. 세계적으로 유명한 이 브랜드는 130년 된 가족기업이다. 이들은 1895년 오스트리아의 작은 시골에서 시작해 크리스털 액세서리의 세계적인 리더로 5대째 이어가고 있다.

이들의 장수비결은 가족경영과 핵심기술의 철저한 보안에 있다. 창업자인 대니얼 스와로브스키는 세 아들에게 자신의 지분을 똑같이 배분했다. 그리고 형제들은 앞으로 모든 지분을 가족 내에서만 거래하고 후대에 공정하게 배분한다는 원칙에 합의했다. 그 원칙은 지금까지 지켜져, 현재 약 150명의 스와로브스키 일가가 회사 오너십을 나눠 가지고 있으며 5세대들이 경영 전반에 포진해 있다. 이러한 원칙이 100년 이상 유지될 수 있었던 비결은, 특정 가족 구성원에게 절대 권력이 생기는 것을 견제하는 시스템이 있었기 때문이다. 가족은 지분율이 아무리 높아도 회장 자리에 오를 수 없다. 회장은 가족위원회에서 선정한 8명의 이사회 멤버가 정하는 인물이 된다. 가족이라도 경영에 참여하기 위해서는 능력을 검증받아야 하는데, 아무리 지분율이 높아도 회사에 입사하려면 최소 2~3년의 수습기간을 거쳐야 하고, 외부에서 10년 이상의 전문성을 쌓은 뒤 입사하는 경우도 있다. 이들은 가족헌장이나 고용정책을 가지고 있는데, 이러한 규정은 가족회의를 통해 합의하고 명문화했기 때문에 가족 간 갈등이나 분쟁을 예방하는 역할을 한다. 스와로브스키사의 가족과 직원이 공유하는 비전은 '크리스털을 통한 즐거움과 매력'이다. 이는 회사의 전략방향의 기준이 되며, 현재 기업에 참여하는 4, 5대 가족들은 공동의 비전을 기반으로 한 핵심사업에만 집중하고 있다.

가족을 이끄는 힘이
기업을 키우는 원동력이다

장수하는 가족기업들은 하나같이 건강한 가족관계를 맺고 있다.[18] 건강한 가족이란 어떤 가족일까? 그들은 서로를 배려하고, 함께 즐거운 시간을 보내고, 개인적인 관심사보다는 가족을 우선시한다. 그리고 모든 가족들이 잠재력을 충분히 발휘할 수 있도록 서로 돕는다. 그들은 가족 공동의 관심사나 문제를 함께 토론하며 효과적으로 커뮤니케이션한다. 건강한 가족관계는 운이 좋아서 만들어지는 것이 아니다. 노력하는 만큼 만들어진다. 그러므로 장수경영을 원하는 경영자라면 가족관계에 많은 시간을 투자해야 한다.

그런데 우리는 흔히 가족에도 리더십이 필요하다는 사실을 간과한다. 가족 리더십이란 무엇일까? 이는 단순히 웃어른으로서의 리더십이 아니라 가족의 필요와 요구를 충족시키는 데 초점을 맞추는 리더십을 뜻한다. 가족 리더십의 핵심은 가족의 결속력을 높이고 서로 협력하게 하여 기업에 필요한 것들을 지원하는 것이다. 기업 리더의 궁극적인 역할이 기업의 성과를 향상시키는 것이라면, 가족 리더의 역할은 가족의 화합을 증진시키는 것이다. 또 2대, 3대로 넘어갈수록 가족의 가치를 명확히 하고, 가족 간의 갈등을 해결하는 데 힘쓰는 것이다.

일반적으로 창업자들은 기업의 리더인 동시에 가족의 리더로 인식된다. 창업자는 대부분이 남성이고, 그들은 기업활동을 통해 가족들에게 재정적인 지원과 다양한 기회를 제공한다. 그런데 이러한 가족리더의 역할은 비공식적인 데다가, 가족 안에서도 리더십에 대해 잘 인식하지 못하는 경우가 많다. 하지만 부인들은 남편과 함께 회사 일을 하는 경우에도 기업보다는 가족을 우선으로 하고 좋은 가족 관계를 유지하는 데 중점을 둔다. 그러므로 가족의 실제적인 리더 역할은 부인이 맡는다고 할 수 있다. 이처럼 기업의 리더가 반드시 가족의 리더가 되어야 하는 것은 아니다. 어쩌면 가족과 기업의 리더 역할을 각각 다른 사람이 하는 것이 더 효과적일 수 있다. 예를 들어 한 형제는 기업의 리더 역할을 맡고, 다른 형제는 가족의 리더 역할을 맡을 수도 있지 않을까?

특히 기업이 2대나 3대에 이르면 기업 규모가 커지고 가족의 숫자도 늘어나면서 가족 결속력이 약화된다. 그러므로 가족의 결속을 강화하고 가족 간의 이해관계를 조정하기 위해서는 가족의 리더십이 절대적으로 필요하다. 성공적인 장수가족기업들은 대개 기업이 2, 3대에 이르면 가족위원회를 설립하고 공식적인 가족의 리더를 선정한다. 가족위원회를 설립하는 이유는 앞으로 발생할 수 있는 가족갈등을 예방하고, 가족 결속력을 높여 가족기업으로서 영속성을 유지하려는 데 있다. 가족위원회에서는 가족의 문제뿐 아니라 가족규정, 가족의 고용정책, 사명선언문과 같은 가족기업과 연관된 가족문제를 다룬다. 그리고 어떤 가족들은 가족의 투자나 가족재단설립 등을 관리할 패밀리오피스를 설립하기도 한다. 가족들은 정기적인 회의를 통해 가족 및 기업과 관련된 문제를 토론할 뿐 아니라 서로 함께 즐기고, 가족 간 결속력을 다질 기회를 가진다. 이러한 가족회의나 가족회합은 형제나 사촌 간 서로 한가족이라는 인식을 견고히 하는 역할을 한다.

가족관계가 기업의 영속성에 미치는 영향이 매우 큰데도, 대부분의 경영자들은 가족관계보다 기업의 리더십 승계에만 관심을 갖는다. 그들은 자신이 없을 때 가족들에게 어떤 일이 일어날지 깊게 생각하지 않는다. 물론 자신들의 사후에도 자녀들이 협력하여 기업을 잘 운영하기 바라지 않는 부모는 없을 것이다. 그런데도 너무나 많은 가족들이 승계를 전후해 갈등과 분쟁을 겪는다. 그 이유는 바로 가족 리더십의 부재에 있다. 자신이 평생을 일군 기업을 자녀들이 대를 이어 화목하게 잘 운영하기를 바라는 경영자라면 스스로 몇 가지 질문을 해봐야 한다. '과연 부모가 없더라도 자식들이 가족의 가치를 소중히 여기고 좋은 가족관계를 유지할 수 있을까?' '기업문제 때문에 가족관계가 단절되지는 않을까?' 또는 '가족문제로 기업이 어려움을 겪지 않을까?' 이러한 질문은 오너경영자가 승계계획을 수립할 때 우선순위가 무엇인지 인식하는 데 도움이 될 것이다. 가족기업에서 가족의 리더십은 가족뿐 아니라 궁극적으로 기업에도 매우 중요하다. 그러므로 가족의 리더십을 과소평가해서는 안 된다. 건강하고 결속력 있는 가족이 없이 대를 이어 가족기업으로 존립한다는 것은 거의 불가능한 일이다.

가족리더의 역할을 정리해보면 다음과 같다.

- 가족들이 주주로서가 아니라 '한가족'이라는 인식을 갖게 한다. 이는 가족의 숫자가 늘어나고 서로 멀리 떨어져 살면서 결속력이 약해지는 사촌경영 단계에서 특히 중요하다.
- 가족회의나 가족모임 등 가족들이 함께 즐겁게 시간을 보낼 기회를 제공하여 가족의 화합과 결속력을 높인다. 가족회의는 관심이나 입장이 서로 다른 가족들 또는 세대 간 갈등을 해소하고 차이를 좁히는 역할을 한다.
- 가족의 핵심가치나 사명 등을 명문화함으로써 가족이 추구하는 가치가 무엇인지 명확히 한다.
- 가족규정이나 정책을 수립하며 이를 가족헌장 등의 방법으로 명문화한다. 여기에는 가족사명, 소유권 정책, 가족고용정책, 가

족 간 또는 가족과 기업 간의 커뮤니케이션 방법 등을 포함한다.

• 가족들에게 교육 기회를 제공하여 가족들이 주주로서의 책임과 의무를 다하도록 돕는다.

기업에는 이사회를 중심으로 한 지배구조가 있듯이 가족에도 가족위원회를 중심으로 한 가족지배구조가 필요하다. 이러한 시스템적인 접근을 고민하지 않은 채 가족기업이 100년 이상 존속하기를 기대해서는 안 된다.

가족재산을 지켜갈 사회적자본을 물려주어라

뉴욕 맨해튼에는 다이아몬드 도매상이 밀집한 거리가 있다. 전 세계에서 유통되는 다이아몬드의 절반가량이 이곳에서 거래된다. 이 지역에는 긴 수염을 늘어뜨리고 검은 모자를 쓴 사람들이 가끔 눈에 띈다. 전통의상을 입은 유대인들이다. 이곳의 다이아몬드 유통은 유대인들이 거의 다 장악하고 있다. 그들이 다이아몬드 시장을 장악할 수 있었던 데는 특별한 이유가 있다. 그들은 대부분 같은 지역에 거주하고, 함께 유대교 회당에 다니고, 결혼을 통해 가족관계로 맺어져 서로 가까우며, 특히 종교적 결속이 강하다.

그들이 가장 중요하게 여기는 덕목은 '신뢰'다. 엄청나게 고가의 다이아몬드가 유대인들 사이에서는 아무런 계약서나 보험도 없이 단지 신용으로 오간다. 그들에게는 신용이 보험인 셈이다. 그래서 그들 사이에서는 거래가 빠르고 쉽게 성사된다. 만일 신뢰가 없다면 다이아몬드가 오갈 때마다 문서를 작성하거나 보험을 들어야 하므로 시간도 많이 걸리고 거래비용도 늘어날 것이다. 유대인들이 다른 민족보다 월등한 경쟁력을 갖게 된 이유가 바로 이것. 유대인들이 다이아몬드 시장을 장악하게 된 비결은 바로 신뢰관계에 있다.

미국의 사회학자 제임스 콜먼James Colmen은 신뢰를 자본의 한 형태로 보았다.[19] 그것이 바로 '사회적자본'이다. 《트러스트》의 저자 후쿠야마Francis Fukuyama도 신뢰를 사회적자본과 동일시했다.[20] 사회적자본이란 사람들 간에 서로 신뢰하고 협조할 수 있는 능력을 말한다. 그에 따르면, 신뢰가 높은 사회는 거래가 안정되므로 상업이 발달한다. 또한 신뢰는 기업의 성패를 좌우한다. 즉 신뢰는 국가나 사회, 기업 그리고 개인 등 모든 차원에서 자원으로서 큰 영향력을 갖는다.

이러한 사회적자본의 개념은 부자가 3대 못 가는 이유를 설명해준다. 각국에서 발견되는 3세대 함정에 관한 속담이 진리로 여겨지는 까닭은 무엇인가? 일반적으로 사람들이 재산보존 여부를 평가할 때 금융자산, 부동산 등과 같은 경제적자본만을 기준으로 하기 때문이다. 그래서 대부분의 사람들은 수익률이나 절세방법 등에 치중한다. 가족재산이 경제적자본 이외에도 인적자본이나 사회적자본으로 구성된다는 사실에 신경 쓰는 사람은 거의 없다. 그런데 이 3개의 자본은 유기적으로 결합되어 서로 영향을 미친다.

- **경제적자본** 가족이 보유하고 있는 금융자산, 부동산, 가족기업 등
의 물리적 자산이다.
- **인적자본** 가족 개개인들이 가지고 있는 지식이나 스킬, 능력, 꿈,
열정 등이다. 여기에는 개인의 성품이나 가치관, 도덕성, 윤리의
식 등도 포함된다. 아무리 지식이나 능력이 월등하더라도 도덕
성이나 윤리의식이 낮다면 궁극적으로는 인적자본을 파괴하는
결과를 가져온다.
- **사회적자본** 가족 간의 신뢰 및 좋은 관계 등 가족들이 화합하고
서로 협조할 수 있는 능력을 뜻한다. 지역사회에 기여하여 얻은
평판, 명성 등도 사회적자본이다. 즉 가족의 사회적자본은 가족
을 하나로 묶어주는 사회적자본과, 가족과 사회를 연결해주는
사회적자본으로 구분된다. 이는 쉽게 사고팔거나 거래할 수 있
는 자본과는 구별되며, 사람들 간의 관계 속에서 형성된다.

이상의 3가지 자본은 서로 연결되어 상호작용을 한다. 그러므로
재산관리나 세대 간 재산 이전 문제는 이 3가지 자본을 통합적인 관
점에서 보고 접근해야 한다. 사실 경제적자본은 빙산의 일각에 불과
하다. 왜냐하면 경제적자본은 인적자본과 사회적자본으로부터 창출
되기 때문이다. 경제적자본을 형성하고 확대하는 것은 빙산의 수면

밑부분에 보이지 않는 인적자본과 사회적자본에 달렸다. 즉 인적자본과 사회적자본이 커질수록 경제적자본이 커질 확률이 높아진다. 물론 인적자본과 사회적자본이 커지지 않아도 가족의 재산은 커질 수 있지만, 수대에 걸쳐 오랫동안 보존될 가능성은 희박하다. 가족 간에 신뢰가 깨진다면 가족재산은 파괴되게 마련이다. 그러므로 기억하자. 재산보존에서 정말 중요한 것은 재산의 규모가 아니라, 가족들의 행동거지다.

미국의 윌리엄 그룹은 1975년에서 2001년 사이 상속을 통해 유산을 보유한 1,000가구를 관찰하였다. 관찰 결과 전체 가구의 70%인 700가구가 상속에 실패한 것으로 밝혀졌다. 실패요인의 60%는 가족 내의 신뢰가 무너지고 대화가 단절된 데 있다. 25%는 상속인들에게 경영 의지와 책임감을 부여하는 데 실패했다. 세금이나 법적인 문제 등 다른 원인으로 실패한 경우는 단지 15%에 불과했다.[21] 결국 재산상속을 방해하는 가장 중요한 요인은 가족공동체 내의 신뢰와 대화의 단절이다.

가족기업 연구에서 나타난 결과와 마찬가지로, 가족재산의 세대이전 실패율 또한 70%에 달하고, 그 원인의 약 60%가 가족관계에 달려 있다는 것은 놀라운 우연이 아닐 수 없다. 이러한 연구결과를 보면 사회적자본은 부를 창출하고 유지하는 데 가장 중요한 자본인 셈이다. 인적자본이나 사회적자본이 취약한 상태에서 큰 재산이 생기면 어떻게 될까? 우리는 복권에 당첨돼 일시에 엄청난 부를 얻었음에도 몇 년 만에 돈을 탕진하고 오히려 이전보다 더 불행해진 사람들에 관한 기사를 종종 접한다. 왜 그들은 엄청난 부를 얻었음에도 그것을 다 잃고 오히려 더 불행해졌을까? 그 이유는 그들이 부를 유지하는 데 필요한 인적자본과 사회적자본이 취약했기 때문이다. 만일 자녀에게 재산을 상속할 계획이 있는 부모라면 '자녀에게 부를 물려주면 행복하게 부를 유지할 수 있을까?'를 생각해보아야 한다. 그리고 이에 관해 인적자본과 사회적자본 관점에서 진지하게 고민해볼 필요가 있다.

II

창업 이후,
수성을 준비하라

성공적인 승계를 위한 5단계 프로세스

3

후계 갈등을 예방하고 능력 있는 자녀를 기업에 참여시키고 싶다면, 사전에 가족고용정책을 마련해야 한다. 가족이 기업에 참여하는 조건을 미리 협의하고 명문화하는 것이다. 미국이나 유럽의 성공한 장수 기업들은 대부분 가족고용정책을 갖고 있다. 이는 능력 있는 후계자를 확보하고 가족갈등을 예방하는 데 중요한 역할을 할 뿐 아니라, 자녀들이 자신들의 미래를 계획하는 데도 도움이 된다. 게다가 단지 가족이라는 이유로 능력과 관계없이 기업에 참여하는 문제를 해결할 수 있을 뿐 아니라, '네포티즘'이라 불리는 족벌주의에 대한 사회의 부정적인 인식도 개선할 수 있다. 기업승계는 단순히 후계자에게 경영권을 이전하는 단발성 이벤트가 아니다. 경영권을 이전하기까지 여러 단계를 거쳐야 한다. 그리고 처음에 어떻게 하느냐가 이후 전체 과정에 영향을 미친다. 초기에 기초작업을 무시하면 나중에 어려움을 겪게 된다. 그러므로 초반에 승계 각 단계를 체계적으로 준비해야 한다.

후계자 선정의 기준과
원칙이 있는가?

　자신이 평생 일군 기업을 자녀가 물려받아 대대손손 키워주기를 바라지 않는 사람이 어디 있을까? 실제로 대부분의 오너경영자들은 후계자로 외부인보다는 자녀를 선호한다. 하지만 사회적으로 기업을 대물림하는 것에 대해 부정적인 인식이 자리하고 있는 것 또한 사실이다. 이제껏 족벌경영, 경영권 승계 과정에서의 주가조작이나 탈세 등 장점보다는 문제점들을 더 많이 노출해왔기 때문이다. 기업체를 개인 소유물로 여기고 유산 상속하듯 승계하는 모습들이 경영권 승계에 대한 부정적 인식을 키워왔다. 이런 상황에서 기업을 구성원들과의 공동 재산으로 인식하고 경영 전문성을 높여야 한다는 요구가 나오는 것은 어찌 보면 자연스럽다.

　그렇다면 과연 외부에서 영입한 전문경영인과 가족 중 누가 더 후계자로 적합할까? 경영자라면 피할 수 없는 고민이다. 만일 아래와 같은 후보군이 있다면, 당신은 이들 중 누구를 후계자로 택하겠는가?

- 충분한 능력이 있는 아들 또는 딸
- 충분한 능력이 있는 사위
- 충분한 능력이 있는 내부 관리자
- 능력이 특출한 외부 전문경영인
- 능력 없는 자녀

답은 크게 둘로 나뉜다. 하나는 외부의 능력 있는 경영자가 더 적합하다는 의견으로, 검증 안 된 가족보다는 경험 많고 능력 있는 외부 경영인이 더 낫다는 입장이다. 그리고 다른 하나는 가족 중에서 후계자를 선발하자는 의견이다. 이들의 주장은 이렇다. 가족기업은 그 기업만의 고유한 지식과 경험을 통해 축적된 암묵지暗默知를 가지고 있다. 이러한 지식과 오너의 경영철학, 가치관은 외부인이 아닌 가족에게 전수하기가 훨씬 수월하다는 것. 자녀들은 어려서부터 기업에 대해 보고 듣고 자라므로 기업에 대한 지식과 통찰력을 자연스레 갖추게 된다. 그런 면에서 가족이 외부인보다 유리하고 경쟁력이 있다는 것이다. 당신의 생각은 어떤가?

이 문제에 대해 가족기업을 연구한 전문가들은 다음과 같은 결론을 도출했다.[1] 어떤 가족기업이 그 기업만의 고유하고 특별한 지식을 보유하고 있다면, 후계자로는 능력 있는 아들이나 딸이 가장 적합하다. 설령 외부에 더 뛰어난 후보자가 있더라도 말이다. 그런데 만약 자녀에게 승계할 여건이 안 된다면? 그다음으로 적합한 후보는 충분한 능력이 있는 '사위'다. 일본에서는 자녀가 능력이 없거나 승계를 원하지 않는 경우 데릴사위에게 가업을 잇게 하는 전통이 있다. 세계적으로 가족기업이 3대까지 존속하는 비율이 극히 낮은데도 일본에는 100년 넘는 기업이 약 5만 개, 200년 넘은 기업이 3,000개나 된다. 이렇게 많은 가족기업이 수세기에 걸쳐 생존하는 이유 중 하나는 바로 데릴사위제도에 있다.

만일 자녀나 사위 등 가족 내에서 승계가 불가능한 경우, 그다음으로 적합한 후계자는 능력 있는 내부 관리자다. 이들은 기업의 특성을 잘 이해하고 있으며 기업경쟁력의 핵심이 되는 암묵지와 노하우를 보유하고 있으므로 외부인보다 후계자로 더 적합하다.

그런데 가족이나 회사에 마땅한 후계자가 없다고 판단된다면, 그때는 외부인을 후계자로 선정해야 한다. 만일 기업 규모가 작아서 외부에서 능력 있는 경영자를 영입할 수 없다면, 억지로 능력 없는 자녀에게 맡기기보다 차라리 기업을 매각하거나 M&A 등을 검토하는 것이 더 올바른 선택이다.

이상과 같은 후계자 선정 기준은 기업이 암묵지나 특별한 지식을 가지고 있을 경우에 적합하며, 대부분의 중소·중견기업이 여기에 해당한다. 대기업은 사정이 조금 다르다. 자원이 충분하고 지식을 조직화할 수 있으므로 자식들보다 더 유능한 외부 인력이 있다면 외부의 전문경영인을 선발하는 것이 더 적합하다.

그런데 여기에 또 한 가지 중요한 문제가 있다. 누가 후계자가 되든지, 경영권을 오용하거나 잘못된 경영판단을 할 위험은 항상 존재한다. 이러한 위험을 줄이거나 예방할 길은 없을까? 가장 바람직한 방안은 사외이사제도다. 사외이사의 주요 역할은 기업과 관련된 모든 이해관계자들의 이익을 대변하고 감독하는 일이다. 연구에 따르면, 독립적인 사외이사가 많은 가족기업이 그렇지 못한 기업보다 평균 19% 높은 성과를 내는 것으로 나타났다.[2] 그러므로 후계자가 누가 되든지 반드시 전문적이고 활동적인 이사회를 구축하는 것이 중요하다.

가족고용정책을 마련하라

대부분의 부모들은 자녀들이 원하면 언제든 회사에서 일할 수 있게 해준다. 특별한 조건이나 제한 없이 말이다. 그런데 생각해보자. '원한다면 언제든지 회사에서 일할 수 있다'는 것을 아는 자녀들이라면 부모의 회사에 굳이 목숨을 걸까? 하고 싶은 일을 마음껏 하다가 실패해도 언제든 돌아갈 수 있는 곳쯤으로 생각할 게 뻔하다. 치열한 경쟁을 뚫고 들어온 일반 사원보다 열정이나 자질 면에서 오히려 떨어질 위험이 있다는 뜻이다. 어떤 자녀들은 자기 사업에 실패하거나 20, 30대 때 음악이나 예술, 운동과 같은 분야에 종사하다가 관리자로서 전혀 준비되지 않은 상태에서 부모 회사에 들어온다. 그리고 경험이나 능력이 부족한데도 가족이라는 이유로 일정 기간이 지나면 CEO가 된다. 이게 과연 올바른 관행일까? 물론 부모로서 자녀들에게 기회를 주고 싶은 마음은 이해한다. 그러나 인정에 기대 후계자를 선정하는 것은 경영자로서 책임 있는 태도가 아니다.

자녀가 리더로서 준비가 미흡하거나 능력이 부족한데도 기업을 승계하는 것이 정말로 자녀를 위한 길일까? 게다가 가족들이 기준과 원칙도 없이 너도나도 회사에 들어온다면 후계자 선정 과정에서 갈등만 커진다. 3대로 넘어가면 기업에 참여하는 가족 수가 많아지기 때문에 문제는 더 심각해진다.

후계 갈등을 예방하고 능력 있는 자녀를 기업에 참여시키고 싶다면, 사전에 가족고용정책을 마련해야 한다. 가족이 기업에 참여하는 조건을 미리 협의하고 명문화하는 것이다. 미국이나 유럽의 성공한 장수기업들은 대부분 가족고용정책을 갖고 있다. 이는 능력 있는 후계자를 확보하고 가족갈등을 예방하는 데 중요한 역할을 할 뿐 아니라, 자녀들이 자신들의 미래를 계획하는 데도 도움이 된다. 예컨대 250년 전통의 금융재벌인 로스차일드가의 가족고용규정을 요약해보면 다음과 같다.[3]

1. 반드시 남자여야 한다.
2. 대학을 졸업하고 석사과정에서 재무, 회계 등 경영에 필요한 분야를 공부해야 한다.
3. 대학 졸업 후 기업에 참여 의사를 공표해야 한다.
4. 연관업종에서 5년간 일해야 한다.
5. 부모 외 다른 친척의 감독하에 근무하고, 감독자는 5년 뒤 자녀가 가족기업에 적합한지 평가한다.

창업 이후 150년간 5대째 가족기업을 이어오고 있는 스웨덴 발렌베리가의 승계원칙도 널리 알려져 있다. CEO 자리에 오르려면 부모 도움 없이 명문대를 졸업해야 하고, 혼자 해외유학을 마쳐야 하며, 해군장교로 복무해야 한다. 실제로 150년 동안 창업주에서 5대까지 이어져온 10명의 경영자 중 9명이 이 요건을 갖추었다. 또한 식견을 넓히기 위해 뉴욕, 런던, 파리 등에 위치한 글로벌 금융기관에서 사회생활을 시작할 것을 권장하고 있다. 아울러 거대 기업집단을 독단적으로 운영하는 것을 막기 위해 '투 톱' 경영체제를 운영하는 것도 발렌베리 가문의 전통이다.[4] 그러나 최고의 리더십은 장남이 맡는 것으로 되어 있다.

이러한 규정 덕에 경험이나 능력이 없는 자녀는 후계자가 되기 어렵다. 엄격한 가족고용정책을 만든다면 단지 가족이라는 이유로 능력과 관계없이 기업에 참여하는 문제를 해결할 수 있을 뿐 아니라,

'네포티즘'이라 불리는 족벌주의에 대한 사회의 부정적인 인식도 개선할 수 있을 것이다.

원칙 없이
경쟁시키지 마라

자녀가 한 명이든 여러 명이든, 승계문제는 항상 있다. 자녀마다 재능이나 추구하는 방향이 다르고, 기업에 대한 기대나 관심도 다르기 때문. 가족들이 이에 대해 서로 솔직하게 얘기하며 함께 승계계획을 세운다면 좋겠지만, 그런 경우는 거의 없다. 오히려 승계 시점이 코앞에 닥칠 때까지는 가족이든 회사 임직원이든 이 문제에 대해 쉬쉬하곤 한다. 그만큼 민감한 문제이기 때문이다. 남들이 나서기 어려운 사안이므로 승계문제는 누구보다도 오너경영자가 적극적으로 주도해야 한다. 그런데 의외로 많은 오너경영자들이 이 문제를 애매하게 다룬다. 누구든 능력 있는 사람이 결국 회사를 맡게 될 것이라고 얘기하거나, 어떤 기준이나 원칙도 세워두지 않은 채 자녀들을 경영에 참여시켜 경쟁을 유발하는 것이다. 그러고서 자녀들이 갈등하면 신세를 한탄한다. 착각하지 마시라. 승계를 둘러싼 자녀 갈등은 대부분 자녀들의 욕심 때문이 아니라, 부모의 후계자 선정 기준이 모호하기 때문에 생긴다.

비즈니스에서 경쟁은 결코 나쁜 것이 아니다. 다만 경쟁은 반드시 건전해야 한다. '건전한 경쟁'이란 상대방과 경쟁하는 것이 아니라 정해진 목표를 놓고 자신과 경쟁하는 것이다. 반면, '파괴적인 경쟁'은 누구도 경쟁의 룰을 정확히 모르는 상태에서 오로지 상대를 이기기 위해 하는 것이다. 명확한 기준과 원칙 없이 치열하기만 한 경쟁은 기업에 독이 될 뿐이다.

자녀들은 왜 경쟁심을 갖게 될까? 부모의 의중을 모르고 후계자 선발 기준에 대한 정보도 없으니, 자신의 진가를 인정받지 못한다는 막연한 불안이나 불만이 생길 수밖에 없다. 또 가족이 서로 협력하는 리더십 모델이 없는 것도 원인이 될 수 있다. 이런 상황에서 승계가 전적으로 자녀들의 능력에 달렸다고 얘기한다면, 그것은 부모들이 스스로 경쟁을 조장하는 것이다. 그런데 불행하게도 한국의 많은 가족기업 후계자들이 이러한 경쟁구도에 놓여 있다. 삼각관계의 맨 위에 아버지가 군림하면서,[5] 특별히 한 자녀를 편애하거나 자녀들에게 서로 다른 제안을 하기도 한다.

다시 한 번 강조하지만, 후계자 선정이 경쟁의 장이 되어서는 안 된다. 최고를 뽑는다는 미명 하에 원칙 없는 경쟁으로 자녀들을 밀어넣었다가는 자칫 가족과 회사 모두를 망가뜨릴 수 있음을 명심하라. 자녀 간 경쟁이 있으면 부모는 그것을 중재해야 한다. 경쟁관계의 자녀를 떨어뜨려 놓거나, 각자 잘하는 분야를 찾아주는 것이 부모이자 경영자로서 해야 할 역할이다. 승계가 적대적인 경쟁이 아니라 각자에게 도전이 될 수 있도록 해야 한다. 후계자 선정의 핵심은 이기거나 지는 것이 아니라 최종 후계자가 되지 못한 자녀도 자존심을 지킬 수 있는 방법을 찾는 것이다.

어떤 기준으로
후계자를 선정할 것인가?

그렇다면 후계자 선정 과정에서 가장 유의해야 할 점은 무엇인가?

첫째, 무엇보다 실력이 우선되어야 한다.[6] 자녀의 성별이나 출생 순서는 부차적인 문제다. 후계자의 능력은 경영자뿐 아니라 경영에 참여하는 다른 가족과 직원들의 신뢰를 얻는 데도 필수적이다. 후계자가 신뢰를 얻지 못한다면 사업에 참여하는 다양한 이해관계자를 통합하거나 후계자로서 정당성을 얻기 어렵다. 따라서 부적격한 후계자가 조직 내에서 권한을 확대하지 않도록 해야 하며, 후계자 선정 과정이 반드시 분명한 기준과 절차에 따라 진행되어야 한다. 그러려면 경영자가 스스로 후계자의 능력에 대해 다음과 같은 질문을 해볼 필요가 있다.

1. 사업에 관한 의사결정 능력이 있는가?
2. 임직원과의 관계 관리 능력이 있는가?
3. 사업을 발전시키고 기업의 명성을 지킬 능력이 있는가?

4. 리더십이 있는가?

5. 회사에 헌신할 자세가 되어 있는가?

6. 대인관계 관리 능력이 있는가?

둘째, 자발적 승계 의지가 있어야 한다.[7] 이는 능력 못지않게 기업의 수익성에 직접적인 영향을 미친다. 만일 본인이 원하지 않는데 부모의 강요로 기업을 물려받으면 역효과를 가져올 수도 있다. 경영자조차 자신이 원하는 삶을 살지 못하는데 어떻게 다른 직원들을 동기부여하고 조직을 활성화하겠는가. 이런 후계자는 회사에 대한 헌신도가 낮고, 자기 삶의 주도권을 빼앗겼다고 생각하기도 한다.[8] 그러므로 부모는 사전에, 기업에 참여할 의사가 있고 자격 있는 자녀에게 동기부여하는 것이 중요하다.

실제로 오너들의 얘기를 들어보면, 능력 있는 자녀가 기업에서 일하기를 원하지 않는 경우도 많다. 그 첫째 이유는 자녀가 이미 다른 기업에서 자리를 잡았거나, 변호사나 의사 등 자신의 전문분야가 확실해서 자기 삶을 충분히 즐기고 만족하기 때문이다. 또 다른 이유는 승계 결정권자에게 구체적인 승계계획이 없고 승계에 대해 자녀들과 이야기하지 않았기 때문이다.[9] 한 중소기업 오너경영자는 자신의 승계 기준을 이렇게 얘기했다. "첫째아들은 실력 있고 똑똑해서 미국 유학 가서 잘살고 있는데, 둘째아들은 형보다 부족해서 어디 취직하기도 힘들 것 같아 회사 와서 일하라고 했습니다." 결국 둘째아들이 회사를 맡게 되었고, 회사는 점점 어려워지고 있다. 이는 당연한 결과다. 성공적인 승계를 원한다면 능력이 되는 자녀를 동기부여해야 한다. 어린 시절부터 기업에 대해 듣고 배우며 자긍심을 키우고 부모와 신뢰관계를 맺고 있는 자녀들은, 부모가 요청하면 기꺼이 기업을 위해 헌신한다.

셋째, 명확한 기준과 공정성을 확보해야 한다. 그동안 우리나라에서는 장자 우선주의 때문에 성별이나 출생순서로 후계자를 선정하는 경우가 많았다. 장남이 아닌 다른 자녀가 승계하는 경우도 적지 않지만, 이는 비교적 최근의 일이다. 자녀들은 대개 후계자 선정 기준이 무엇인지, 언제 어떤 방식으로 선정되는지 모르기 때문에 부모 눈치만 살피는 경우가 허다하다. 사람은 누구나 근본적으로 권력욕을 갖고 있는데, 불확실한 상황이 오래 지속되다 보면 경영권을 놓고 형제 또는 부자간 갈등이 생기게 된다.

몇 년 전 동아제약에서 벌어졌던 '부자의 난'은 원칙 없는 후계자 선정 과정의 부작용을 보여주는 대표적 사례다. 이 회사에서는 회장의 차남이 회사에 입사한 지 10년 만에 대표이사 자리에 오르며 후계자로 거론되었다. 그런데 부친인 회장이 그를 대표이사에서 해임하면서 갈등이 시작됐다. 표면상의 이유는 타회사와의 경쟁에서 밀린다는 것이었지만, 실제로는 다른 아들을 후계자로 염두에 두었기 때문이었다. 이에 차남은 경영권을 되찾기 위해 임시주주총회를 소집하는 등 '부자의 난'을 일으켰으나 결국 실패하고 회사를 떠났다. 그리고 대표이사 자리는 그의 동생에게 돌아갔다.[10]

부모들이 후계자 선정문제를 미루거나 회피하는 이유는 선택받지 못한 자녀들이 원망하거나 섭섭해할까 봐 걱정되기 때문이다. 어느 자녀 하나 포기할 수 없는 부모로서 어쩔 수 없는 고민일 것이다. 그런데 이렇게 불확실한 상황이 오래 지속되면 가족관계가 파괴되는 극단적인 결과를 낳기도 한다. 후계자 선정 문제는 감정적이거나 개인적인 관점으로 접근해서는 안 된다. 가장 중요한 문제인 만큼 최대한 객관적이고 합리적이어야 한다. 그러려면 혼자 해결하려 하지 말고 승계위원회를 구성하여 가족, 이사회, 경영진 등이 함께 의견을 모아야 한다. 즉 위원회에서 승계진행일정 등을 정하고 후계자 선정 기준에 합의하는 것이다.

경영자들은 후계자로 선택받지 못한 자녀가 상처받고 배신감을 느낄까 봐 걱정하지만, 연구에 따르면 공정한 기준으로 후계자를 선정한다면 자녀들이 그 결과를 쉽게 받아들이는 것으로 나타났다.[11]

이상과 같은 기준을 충족한, 성공한 후계자들에게는 다음과 같은 특징이 있다.[12]

• 자신의 사업에 대해 잘 알고 있으며, 사업의 본질을 좋아하고 사랑한다.

- 자신의 강점과 약점을 잘 알고 있고, 필요한 외부경험을 쌓고 교육을 받았다.
- 그들은 기업을 이끄는 동시에 기업에 헌신하기를 원한다.
- 그들은 부모, 사외이사, 조언자로부터 책임 있는 지도를 받았다.
- 그들은 다른 형제자매와 같이 일하는 경우 좋은 관계를 맺고 포용력을 발휘한다.
- 자신의 실력을 보완하기 위해 최고경영진에 있는 비가족 임원들로부터 배운다.
- 그들은 다른 직원이나 공급자, 고객, 가족들로부터 존경받는다.
- 그들은 기업의 전략적 필요에 부합하는 기술과 능력을 가지고 있다.
- 그들은 과거를 존중하며, 자기 열정의 초점을 기업과 가족의 미래에 맞춘다.

이제 자녀들이 당신이 바라던 대로, 가업을 잇기로 마음먹었다고 가정해보자. 그들을 언제 어떤 방식으로 회사에 참여시켜야 할까? 이는 간단한 문제가 아니다. 가업승계는 단순히 후계자에게 경영권을 이전하는 단발성 이벤트가 아니다. 경영권을 이전하기까지 여러 단계를 거쳐야 한다. 그리고 처음에 어떻게 하느냐가 이후 전체 과정에 영향을 미친다. 초기에 기초작업을 무시하면 나중에 어려움을 겪게 된다. 그러므로 승계 각 단계를 중요하게 생각하고 체계적으로 준비해야 한다.

그렇다면 효과적으로 경영권을 승계하는 데 필요한 적정기간은 어느 정도인가? 2010년 우리나라 중소기업 경영자를 대상으로 한 조사를 보면, 대부분 2~5년 정도로 짧게 인식하고 있었다.[13] 그런 탓에 열에 아홉은 승계계획을 너무 늦게 짜기 시작한다. 랜스버그 박사는 "승계는 단순히 횃불을 넘기면 되는 일이 아니고, 오랜 시간에 걸쳐 만들어지는 과정이다"라고 했다. 노스웨스턴 대학 가족연구소의 존 워드 박사 또한 "승계는 10~20년에 걸쳐 진행되는 장기간의 프로세스"라고 했다. 승계는 현 경영자가 일생의 경험을 통해 형성된 리더십을 후계자에게 이전하는, 복잡하고 긴 과정이다. 성공적인 승계 프로세스는 다음과 같이 5단계로 진행된다.[14]

1단계: 어린 시절의 태도 형성

기업과 일에 대한 태도는 어린 시절 형성된다. 이 시기에는 부모로부터 기업 이야기를 듣거나, 기업을 방문하거나, 출장에 동행하거나 또는 파트타임으로 일하며 기업에 대해 알아가는 단계다.

2단계: 회사 안팎에서 실무 훈련

대학을 졸업하고 다른 회사에서 3~5년간 경력을 쌓거나, 가족기업의 낮은 직급에서 실무를 배우는 시기다. 현장 실무기술을 익히고 대인관계능력을 키우는 데 중점을 둔다.

3단계: 후계자 리더십 계발

후계자는 실무훈련을 거쳐 임원의 위치에 오르며 경영에 참여하게 된다. 이 시기 오너경영자는 후계자가 관리자뿐 아니라 리더 역할을 잘 수행하도록 준비시킨다. 그리고 후계자가 성장하면서 점차 파트너로서 업무를 수행하게 한다.

4단계: 경영권의 점진적 이전

후계자가 실제적인 책임과 권한을 가지고 업무를 수행하는 시기로, 대부분 사장 또는 부사장의 직함을 갖는다. 이 시기가 되면 경영자는 자신의 권한과 책임을 후계자에게 점진적으로 이전한다.

5단계: 아름다운 은퇴

세대 간 승계가 이루어져 후계자는 새로운 리더가 되고 경영자는 경영 일선에서 물러난다. 그리고 부모는 새로운 리더의 요청이 있을 때 조언자나 멘토 역할을 수행한다.

1단계 : 어린 시절 가정에서부터 승계를 시작하라

　대부분의 후계자들은 어린 시절 회사와 관련된 경험을 생생하게 기억한다. 한 목재회사의 후계자는 어렸을 때 아버지를 따라 목공소에 갔던 일이 어제 일처럼 기억난다고 했다. 목공 아저씨들은 그에게 TV 만화에 나오는 로봇도 만들어주고 못하는 게 없는 만능인이었다. 그래서 어릴 때 부친을 따라 목공소에 가는 걸 좋아했다고 회상했다. 또 다른 후계자는 이렇게 말했다.

　"어렸을 때 아버님께서 너무 바쁘셔서 좀처럼 대화를 나눌 기회가 없었습니다. 그래서 아버님을 많이 어려워하고 서로 거리가 있었던 것 같아요. 그런데 대학생 때 방학에 회사에서 아르바이트를 하면서 부친을 가까이서 볼 기회가 있었습니다. 아버지가 얼마나 열심히 일하시고 고생하는지 직접 보며 알게 되었어요. 그 일을 계기로 아버지에 대한 섭섭한 마음도 없어지고, 거리감이 많이 해소되었던 것 같아요."

물론 모든 후계자들이 좋은 기억만 가지고 있는 것은 아니다. 어떤 후계자는 어린 시절 아버지로부터 단 한 번도 회사에 대해 좋은 얘기를 들어본 적이 없다고 했다. 오히려 직원들에 대한 불평이나 회사가 처한 어려움에 대해 더 많이 들으며 자랐다. 회사에 큰 문제가 있을 때면 가족들 모두 숨죽이고 아버지 눈치만 살펴야 했다. 그는 어린 시절 한 번도 가업승계를 생각해본 적이 없었다. 그런데 대학 졸업 후 부친의 강요로 어쩔 수 없이 후계수업을 받고 있다. 그는 아직도 자신이 잘할 수 있을지 확신이 서지 않는다고 했다. 이렇게 자녀들의 어린 시절 기억은 성인이 된 후 기업에 대한 태도나 가족관계에 영향을 미친다. 최근 가족기업에서 일을 시작한 한 후계자가 가업을 물려받기로 한 계기를 들어보자.

"어려서부터 아버지 일하는 모습을 보며 자랐습니다. 자라면서 '아빠처럼 사업하겠다'고 말한 기억도 있어요. 아버지는 크게 웃으며 좋아하셨지요. 고등학교 시절, 방학이면 공장에 데려가 일을 시키셨습니다. 조립공정인데, 제품을 본드로 붙이는 작업이었습니다. 나름대로 열심히 했는데, 서툴다 보니 실수도 많았습니다. 한 번은 작업 도중 순간접착제가 눈에 튀는 사고로 병원에 실려간 일도 있었습니다. 방학이면 제조라인에 투입돼 일을 배웠습니다. 우리 회사는 센서 같은 전자부품을 제조해 대기업에 납품합니다. 여러 공정이 있는데, 아버지는 이런 과정을 제가 알기 원하셨기에 고등학생 때부터 공장에 데리고 다니신 것 같습니다. 저는 대학과 대학원을 마치고 회사에서 업무를 보기 시작했습니다."[15]

가족기업의 자녀들은 어린 시절 부모로부터 비즈니스 이야기를 듣거나 보면서 기업에 관해 배운다. 어린 시절 회사에 대해 긍정적인 이야기를 듣거나 회사를 방문하는 등의 경험을 한 자녀들은 기업에 대한 관심과 참여 열의도 높다. 반면 부정적인 이야기를 듣고 자랐거나 회사에 대해 아무것도 경험하지 못한 경우에는 회사에 참여하려는 경향이 낮다.[16] 이뿐 아니다. 어린 시절의 경험이 성인이 되었을 때 의사결정 및 삶의 방향을 결정하는 데 큰 영향을 미친다는 것은 누구나 아는 사실이다. 경영자가 되었을 때의 의사결정에도 마찬가지.[17] 그러므로 자녀들이 어릴 때부터 자연스럽게 기업에 대한 이야기를 들려주고, 회사 견학이나 아르바이트 등을 통해 회사를 경험하게 하는 것이 중요하다.

이탈리아에는 한 가문에서 1,000년의 역사를 이어온 마리넬리Marinelli라는 종 제조회사가 있다. 마리넬리는 일본의 호시료칸에 이어 세계에서 둘째가는 장수기업이다. 1000년에 세워진 종의 명가로, 긴 역사에 비해 직원이 20명 정도밖에 되지 않는 작은 기업이다. 이런 소규모 기업이 한 가문에서 1,000년 이상 이어져 내려온 비결이 무엇일까? 그 힘은 어린 시절부터 자연스럽게 시작되는 마리넬리의 자녀교육에 있다. 현 경영자인 파스칼레는 주조소에서 성장해 최고의 장인이 되었다. 그는 남매를 두었는데, 자녀들을 자주 주조장에 데리고 온다. 주조장에는 남매가 모르는 사람이 없고, 모르는 작업도 없다. 아이들은 월요일부터 금요일까지 유치원에 다니는데, 평일에 착한 일을 하면 주조소에 올 수 있다. 아이들에게 주조소는 학습장이자 놀이터다. 마르넬리에서는 자녀들에게 가업을 이으라고 강요하지 않는다. 다만 어린 시절부터 삶으로 가르친다. 그리고 아버지는 자신이 그랬던 것처럼 언젠가는 아이들이 자신의 뒤를 이어가리라 믿는다. 그들은 자녀에게 승계를 강요하지 않지만, 어린 시절부터 자연스럽게 가족의 전통에 대한 자부심과 대를 이어야 한다는 책임감을 심어주고 있다.[18]

스웨덴의 대표기업 발렌베리는 세계적으로 가장 존경받는 가족기업이다. 이들의 자녀양육 프로그램 또한 세계적으로 유명하다. 장승규의 《존경받는 기업 발렌베리가의 신화》에서는 그들이 얼마나 치밀하게 자녀를 양육하는지 소개하고 있다. 발렌베리가의 후계자들은 일찍부터 자신이 '왕국의 미래'를 이끌어가야 한다는 책임감을 의식하며 자란다. 이들에게 가장 훌륭한 선생님은 할아버지와 아버지다. 가령 집에서 사업상 손님을 맞으면 항상 아들을 문 옆에 앉혀 대화를 듣게 한 다음, 손님이 돌아가고 나면 아이들을 불러 왜 자신들이 그런 이야기를 했고 상대방은 왜 그런 반응을 보였는지에 대해 대화를 나눈다. 매주 월요일 아침에는 아이들과 함께 숲을 거닐면서 선조들의 위대한 업적에 대해 들려준다. 휴가철이든 아이들을 동행한 출장 중이든 빠뜨리지 않는 중요한 일상이다. 이처럼 언제나 아이들이 자연스럽게 사업적 감각을 체득할 수 있도록 모든 배려를 아끼지 않는다.

이들이 중시하는 또 한 가지는 바로 '검소함'이다. 가령 여름에는 정원의 잡초를 뽑고 가을이면 갈퀴질을 하는 등 집안일을 거들게 하며, 형이나 언니의 옷을 대부분 물려 입고, 용돈을 받으면 상당 부분은 저축하게 한다. 모든 아이들을 검소하고 엄격하게 키우는 가운데, 아이들은 자신이 부자 가문의 자손이라는 것을 의식하지 못하며 자라게 된다.[19]

이처럼 장수가족기업들은 자녀에게 기업을 물려받으라고 억지로 강요하기보다는, 어려서부터 생활 속에서 최대한 자연스럽게 관심을 유도한다. 그리고 그런 분위기에서 성장한 자녀들이 성인이 되면 부모의 강요에 의해서가 아니라 스스로 책임감과 사명감을 갖고 기업에 참여하게 된다.

2단계:
후계자를 현장에 보내라

후계자 훈련은 보통 자녀가 대학을 졸업한 뒤 사회생활을 하면서 시작된다. 이때부터 자녀들은 기업 안팎에서 경험을 쌓기 시작한다. 일반적으로 회사에서 바로 일을 시작하게 하기보다는 다른 기업에서 먼저 경력을 쌓고 들어온 뒤, 내부에서 체계적으로 훈련하는 것이 바람직하다. 이는 후계자 개인의 능력뿐 아니라 기업 성과에도 영향을 미친다.

회사 밖에서
먼저 경험을 쌓아라

가족기업에 참여하기 전 회사 밖에서 경험을 쌓은 후계자들은 이구동성으로 다른 회사에서의 경험이 크게 도움되었다고 말한다. 지난 40년 동안 전 세계 수많은 가족기업을 컨설팅한 댄코 박사는, 후계자가 회사 밖에서 3년에서 5년 정도 근무하거나 또는 최소한 한 번 이상 개인의 능력을 보여줄 수 있는 프로모션을 경험하는 것이 바람직하다고 제안했다.[20] 그 이유는 첫째, 후계자가 자신의 능력을 키우고 시야를 넓히는 데 도움이 된다. 둘째, 향후 조직 내에서 직면할 광범위한 문제를 해결할 능력을 갖추는 데 도움이 된다. 셋째, 본인의 능력에 대한 신뢰와 자신감, 새로운 기술, 경영에 대한 통찰력을 기르는 기회가 된다. 그리고 마지막으로, 직원들이 후계자가 잘 준비되었다고 인식하게 되므로 그들의 지원과 존중을 받을 수 있다. 한 중소기업 후계자는 자신의 경험을 이렇게 회고했다.

"회사생활하며 좌절이 많았어요. 업무 파악이 안 된 상태에서 조직생활을 시작했고, 사장 아들이다 보니 마음 열고 쉽게 다가오는 사람도 없었습니다. 직원보다 더 실력을 키우고 싶어 이를 악물고 일했지만 결국 한계에 부딪혔어요. 그래서 회사를 나와 한 금융회사에서 리서치 일을 시작했습니다. 3년간 다양한 기업 자료를 분석하며 시야를 넓혔습니다. 일을 어떻게 하는 것인지 알면서 조직생활에 자신이 생겼습니다. 그리고 다시 회사로 돌아와 일을 시작했습니다.

회사에 다시 입사한 후에는 새로운 도전을 했습니다. 일본 고급 브랜드 자전거를 수입 보급하는 사업이었습니다. 기존 사업은 이미 시장이 포화상태라 치고 나갈 길이 보이지 않았습니다. 회사의 새로운 성장동력을 제가 찾아보겠다고 나섰습니다. 이 분야는 회사에서 제가 가장 잘 알고 있어서 자신도 있었죠. 직접 개척했고, 직원도 직접 뽑아 가르쳤습니다. 작은 기업에서 새로운 사업을 하는 길은 하나입니다. 경영자가 직접 뛰어야 합니다. 마케팅, 구매, 유통, AS와 물류관리까지 챙겼습니다. 창업하는 마음으로 피땀 흘리며 일했습니다. 다행히 성과가 좋게 나타나자 조직에서 인정받기 시작했습니다. 역시 기업에서는 일로 말해야 한다는 걸 배웠습니다." [21]

후계자는 기업 밖에서 다양한 관리시스템을 배우고 가치 있는 경험을 할 수 있다. 이를 통해 개인적인 네트워크를 넓힐 수 있을 뿐아니라 나중에 가족기업에서 일하게 될 때 중요한 인맥을 쌓을 수도 있다. 어느 측면으로든, 회사 밖에서의 경험은 후계자에게 필수 과정으로 보아야 한다.

밑바닥에서부터
가르쳐야 한다

그런데 현실에서는 아무런 경험도 없이 가족기업에서 바로 일을 시작하는 경우가 많다. 만약 그렇다면 설령 외국에서 MBA를 취득했다 하더라도 반드시 일반 직원들처럼 기본적인 실무부터 시작해야 한다. 그래야 하는 이유는 분명하다. 첫째로 직원들과 좋은 관계를 맺고 비즈니스를 체계적으로 이해할 수 있다. 둘째로 실무에 필요한 구체적인 스킬과 전문지식뿐 아니라 기업의 문화와 자원, 우선순위 등을 이해하는 데 도움이 된다. 그렇게 실무를 통해 잘 준비된 후계자는 직원들의 신뢰를 얻을 수 있다.[22] 물론 여기에는 분명 한계도 있다. 함께 일하는 직원들이 후계자를 부담스러워할 수 있으며, 작은 실수도 냉혹하게 평가받는다. 한 후계자는 이 시기 자신의 경험을 이렇게 얘기했다.

"기존 조직에 낙하산으로 내려온 건 사실이죠. 모두 나를 다르게 대했습니다. 속 터놓고 이야기할 사람이 없었습니다. 그래서 먼저 다가갔습니다. 말도 걸고 식사도 같이 하면서 벽을 허물기 위해 노력했습니다. 서로 모르는 것을 물어보는 '바보 토론'도 해봤습니다. 틈틈이 공장 곳곳을 다니며 청소도 했고 마무리 작업에도 참여했습니다. 내가 주로 하는 일은 수출 관련 업무입니다. 우리 제품을 하나라도 더 많이 해외에 팔아 수익을 올리는 일이죠. 하지만 좋은 CEO가 되기 위해서는 맡은 일뿐 아니라 공장 돌아가는 상황을 이해해야 합니다."[23]

반면, 외부에서 경력을 쌓고 가족기업의 중견간부나 책임자로 일을 시작하는 후계자는 업무에 더 자신감을 갖게 되며, 관리자로서 통찰력을 얻을 수 있다. 그러나 외부에서 습득한 업무기술이나 관리기법이 가족기업의 문화와 맞지 않아 갈등이 발생할 수도 있다. 따라서 외부 경력이 있더라도 기업의 각 부서별 실무와 기업문화를 익히는 것이 필요하다. 해외유학을 마치고 현지에서 몇 년간 경력을 쌓은 뒤 가족기업에서 일을 시작한 어느 후계자는 이렇게 말했다.

"처음 회사에 입사해 생산부에 배치되어 약 반 년간 일했습니다. 그리고 대리 직급으로 3년간 자재부, 총무부, 영업부를 거치면서 현장을 익혔습니다. 저희 회사에서는 자재구매나 관리가 사업의 핵심이고 오너가 직접 관장해야 하는 부분이어서 이런 업무도 직접 해보았죠. 이때의 경험이 제가 나중에 건축자재 무역 업무를 추진하는 데 큰 도움이 되었습니다. 그리고 영업부에서는 직접 현장영업을 하기보다는 부서 업무를 익히는 데 주안점을 두었습니다. 실무를 통해 일을 직접 체험하는 것이 업무를 익히는 가장 빠른 방법이라는 것을 일하면서 실감하고 있습니다."

후계자가 가족기업에서 일을 시작하게 되면 회사 밖에서의 경력이 있든 그렇지 않든, 기업의 핵심 부서별 실무를 파악하는 것이 중요하다. 물론 회사 밖에서의 경력이 있다면 기간을 단축해서 진행할 수 있다.

직원들과
동일한 규정을 적용하라

"회사에 가면 마음 놓고 편하게 다가오는 사람이 없었어요.""속 터놓고 얘기할 사람이 아무도 없어서 힘들었습니다.""모두가 저의 일거수일투족을 감시하는 것 같았어요." 어떤 후계자들은 처음 회사에 들어가서 느낀 감정을 이렇게 표현했다. 그런데 이는 그들만 일방적으로 느끼는 불편함이 아니다. 직원들도 오너의 자녀가 껄끄럽다. 자녀가 무능하기라도 하면 직원들은 이에 대해 분개하기도 한다. 한 중소기업 오너는 자녀가 처음 일을 시작할 때 직원들이 자기 부서에 배치하지 말아달라고 부서장들에게 요청했다며 곤란했던 상황을 얘기했다. 임직원들도 어렵긴 마찬가지다. 후계자를 다른 동료들과 똑같이 대하기 어렵고 자신들이 말 한마디 잘못하면 오너에게 그대로 들어갈 것 같다며 불편해했다.

사실 나중에 자신의 리더가 될 후계자와 함께 일한다는 것은 누구에게나 불편한 일이다. 그런 만큼 직원들의 관점을 이해하려 노력해야 한다. 중소기업을 승계한 어떤 여성은 20대 후반에 다른 직장에 다니다 부친의 권유로 회사에 입사했을 당시를 이렇게 얘기했다. "첫 출근 날, 아버지와 함께 출근하려고 주차장으로 가니 아버지가 너는 버스를 타고 가라고 하셔서 너무 당황했어요." 지금 생각하면 당연하지만 그 당시에는 섭섭했다고 한다. "아버지는 회사에서 일어나는 일은 어떤 것도 당신에게 얘기하지 말라고 하셨어요. 이제부터 회사에서 저는 다른 직원과 똑같다고 하시면서요." 그렇게 신경 썼음에도 그 또한 초기에는 직원들이 마음을 열지 않아 힘들었다고 한다. 그런데 일정 기간이 지나고, 사장이 딸을 다른 직원과 다름없이 대한다는 것을 알고 난 뒤에는 직원들도 자신을 동료로 받아들이고 업무에도 많은 도움을 주었다고 한다.

오너경영자는 자녀들이 회사에서 일을 시작하게 되면 급여나 업무수행 방식, 업무 범위 등 명확한 기준을 마련해야 한다. 물론 특혜가 있어서는 안 된다. 그래야만 후계자와 직원들이 상호 존중하며 협력할 수 있다. 만일 가족이라고 해서 더 많은 급여나 혜택을 받는다면, 또 실력이 없고 경험이 부족한데도 가족이라는 이유로 높은 자리에 오른다면, 직원들은 박탈감과 함께 회사에 대한 불신만 키우게 될 것이다. 후계자가 직원의 신뢰를 얻기 위해서는 일상적인 업무과정에 충실해야 한다는 것을 잊지 말라. 후계자가 직원들과 좋은 신뢰관계를 맺을 때 비로소 회사운영에 자신감을 갖게 된다.

후계자 육성 계획과 타임테이블을 만들어라

후계자의 리더십과 역량을 체계적으로 계발하고 싶다면, 초기부터 구체적이고 공식적인 계획을 마련해야 한다.[24] 이때 승계위원회를 구성해서 임원들을 참여시키는 것이 바람직하다. 임원들이 계획에 참여할 경우 그들은 자신들이 존중받는다고 생각하게 되고, 후계자 계발과정에 적극 협조하게 된다. 후계자 육성 계획에는 다음과 같이 구체적인 프로그램과 일정을 포함해야 한다.

1. 경영자는 회사 비전을 기반으로 미래 전략을 세운다. 그리

고 그 전략을 실행하는 데 필요한 후계자의 직무와 역할을 구체화하고 이를 훈련 프로그램에 포함한다.

2. 회사에서 리더십에 요구되는 특징, 태도 등이 무엇인지 분석하고 이에 대한 계발 계획을 수립한다.

3. 커뮤니케이션 기술, 비즈니스 프로세스, 업계 동향 등 지식 습득 계획이 수반되어야 한다. 여기에는 업계 세미나 참석, 경영능력 계발을 위한 외부 교육, 타회사 방문, 다른 후계자나 단체와의 교류 등을 포함한다.

4. 이사회 회의록이나 재무정보, 전략계획 등과 같은 회사의 주요 정보를 언제, 어떻게 제공할 것이며, 언제부터 이사회에 직접 참여시킬 것인지 구체적 일정을 세운다.

이처럼 후계자 육성을 체계적으로 준비한다면, 후계자가 리더로서 필요한 자질을 더 많이 계발할 수 있다. 그러나 계획도 없이 승계가 진행된다면 상황에 따라 훈련과정이 바뀔 수 있어 다양한 경험과 도전 기회가 줄어들 수밖에 없다. 후계자에게 다양한 기회를 제공하면서 비즈니스에서 필요한 스킬을 얻을 수 있도록 하는 균형이 필요하다.

3단계: 후계자의 리더십,
권력보다 권위를 키워라

후계자가 기본적인 실무를 익히고 나면, 그다음은 리더로서 능력과 자질을 계발할 차례다. 대부분의 후계자는 기업 내에서 일정 기간이 지나면 리더에게 필요한 권력power과 권위authority를 갖게 된다. 당신도 느끼겠지만, 권력과 권위에는 차이가 있다. 권력이란 다른 사람에게 영향력을 행사할 수 있는 힘을 말한다. 그러나 권위는 어떤 사람이 갖고 있는 권력의 정당성을 인정받을 때 얻어진다. 후계자는 오너의 가족이라는 것만으로도 기업 내에서 권력을 가질 수 있다. 그러나 기업을 효과적으로 운영하기 위해 필요한 권위는 거저 주어지지 않는다. 임직원이나 다른 사람들로부터 권위를 인정받으려면 다양한 경험을 통해 얻은 지식, 다른 회사에서의 성공 경험, 지역사회에서의 리더십 경력, 고객의 니즈에 대한 철저한 이해 등 많은 것이

필요하다.[25]

후계자가 직원들에게 권위를 인정받기까지는 평균 5년이 걸린다고 한다.[26] 어떤 후계자는 10년 정도가 걸렸다고 했다. 그러므로 성급하게 권위와 신뢰를 얻으려 하기보다, 오랜 시간 다양한 경험을 쌓으며 관리자로서 역량을 갖추려 노력해야 한다.

이 시기 후계자는 이미 일정 기간 회사에서 근무했기 때문에 회사의 이러저러한 사정에 대해 잘 알고 있다. 그러나 실무경험만으로는 경영자나 리더로서의 관점이 약할 수밖에 없다. 그러므로 경영자는 후계자를 관리자로 훈련시키고 자신의 인적 네트워크를 공유하는 등 리더십 계발에 중점을 두어야 한다. 이 시기 경영자의 역할은 크게 6가지로 구분된다.[27]

첫째는 감독자 역할이다. 오너경영자가 후계자에게 업무를 지시할 때는 그에 따른 지침을 주고 일 진행을 감독해야 한다. 그리고 필요하다면 수정을 요구하는 등 직접적인 상사 역할을 한다. 어떤 경영자는 자녀에게 업무를 맡길 때 업무를 처리할 지침만을 서로 합의하고, 가급적 스스로 일을 처리하도록 자율성을 준다. 그리고 항상 일의 결과를 놓고 잘한 점이나 개선점 등을 함께 검토한다. 단순히 업무를 처리하는 것이 아니라 그 과정에서 후계자가 성장, 발전하는 기회가 되게 해야 한다.

둘째는 교육자 역할이다. 고객 또는 공급자와의 관계에서 서류는 어떻게 준비하며, 다른 사람들과 어떻게 협상하고 관계 맺는지 교육

한다. 때로는 후계자의 업무를 직접 확인하고 피드백을 준다. 자신이 다른 사람들과 어떻게 대화하는지 가르치려고 전화통화나 회의를 듣게 하는 경영자도 있다. 또 다른 경영자는 외부 회의에 후계자를 동행해서 자신이 어떻게 복잡한 협상을 이끌어가는지 경험하게 한다. 그리고 회의를 마치면 그 과정에 대해 함께 토론한다. 이러한 경험을 통해 경영자들은 자녀들에게 협상에 대해 가르칠 수 있을 뿐 아니라, 자신들의 전략적 행동과 리더십의 핵심 가치와 윤리적인 원칙을 전수할 수 있다.

셋째는 보호자 역할이다. 경영자는 후계자의 실수와 실패를 자연스러운 과정으로 받아들여야 한다. 만약 실수나 실패가 있더라도 후계자를 보호하고 성장할 수 있게 지원한다. 후계자의 실수나 실패를 패배로 인정하기보다는 값진 경험으로 받아들이고, 이를 통해 자신감을 키우는 환경을 조성해주는 것이 매우 중요하다. 어떤 경영자는 가급적 자신이 경영 일선에 있을 때 후계자가 다양한 경험을 해볼 수 있게 한다고 했다. 후계자가 실수를 하더라도 자신이 문제를 해결할 수 있기 때문이다. 사람은 누구나 실수를 통해 배운다. 실수나 실패를 비난한다면 후계자는 도전을 두려워하고 의존적이 되기 때문에 리더로서 충분한 역량을 발휘할 기회를 잃게 된다. 성공한 경영자들은 실수와 실패를 통해 더 많은 것을 배우고 성장할 수 있다는 것을 알고 있다.

넷째는 소개자 역할이다. 오너경영자의 인적 네트워크를 후계자에게 이전하는 것은 기업에 축적된 노하우와 암묵지를 전하는 것만큼이나 중요하다. 후계자는 여러 이해관계자 그룹으로부터 기업의 리더로 인정받아야 하기 때문이다. 그러므로 성공적인 승계를 위해 오너경영자는 후계자를 고객이나 은행, 자신이 속한 산업의 전문가 네트워크 모임 등에 소개해야 한다. 때로는 상대방이 경험 부족한 젊은 사람을 상대해야 한다는 사실에 불쾌해할 수도 있다. 하지만 후계자는 이런 경험을 통해 고객의 니즈를 깊게 이해할 수 있고, 자신의 능력을 키울 수 있다. 고객들도 결국에는 이러한 노력을 긍정적으로 생각할 터이니 양해를 구하고 후계자의 네트워크를 확장시키자.

다섯째는 동기부여자 역할이다. 후계자가 자율적으로 의사결정을 하도록 한 발짝 물러선다. 그리고 그들의 능력을 인정해주고 용기를 북돋아 줌으로써 자긍심을 가질 수 있게 격려한다. 어떤 경영자들은 후계자들에게 독립심을 갖게 한다며 엄격하게 대하는데, 부모가 지나치게 엄격하면 후계자들은 자기 일에 자긍심을 갖지 못하고, 자신의 능력을 과소평가한다. 어떤 2세 경영자는 부모님이 살아계실 때 한 번도 자신을 칭찬하거나 인정해주지 않았던 것이 지금까지도 섭섭하다고 했다. 그리고 만일 부모가 자신의 능력을 인정해주고 칭찬해주었더라면 지금보다 더 큰 자긍심과 자신감을 가질 수 있었을 것이라며 아쉬워했다. 공사를 분명히 하려는 의도에서 냉정하고 엄격하게 대하기보다는 인정과 격려, 용기를 주는 것이 후계자가 리더로 성장하는 데 더 큰 힘이 된다.

여섯째는 파트너 역할이다. 경영자는 후계자가 리더십을 갖춰나가는 과정에서 감독자 역할을 수행한다. 하지만 후계자가 독립적으로 기업을 운영할 능력을 충분히 갖췄다고 판단되면, 그때부터는 파트너 관계로 역할을 전환해야 한다. 즉 경영자는 후계자와 상호 협력하여 함께 기업을 운영하는 형태로 전환한다. 그런데 이 단계에서 많은 오너경영자들이 후계자를 대등한 파트너로 받아들이지 못하고, 의견이나 결정을 거부하는 경우가 생긴다. 이러한 반응은 향후 후계자가 회사에 대한 통합적 시각을 갖고 관리능력을 발휘하는 데 걸림돌이 된다. 상호협력 단계에서는 경영자가 후계자의 능력을 인정하고 의견을 수용해야만 리더십 이전이 자연스럽게 이루어질 수 있다.

후계자 교육이 꼭 경영자를 통해서만 이루어지는 것은 아니다. 대기업에서는 가족이 아닌 경영진이나 이사들이 후계자의 멘토 역할을 하기도 한다. 이 경우 가족 사이의 개인적 관계나 감정으로부터 자유로워서 오히려 편할 수 있다. 일반적으로 대기업은 체계적인 후계자 교육 프로그램을 갖추고 있는 반면, 대부분의 중소기업은 오너의 직관이나 개인적인 경험으로 후계자를 양성한다. 그러나 어떤 경우든 후계자가 경영에 필요한 특별한 지식이나 스킬을 익힐 뿐 아니라 비즈니스와 경쟁 환경 등에 대해 폭넓은 관점을 갖도록 훈련시켜야 한다. 그리고 궁극적으로는 회사의 미래를 책임질 리더로서 성숙한 리더십을 갖추게 하는 데 초점을 맞춰야 한다. 홍콩 중문대 조지프 판Joseph Fan 교수는 "창업주들의 능력과 카리스마, 인맥 등이 대물림 과정에서 약화되는 경향이 있으므로, 이런 무형의 자산을 다음 세대에 전수하는 것이 가장 시급한 임무"라고 했다.

4단계 : 경영권을
점진적으로 이전하라

　가족기업 전문가들은 가업승계를 릴레이 경주에 비유한다. 아무리 기술이 좋고 순발력이 뛰어난 선수들일지라도, 경주에 이기려면 바통을 제대로 주고받아야 한다. 만일 릴레이에서 한 주자가 바통을 계속 쥐고 있거나, 다른 주자가 어설프게 쥐다가 놓치기라도 하면 승리는 물 건너간 것. 이와 마찬가지로 가업승계에서도 경영자와 후계자 간에 바통을 넘기는 기술이 필요하다. 즉 후계자가 리더로서 역량을 갖추게 되면, 그때는 경영자의 권한과 책임을 후계자에게 건네주는 단계적 전환이 필요하다.

　이 단계는 승계의 전 과정을 통틀어서 가장 중요하다. 실제로 이전 단계까지 승계가 원활하게 진행되었음에도 이 시기에 경영권이 제대로 이전되지 않아 문제가 발생하는 경우가 많다.

바통터치 존에서
바통을 쥐고 있지 마라

이 단계가 되면 후계자들은 대부분 사장 또는 부사장의 직함을 갖고 영향력 있는 직위에 오르게 된다. 그래서 오너경영자와 후계자의 역할이 명확하게 구분되지 않는다. 많은 기업들이 이 단계에서 바통을 떨어뜨리거나, 넘기지 않고 계속 쥐고 있는 실수를 범한다. 즉, 오너경영자가 권한과 책임을 후계자에게 이전하지 않고 지속적으로 경영권을 유지하려 하는 것이다. 한 후계자는 권력 이양이 순조롭게 이루어지지 않아 겪었던 어려움을 다음과 같이 토로했다.

"처음 임원이 되었을 때는 아버지가 하라고 하시니까 전체 일을 잘 모르는 상태에서 결재를 했어요. 그런데 1~2년 뒤 사장이 되어 회사 일을 전체적으로 파악하게 되니까, 이 정도는 내가 처리할 수 있는데 회장님께 일일이 보고해야 하나 싶더군요. 그래서 특별한 일을 제외하고는 제 선에서 일을 처리했습니다. 그런데 회장님께서 종종 제가 직원들에게 지시한 내용을 번복하기도 하고 제가 계획하는 일에 제동을 걸면서 갈등이 심해졌습니다. 정말 부친과의 사이가 높은 벽같이 느껴졌습니다. 1~2년 가까이 그런 일이 반복되니까 심리적으로 너무 힘들고 의욕도 없어지더군요. 그 당시 스트레스로 원형탈모가 생겼을 정도니까요. 그래서 그 이후로는 무슨 일이든 사전에 보고하고 허락을 받아서 일을 처리했지요. 덕분에 갈등은 해소되었지만, 저는 회사 일에 흥미를 잃었고 자신감도 떨어지더군요."

그로부터 몇 년 뒤 부친이 은퇴했고, 이제는 회사 일에 직접적으로 관여하지도 않는다. 하지만 그는 아직도 그때의 후유증이 남아 있다. 항상 부친의 의견을 따라왔기에 아직까지도 혼자서 중대한 의사결정을 하기가 어렵다고 한다.

이처럼 경영권 이전 단계에서 많은 기업들이 오너경영자와 후계자 간 갈등을 겪는다. 어떤 자녀는 10년간 후계자로 일하면서 부사장까지 되었지만 아버지가 너무 지배적으로 모든 일을 통제해서 결국 흥미를 잃고 회사를 떠난 경우도 있다. 또 어떤 기업에서는 후계자가 사장이 되었는데도 아버지가 권력을 이양하지 않자 급기야 후계자가 사표를 내는 일이 벌어졌다. 그러자 아버지는 아들을 만류했고, 결국 아버지가 회사를 떠나는 조건으로 아들이 다시 회사를 맡아 경영하고 있다. 이러한 문제들은 164쪽의 A그래프와 같이, 승계가 일정 부분 진행되다가 권력 이양이 순조롭게 되지 않고 두 세대가 동시에 통제권을 점할 때 발생한다. 이 경우 세대갈등으로 관계가 악화되고, 직원들도 둘 사이에서 혼란을 겪으며 비즈니스가 위험에 처할 수 있다.

왜 이들은 후계자에게 권력을 이양하지 못하는 것일까? 후계자가 못 미더운 탓일까? 실제로는 후계자가 충분한 역량을 갖추고 있음에도 많은 오너경영자들이 통제권을 넘기지 못하는 경우가 훨씬 많다. 한마디로 자기 욕심 때문이다. 자기확신과 믿음이 강한 경영자일수록 권력을 이양하기가 더 어렵다. 특히 자신이 창업자로서 기업

A : 현 경영자가 통제권 이전을 중단한 경우

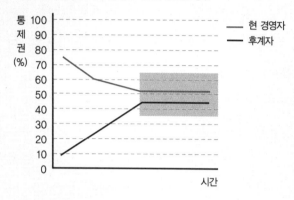

B : 세대 간 통제권 이전의 최적모델

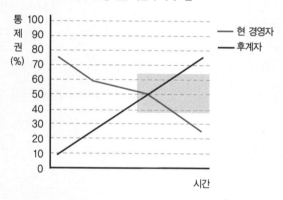

을 성공으로 이끈 경우에는 이러한 경향이 더 많이 나타난다. 여기
에는 몇 가지 이유가 있다. 첫째, 그들은 자신이 회사에 없어서는 안
될 존재라고 믿는다. 대부분의 경영자들은 누구도 자신을 대신할 수

없다고 생각한다. 심지어 "내가 죽으면 아마 1년 안에 우리 회사는 문을 닫게 될 겁니다"라고 말하는 경영자도 있다. 둘째, 가족과 기업의 수장으로서의 자기 위치와 권위를 잃는 것을 두려워하기 때문이다. 셋째, 회사와 자신을 동일시하므로 회사를 떠나 다른 것을 생각해본 적이 거의 없기 때문이다.

한편, 능력 있는 후계자들은 부모의 그늘에서 벗어나 독자적인 행보를 원한다. 이들은 권력 이양이 제대로 이루어지지 않으면 조급함을 느낀다. 결국 이러한 상황이 세대 간 충돌을 불러일으키는 것이다.[29]

이와 달리 승계 절차가 체계적인 기업도 많이 있다. 대부분 오너 경영자와 후계자 간 신뢰가 높은 경우다. 특히 장수가족기업일수록 승계가 더욱 원만하게 이루어진다. 이미 승계 과정을 겪은 경영자들이 자신의 경험을 바탕으로 계획을 세우고, 후계자 훈련을 체계적으로 진행하기 때문이다. 3대째 기업을 승계한 어느 중소기업의 2세 경영자는 자신의 권력 이양 과정을 이렇게 얘기했다.

"아들이 부사장이 되면서부터는 경영에 관한 모든 내용을 상의하고 있습니다. 그리고 가급적 아들 선에서 처리할 수 있는 것들은 직접 의사결정을 하도록 하고 있지요. 어떤 때는 궁금하고 의문이 나는 점도 있지만, 부사장이 결재한 일에는 특별한 경우를 제외하고는 저도 그냥 결재합니다. 그리고 아들과 있을 때 궁금한 점을 물어보기도 하지요. 지금 제 업무의 약 50~60% 정도는 넘겨준 것 같습니다. 나머지는 생산공정에 관한 것인데, 이것만 다 넘겨주면 제 역할을 다한 것이라고 생각합니다. 대기업이라면 후계자에게 관리만 가르치고 생산은 공장장 등 직원을 통해 할 수 있지만, 중소기업을 운영하려면 오너가 생산에 관한 모든 것을 알아야 합니다. 이것이 저의 마지막 역할이죠. 이 밖에도 아들이 다양한 것을 경험하고 시도해보게 하고 있습니다. 사람은 실수를 통해 배우고 성장하기 때문이지요. 그래도 지금은 제가 있어서 실수하거나 문제가 생기면 도와줄 수 있으니까요."

이 기업의 후계자는, 자신은 기업이 아니라 책임을 승계했다고 말할 정도로 회사에 대한 책임감과 자부심이 크다. 이 회사는 164쪽의 B 그래프와 같이, 후계자가 성장함에 따라 리더십이 점진적으로 이양되는 방식으로 승계가 진행되고 있다. 이것이 가장 바람직하다는 것을 누구든 알 것이다.

5단계: 아름답게 은퇴하는 것도 중요하다

후계자가 경영 노하우를 전수받고 리더십을 갖추게 되면 경영자는 일선에서 물러나고 후계자가 드디어 새로운 경영자가 된다. 그런데 경영권을 승계했다고 해서 모든 문제가 해결되는 것은 아니다. 가족기업과 일반기업은 승계 후 중요한 차이점이 있다. 일반기업은 승계 과정이 짧으며 승계 후 이전 경영자가 회사에 잔류하지 않는다. 이에 반해 가족기업은 승계 시점을 명확하게 선 긋기가 어렵다. 경영자가 은퇴 후에도 매일 사무실에 출근하며 일상적인 업무에 개입하는 경우도 허다하다. 심지어 1~2년 뒤에 다시 경영에 복귀하는 경우도 있다. 가족기업에서만 일어나는 독특한 현상으로, 이 때문에 가족기업에서는 리더십이 이전된 뒤에도 세대 간 다양한 문제와 갈등이 발생할 여지가 많다.

만약 이전 경영자가 일상적인 경영활동에 깊이 관여하면, 후계자의 통제력은 약화된다. 이는 회사 내 새로운 리더십에 대한 도전과 직원들의 혼돈, 부자 갈등으로 이어지며, 회사 경영에 부정적인 영향을 미친다. 그러므로 전 경영자는 참견하려는 의도가 없더라도 새로운 경영자가 자신감을 가지고 리더십을 발휘할 수 있도록 회사 밖에 거처를 두는 등, 물리적으로 거리를 두어야 한다.

은퇴 후에도
역할은 남아 있다

그러나 경영권을 이전했다고 해서 기업에서 완전히 퇴진하라는 뜻은 아니다. 회사와 조직을 위해 남은 역할이 있다. 전 경영자의 주요 역할은 다음과 같다.[30]

첫 번째는 조직 내 상징적인 인물로서, 급격한 변화를 조율하는 옵서버 역할이다. 기업마다 경영철학과 중요 가치, 직원복지 등 고유한 업무방식이나 기업문화가 있는데 후계자가 이를 갑작스레 바꾸려고 한다면 임직원의 저항이 발생하고, 후계자의 리더십에도 문제가 생길 수 있다. 이때 두 세대 간 경영철학과 가치가 공유되도록 조율하는 역할을 해야 한다.

두 번째는 후계자의 멘토나 조언자 역할이다. 그러나 여기에는 반드시 명확한 역할규정이 전제되어야 한다. 《가족기업으로 지키기 Keeping

It in the Family》의 저자인 제임스 리James Lea는 후계자의 요청이 있기 전까지, 아니 후계자가 필요성을 느끼고 전임자의 경험이나 지혜를 자발적으로 얻으려 하기 전까지는 조언하지 말라고 한다. 요청도 하기 전에 조언한다면 참견이 돼버리기 때문이다. 조언이 효과를 거두려면 마음을 열고 조언을 받아들이려는 자세가 필요하므로, 반드시 먼저 요청이 있을 때만 조언해야 한다.[31] 조언에 따른 의사결정과 그에 따른 책임은 물론 전적으로 새로운 경영자의 몫이다.

세 번째는 오랫동안 신뢰를 쌓고 관계를 발전시켜왔던 고객이나 공급자 등과 일정 기간 관계를 유지하는 것이다. 회사 내부 직원들뿐 아니라 오랫동안 관계 맺어온 고객이나 공급자가 새로운 경영자에게 적응하는 데는 시간이 필요하다. 그러므로 이러한 거래관계에서 후계자의 요청이 있을 때 도움을 주어야 한다.

그런데 경영권을 넘겼다 하더라도 소유권까지 자녀들에게 전적으로 이전되는 경우는 드물다. 오너경영자에게 경영권과 함께 소유권까지 전적으로 이전하는 것은 자신의 존재감을 잃는다는 의미이기 때문이다. 물론 대부분의 후계자는 소유권 없이 경영하는 데 불만을 갖는다. 그러나 경영권과 소유권을 원활하게 승계하기 위해서는 먼저 후계자의 능력이 검증되어야 하며, 가족이나 임직원 등 다른 이해관계자로부터 신뢰와 정당성을 얻어야 한다. 또한 승계 과정에서 부모가 자녀에게 많은 배려와 지원을 하고 경영자로 자리매김하도록 도와주는 만큼, 후계자도 부모를 배려해야 한다.

성공적 승계를 위한 10계명

1. 승계는 장기간에 걸친 프로세스다. 빨리 시작하라.

2. 경영자의 은퇴 계획을 수립하라.

3. 후계자의 성별이나 출생순서보다는 능력을 우선하라.

4. 후계자의 자발적 승계 의지가 중요하다.

5. 후계자 선정 기준을 세우고 공정성을 기하라.

6. 후계자와 함께 꿈과 가치와 비전을 공유하라.

7. 체계적인 후계자 육성 계획과 타임테이블을 준비하라.

8. 오너경영자와 후계자 간 원활한 커뮤니케이션을 위해 투자하라.

9. 가족의 화합을 최우선으로 하라.

10. 임직원과 좋은 관계를 유지하고 그들의 신뢰를 얻어라.

아버지와 아들의 관계는
라이프 사이클에 따라 변한다

앞서 소개한 앤호이저부시와 구찌의 사례는 가업승계에서 부자관계가 얼마나 중요한지를 보여준다. 실제 연구에서도 가업승계의 성패에 가장 큰 영향을 미치는 것은 경영자와 후계자의 관계임이 밝혀졌다. 승계 당사자인 둘 사이가 좋지 않다면 어떻게 성공적인 승계를 기대할 수 있겠는가?

부자관계에 영향을 미치는 요인은 경영자와 후계자의 성향, 커뮤니케이션 문제, 어린 시절 양육방식 등 매우 다양하다. 이와 관련해 하버드 대학의 존 데이비스와 레나토 타귀리 박사는 그 원인을 부자간의 라이프 사이클에서 찾았다. 그들에 따르면, 기업에서 함께 일하는 부자간의 관계는 두 사람의 라이프 사이클에 따라 변한다.[32] 이러한 라이프 사이클을 이해하면 아버지와 아들이 서로를 이해하는 것뿐 아니라 관계를 개선하는 데도 도움이 될 것이다. 최근에는 어머니와 딸이 경영에 참여하는 경우가 많아졌지만, 아직은 부자가 주축이 되는 경우가 많으니, 여기서는 아버지와 아들을 중심으로 살펴보자.

40대 아버지와
10대 아들

아버지가 40대이고 아들이 17~22세인 경우 부자관계는 비교적 좋지 않다. 이유는 굳이 설명할 필요 없을 것이다. 남자는 보통 40대가 되면 자신을 삶을 뒤돌아보게 되는데, 대부분의 사람들은 자신이 별로 이루어놓은 것이 없다고 생각하고 초조함을 느낀다. 그리고 나는 누구이며 무엇을 원하는지 스스로 질문을 던지며 감성적이 되기도 한다.

이 시기 아들은 보통 10대 후반에서 20대 초반에 이른다. 이들은 대부분 부모로부터 분리되는 과정에 있으며, 자신의 정체성을 확립하는 시기다. 에너지와 본능적 욕구가 높아서 부모와도 자주 마찰이 생긴다. 그런데 이 시기 부자간 라이프 사이클에는 공통점이 있다. 둘 모두 정체성 혼란의 시기이며, 에너지가 왕성하고, 인생에 대해 새롭게 평가하는 시기라는 점이다. 그래서 아버지와 아들 간에 긴장관계가 쉽게 형성된다. 또한 감정적으로 예민하기 때문에 상대방의 메시지가 왜곡될 가능성이 높다. 따라서 이 시기에 아버지와 아들이 함께 일하면 마찰이 생길 수 있다.

50대 아버지와 20~30대 아들

아버지가 50대가 되고 아들이 23~33세가 되면 부자관계는 비교적 좋아진다. 남자는 50대가 되면 경쟁심이 줄어들고, 이성적이 되며, 다른 사람에 대한 비난이 줄어들 뿐 아니라 외부의 영향도 덜 받는다. 또한 소유욕도 줄어들고 조금 더 객관적이고 철학적이 되기 때문에 타인의 요구도 잘 수용한다. 그리고 50대가 되면 자신의 인생 경험을 통해 얻은 것들을 젊은 사람들에게 가르쳐주고자 하는 성향을 보인다. 그래서 이 시기 아버지는 아들에게 이전보다 더 효과적인 멘토가 될 수 있다.

아들의 23~28세는 아직 불안정한 시기다. 그들은 활력이 넘치고 모험심이 강해 다양한 기회를 경험하며, 대부분 이 시기에 자신의 진로를 결정한다. 이 때문에 부자 사이에 마찰이 생길 수 있으나, 아버지가 심리적으로 안정된 상태이므로 업무에서는 비교적 좋은 관계를 유지할 수 있다. 그러다가 아들이 28~33세가 되면 안정된 삶을 원하고 큰 변화를 두려워하게 된다. 30대는 직업을 선택할 수 있는 마지막 시기이기 때문에 모험보다는 안정을 추구한다. 이 시기 부자관계가 비교적 원만한 이유는, 아버지에게 아들을 포용할 여유가 생기기 때문이다. 라이프 사이클로 보아도, 둘 다 이성적이 되기 때문에 커뮤니케이션이 쉬워진다. 이때가 되면 아들은 자기 삶에 진지한 관심을 갖게 되고, 직업 선택의 기회가 줄어드는 대신 회사에는 더 헌신적이 된다. 이 시기 아들은 물질적 욕구와 인정욕, 출세욕이 커지고, 아버지는 소유나 외부의 평가에 대한 관심이 줄어든다. 그 덕에 아버지가 아들을 인정해주고 보상하기가 쉬워진다. 그러므로 이 시기 아들과 함께 일하면 비교적 좋은 관계를 유지할 수 있다.

60대 아버지와
30~40대 아들

아버지가 60대가 되고 아들이 34~40세에 이르면 부자관계는 다시 나빠진다. 이 나이가 되면 아버지는 은퇴시기를 맞는데, 보통은 이를 잘 받아들이지 못한다. 실제로 남자가 65~70세 정도가 되면 이전처럼 왕성하게 활동하기 어렵기 때문에, 사회적으로도 60대를 정년으로 인식한다. 그러나 오너경영자는 은퇴시기에 관한 규정이 없고, 심지어는 사망해야 비로소 경영에서 물러나기도 한다. 즉 은퇴는 전적으로 오너경영자의 의지에 달려 있다.

이 시기 아들은 34~40세가 된다. 한창 자신의 경쟁력과 사회적 인정, 승진, 경제적 안정 등을 갖추려고 노력하는 시기다. 이때 적당한

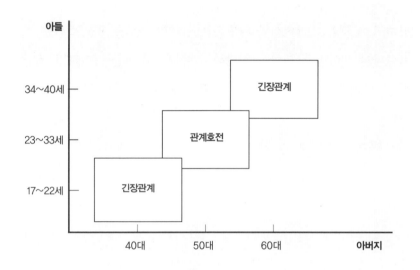

라이프 사이클에 따른 부자관계

권한과 책임이 자신에게 이전되지 않는다면 아들은 아버지를 원망하거나 경계하게 된다. 이러한 감정은 두 사람간의 커뮤니케이션을 왜곡시키거나 어렵게 한다. 아버지는 리더십과 권위를 지속하려 하고, 아들은 아버지의 권위에 도전하게 된다. 따라서 이 시기 아버지와 아들은 다시 긴장관계에 접어든다.

성공한 기업의 부자관계는
라이프 사이클을 초월한다

이처럼 부자관계는 라이프 사이클에 따라 불안정하게 변화한다.

하버드 대학의 데이비스와 타귀리는 이러한 변화를 자연스러운 것으로 인식해야만 상대방을 비난하는 마음이 줄어들 것이라고 조언했다. 하지만 그럼에도, 성공적인 후계자들은 부모와 관계가 좋다. 게다가 세대 간 원만한 관계는 기업에도 크게 영향을 미친다. 상호 지원과 협조, 정보의 원활한 공유가 이루어지기 때문이다. 라이프 사이클과 무관하게 자녀들과 좋은 관계를 맺고 싶다면 다음 사항을 유념하기 바란다.[33]

첫째, 자녀와 어린 시절부터 좋은 관계를 유지하라. 보통 그 무렵은 회사의 초기이거나 성장 단계에 접어들었을 때여서 경영자들이 매우 바쁘다. 대부분의 경영자들은 자녀와 대화를 나누거나 함께 있어주지 못한다. 그래서 아버지와 아들 사이에 거리가 생기고 심지어는 서로 무관심하게 되기도 한다. 하지만 관계가 좋은 가족들은 부모와 자녀가 함께 자녀의 미래에 관해 토론하는 데 많은 시간을 보낸다.[34] 가족관계는 어느 날 갑자기 노력한다고 해서 좋아지는 것이 아니다. 자녀와 좋은 관계를 유지하려면 자녀가 어릴 때부터 가족들이 함께 많은 시간을 보내야 한다. 이렇게 부모와 좋은 관계를 맺는 자녀들은 기업 참여 의지가 높고, 그에 따라 더 좋은 성과를 낸다.

둘째, 가족과 함께 기업의 꿈과 비전을 공유하라. 사람들이 상호 신뢰를 높이는 방법의 하나는 꿈과 비전, 가치를 공유하는 것이다. 가족기업에서 잘 수립된 부모의 가치관을 잠재 후계자에게 이전하는 것은 매우 중요하다. 가족의 가치관을 바탕으로 수립된 비전은 구성원들을 하나로 묶고 상호 협력하게 한다. 이는 승계과정을 수월하게 할 뿐 아니라 기업의 성장과 장기 발전에도 필수요인이다. 성공적인 부모들은 자녀와 함께 가족과 기업의 꿈과 비전을 공유한다. 이러한 노력들이 결국 가족기업이 장수할 수 있는 초석이 되는 것이다.

셋째, 정직하고 개방적인 커뮤니케이션을 하라. 가족기업에 흔한 문제 중 하나는 가족 간의 대화가 부족하다는 것이다. 성공적인 승계를 위해서는 개방적이고 정직한 커뮤니케이션이 전제되어야 한다. 성공적인 가족은 어떤 주제에 관해서도 서로 정직하게 이야기할 수 있는 분위기가 조성되어 있다. 그리고 자녀의 진로 등 중요한 문제를 가족이 함께 협의한다. 이러한 노력이 부모와 자녀 간 신뢰를 높이고 자녀들 간의 결속을 높인다. 또한 갈등이 생겼을 때도 서로의 생각이나 입장을 솔직히 털어놓을 수 있기 때문에 갈등해결능력을 높인다.

결국 성공적인 승계를 위해서는 부모와 자녀 간에 '우리는 한배를 타고 있다'는 인식을 나누고 기업의 성공이 서로에게 달려 있다는 긍정적인 팀워크를 갖도록 노력해야 한다. 즉 서로가 기업성공을 위한 운명공동체라는 것을 인식하고, 서로 협조하는 관계를 만드는 데 힘써야 한다.

은퇴를
준비하라

4

많은 경영자들이 일주일에 80시간 이상을 회사 일에 매달리지만, 정작 승계문제를 진지하게 고민하는 시간은 거의 없다. 그러다 보니 체계적인 승계계획을 가지고 있는 기업 또한 아주 드물다. 더구나 앞서 말했다시피, 대부분의 경영자나 가족들은 승계문제를 거론하기를 회피한다. 물론 성공적으로 기업을 승계하려면 사전에 체계적인 계획을 세워야 한다는 것쯤은 누구나 다 안다. 그러나 자신이 일생을 바쳐 회사를 이루어놓았는데 정년이 되어 떠나야 한다는 사실을 순순히 받아들이기가 쉽지 않다. 자기가 주인이었던 곳에서 점차 영향력과 통제권을 잃는 것은 두려운 일이다. 대다수의 오너경영자들이 경영권을 이전하고도 마지막까지 소유권을 넘기지 않는 것도 이러한 심리 때문이다.

승계계획,
하루라도 빨리 시작하라

    심각한 회의를 하던 회장이 갑자기 호흡곤란을 호소하며 뒷목을 잡고 쓰러진다. 결국 회장은 숨을 거두고…. 여기저기서 경영권 위협이 닥치며 회사는 일대 혼란에 휩싸인다. 드라마에서 흔히 볼 수 있는 모습이다.

    왜 가족기업은 창업자 세대를 넘어서면 30% 밖에 생존하지 못할까? 이에 대해 랜스버그 박사는 '승계계획의 부재'를 가장 중요한 이유로 꼽았다. 만일 체계적인 계획이 없는 상황에서 가족과 기업의 구심이었던 경영자가 사망하면 혼란에 빠지게 된다. 소유권이나 경영권 문제로 가족 간 분쟁이 생기고, 기업의 방향성마저 흔들린다. 극단적인 경우에는 유산분배나 상속세 문제로 기업을 매각하는 상황까지도 벌어진다. 이처럼 승계계획이 있느냐 없느냐는 가족기업의 존폐가 달린 중대한 문제다.[1] 앞서 살펴본 것처럼, 가족기업이 대를 이어 성공하지 못하는 이유 중 60%가 승계문제다. 비즈니스와 관련된 문제는 고작 10~20%뿐이다.[2]

많은 경영자들이 일주일에 80시간 이상을 회사 일에 매달리지만, 정작 승계문제를 진지하게 고민할 수 있는 시간은 거의 없다. 그러다 보니 체계적인 승계계획을 가지고 있는 기업 또한 아주 드물다. 더구나 앞서 말했다시피, 대부분의 경영자나 가족들은 승계문제를 거론하기 꺼린다. 댄코 박사는 승계문제를 회피하는 풍조를 꼬집으며, "만약 승계계획을 세우지 않는다면, 가족의 미래가 변호사의 손에 달려 있다는 사실에 만족해야 한다"고 경고했다.[3] 승계 과정에서의 위험이 비즈니스 위험보다 2~3배나 더 큰데도 오너경영자들이 승계계획을 세우지 않는 이유가 대체 무엇일까?

첫째, 승계계획은 불편한 가족문제를 야기한다. 사람들은 가족의 화합을 중요하게 생각한다. 그런데 승계계획을 세우려면 가족들 간의 많은 예민한 문제들을 다뤄야 한다. 예컨대 후계자의 기준은 무엇이며 누가 후계자가 될 것인가, 누가 소유권을 얼마만큼 가질 것인가 등을 결정해야 한다. 이러한 과정은 때로 고통스러운 가족갈등을 유발하기도 하고, 자칫 잘못하면 가족관계가 나빠지기도 한다. 그래서 대개는 이런 문제에 정면으로 맞서기보다, 차라리 불확실한 상태로 미뤄놓는 것이다.

둘째, 승계계획은 죽음을 상기시킨다. 죽음은 피할 수 없는 문제이지만 누구나 자신의 죽음에 대해 생각하는 것을 좋아하지 않는다. 그런데 승계계획은 경영자 죽음 이후의 유산 상속이나 유언서 작성 등의 문제를 포함하므로, 결국 승계계획 자체도 꺼리게 되는 것이다. 기업승계는 경영자가 회사를 떠나기 최소 10년 전부터 준비해야 하는 중요한 사안임에도, 앞으로 충분한 시간이 남았다고 생각하고 승계계획을 미루는 경향이 있다.

셋째, 지배력을 잃는 것을 두려워한다.[4] 대부분의 오너경영자들은 기업에 대한 지배욕이 강하다. 그런데 잘 준비된 승계계획을 따르면, 경영자는 통제권을 점차적으로 포기해야 한다. 또한 승계계획을 세우고 이를 실행하는 과정에서 외부 전문가 등 다른 사람에게 의존해야 하는데, 경영자들은 다른 사람들과 예민한 정보를 공유하고 싶어 하지 않는 경우가 많다. 그러나 정보가 적절히 공유되지 않으면 승계계획이 진행될 수 없다.

넷째, 일상적인 일들을 해결하느라 너무 바쁘다. 경영자들은 당장 눈앞에 닥친 중요한 회사업무에 신경을 쏟는다. 그러나 승계계획을 수립하는 일은 일상적으로 시급한 일들과는 많이 다르다. 승계계획은 충분한 시간을 갖고 깊이 있게 생각하면서, 다양한 요인들을 반영해야 한다. 승계는 경영자의 가장 중요한 임무 중 하나인데도 일상적인 업무보다 우선순위가 낮게 매겨지는 경향이 있다.

다섯째, 어떻게 승계계획을 세우는지 모른다. 어쩌면 이것이 가장 큰 원인일 수 있다. 승계계획을 세우는 것은 경영능력이나 스킬과는 다르다. 승계는 대개 한 세대에서 한 번 발생하는 일이고, 특히 창업자 세대는 자신이 승계를 받은 경험조차 없어서 어떤 준비가 필요하고 어떻게 계획을 세워야 하는지 모른다. 이는 전문적인 스킬과 지식이 필요한 일이기 때문이다.

이처럼 경영자가 승계를 회피하는 이유는 다양하다. 그러나 가족기업을 영속해나가고 싶다면, 이제라도 체계적인 승계계획을 세우고 후계자를 양성하는 데 집중해야 한다. 자기 세대에서 아무리 좋은 성과를 내고 기업을 성장시켰더라도 세대이전에 실패한다면 이는 결국 가족과 기업, 사회 모두에 큰 손실이다.

은퇴 방식은
리더십 유형에 따라 다르다

경영자는 자신이 일군 기업 가치를 영속시키기 위해서라도 승계 문제를 외면해서는 안 된다. 만약 알면서도 승계문제를 외면하거나 적절한 준비를 하지 않고 있다면, 근본적인 리더십 성향에 결함이 있는 것은 아닌지 생각해보자. 리더십의 유형에 따라 승계문제를 대하는 태도와 방식, 은퇴 스타일이 달라지기 때문이다.

제프리 소넨필드Jeffrey Sonnenfeld는 CEO 은퇴 문제를 다룬 《영웅의 이별The Hero's Farewell》이라는 저서에서, 은퇴하는 경영자들의 유형을 4가지로 분류했다.[5] 군주형, 장군형, 대사형, 주지사형이 그것이다. 경영자의 스타일에 따라 승계문제를 대하는 방식이나 후계자 선정 및 훈련, 은퇴 과정이 다르게 나타난다. 그리고 이러한 리더의 성향은 세대이전의 성패에 결정적인 영향을 미친다.[6] 따라서 가업승계를 원만히 하고 싶은 경영자라면 자신의 리더십 유형과 장단점을 파악하는 것이 중요하다.

왕관을 쓰고 죽는
'군주형 리더'

"왕관을 쓰고 죽는다"는 말이 있다. 군주는 일생 동안 국가를 통치하기 때문에 나온 말이다. 그들에게 은퇴규정 같은 건 없다. 군주는 자신이 사망하거나, 강제 퇴진당하거나 또는 국가가 패망할 때까지 통치한다. 그리스, 로마나 셰익스피어의 비극에는 왕이 궁중반란이나 독약으로 살해되는 이야기가 자주 등장한다. 그러지 않고서 자진 하야하는 일은 드물다. 많은 오너경영자들이 마치 군주와 같이 기업을 운영한다. 그들은 사회적 정년인 65~70세가 넘어서도 매일 회사에 출근해 일상적인 업무처리를 하고, 때로 핵심임원이나 후계자가 결정한 사안을 뒤집기도 한다. 그들은 누구도 자신을 대신할 수 없다고 생각한다. 승계문제에 대해서도 공개적으로 이야기하지 않을 뿐 아니라 자신의 은퇴 시기나 경영권 이전 기한을 명확히 정해 놓는 일이 거의 없다.

이들은 죽음이나 질병을 다른 사람의 일처럼 여긴다. 또한 지배적 성향이 강하기 때문에 평생 자신의 삶뿐 아니라 회사, 심지어는 직원들의 삶까지 통제하려 한다. 군주형 리더는 가족기업의 경영자들에게 가장 많은 유형이다. 이들이 나이가 들어가면서 권한을 위임하거나 정보를 공유하기가 더욱 어려워진다. 가까운 사람들에게조차 은퇴 이야기 나누기를 꺼리며, 관리자를 선정할 때도 자신과 관점이 다르거나 독립적인 사람은 뽑지 않으려 한다. 또한 기업에서뿐 아니라 가족의 삶이나 가족과 연관된 의사결정까지도 통제하려 한다. 자녀들에게 자신의 지시에 따르지 않으면 상속 등에 불이익을 주겠다거나, 지시를 따르면 어떤 보상을 하겠다는 등의 방식으로 가족을 통제하기도 한다.

군주형 리더의 후계자들은 회사에서 자신의 잠재력을 계발하거나 최고의 자리에 오르기가 여간해서는 어렵다. 군주형 리더가 회사에 남아 있는 한 후계자들은 보조적인 역할만 수행해야 한다. 그 때문에 자녀들은 의존적이 되고, 때로는 그 사실에 울분을 터트리기도 한다. 그들은 군주의 죽음만이 자신의 야망을 채우는 길이라고 생각하면서도 한편으로는 그런 생각을 했다는 사실에 죄책감을 느낀다. 그러나 막상 자신에게 통치권이 주어지면 그동안 길들여진 의존성이나 낮은 자긍심과 같은 정신적 피해로부터 잘 벗어나지 못한다.

그런데 더 큰 문제는 군주가 세상을 떠난 뒤에 나타난다. 그동안 군주에 억눌려 있던 사람들의 탐욕과 수많은 문제들이 한꺼번에 터져 나오기 때문에, 평생 또는 몇 세대 동안 이루어놓은 것들이 불과 몇 년 또는 몇 개월 만에 파괴되기도 한다. 일단 이러한 상황에 이르면 누구도 손을 쓸 수 없다. 비즈니스의 세계에서는 어느 누구도 어려움을 겪는 경쟁자를 위해 기술개발 속도를 늦추거나 경쟁을 멈추며 기다려주지 않는다.

헤르만 지몬 박사는 심지어 '히든 챔피언' 기업들도 후계자 지명에 실패하는 경우가 많다고 한다. 경영자가 자기 믿음이 강할수록 권력을 다음 세대로 이양하기가 어려운데, 후계자와의 갈등과 상속 분쟁을 겪는 대부분의 히든 챔피언들이 그런 경우에 해당한다. 그는 자신이 만난 히든 챔피언 경영자들에 대해 다음과 같이 얘기했다.

어떤 67세의 히든 챔피언 경영자는 이렇게 말했다. "나는 아직도 건강합니다. 그래서 아직 10년은 더 회사를 이끌어 갈 수 있다고 생각합니다. 우리에게는 중간관리자가 많은데 만일 내가 손을 떼면 그들이 회사를 맡으면 됩니다. 그는 10년 전에도 똑같은 대답을 했다. 막 72세 생일파티를 한 또 다른 경영자는 "후계자를 찾는 중이지만 적합한 인물이 나서지 않는다면 내가 계속해서 회사를 경영할 것이다"라고 했다. 그리고 나는 아흔 살이 다 되어가는 한 노경영자에게 이렇게 말을 하고 말았다. 아예 "후계자에 관해서는 더 이상 얘기하지 맙시다. 당신은 권력을 내놓을 수 없을 겁니다. 분명합니다. 일이 돌아가지 않을 때까지 그냥 기다리는 게 나을 것 같습니다"라고 했다. 그러자 그 노경영자는 "어쩌면 당신 말이 옳을지도 모릅니다"라고 했다. 그리고 그때부터 이 노경영자는 한층 가벼워진 마음으로 회사를 경영하고 있다.[7]

호시탐탐 후계자의 권위를 노리는
'장군형 리더'

군주와 다르게 장군들은 군대의 규칙에 따라 은퇴를 감행한다. 그러나 실제로는 사무실을 떠나기 원치 않으며, 언제든 다시 돌아올 기회를 엿본다. 그들은 인내심을 가지고 새로운 리더가 실수하기를 기다린다. 그들은 휴대전화를 가지고 대부분의 시간을 골프장에서 보내며, 젊은 장교가 일생일대의 큰 실수를 저질러서 그에게 도움을 요청하기를 기대한다. 그리고 마침 이러한 일이 벌어지면 의기양양하게 돌아와서 잘못된 것을 바로잡고 부대를 구해낸다. 그리고 마치 단 하루도 회사를 떠나 있지 않았던 사람처럼 다시 통제권을 차지한다.

장군형 리더가 군주형과 다른 점은, 장군형 리더는 그래도 승계계획을 세운다는 것이다. 그들은 그렇게 하는 것이 사람들이 위대한 리더에게 기대하는 바라는 사실을 잘 알고 있다. 그러나 후계자의 리더십을 계발하고 자질을 훈련하는 일에는 소극적이며, 심지어 약한 후계자를 세움으로써 자신의 지분과 기회를 확보하려 한다. 후계자에게 리더십이 전적으로 이전된다 하더라도, 후계자는 얼마 가지 않아 이것이 일시적이었다는 사실을 깨닫는다. 장군형 리더들은 승계 후에도 회사에 위급상황이 발생하거나 후계자가 감당하기 어려운 일이 생기면 언제든 다시 회사로 돌아온다. 그리고 자신의 능력을 다시 한 번 유감없이 발휘한다.

누구나 사업하는 과정에서 한 번의 문제도 없이 계속 성공만 하는 경우는 드물다. 문제는 장군형 리더들이 계속 실권을 갖기 위해 다른 사람의 능력을 갉아먹는다는 것이다. 전임 리더로부터 권력이 주어졌다가 다시 빼앗긴다면, 더구나 그것이 반복적이라면, 어느 후계자가 좌절과 굴욕감을 느끼지 않겠는가? 그들은 다시 경영권을 가진다 해도 은퇴한 경영자가 자신의 실적을 비판하거나 권위를 약화시킬 것이라는 걱정에 끊임없이 시달린다. 후계자의 자율성을 약화시키고 무기력하게 만듦으로써 장군형 리더는 세대갈등과 가족의 양극화 문제를 야기할 수 있다.

후계자를 위해 길을 열어주는 '대사형 리더'

가족기업 경영자 중에는 군주형이나 장군형이 가장 흔하며 대사형 리더는 많지 않다. 앞의 두 유형과 달리 대사형 리더는 자신이 나이 드는 데 따른 심리적인 어려움을 잘 극복한다. 이들은 사전에 계획한 어느 시점에 이르면 후계자에게 경영권을 넘기고 회사를 떠난다. 그리고 은퇴 후에도 회사와 완전히 단절하지 않고 대외적인 '얼굴마담'이나 후계자의 멘토 역할을 하며 관계를 유지한다. 그들은 대부분의 시간을 회사 공식행사나 자선단체 등과 같은 외부 활동에 할애하며, 자신이 관심 있는 새로운 일을 시작하기도 한다. 예를 들어 어떤 경영자는 은퇴 후 마케팅 대변인의 역할로 회사 브랜드를 강화하는 일을 하며, 또 어떤 경영자는 자서전이나 자기 관심분야의 책을 쓰고, 자선재단을 운영하기도 한다. 사람 만나기를 즐기고 여행을 좋아하는 경영자들이 대사형 리더인 경우가 많다. 또 자선활동이나 사회사업 등 다른 분야에 관심을 갖는 경영자도 대사형 은퇴가 가능하다.

대사형 리더는 후계자를 위해 기꺼이 길을 열어준다. 그들은 먼저 후계자가 비즈니스를 철저하게 배우도록 지도한다. 후계자가 기업을 맡을 능력과 자격이 될 때까지, 천천히 자신의 은퇴를 준비한다. 대사형 리더라도 서둘러 은퇴한다면 회사에 큰 문제가 생겼을 때 회사로 돌아와야 하는 상황이 벌어질 수도 있다. 장군형 리더들은 이런 상황이 생기면 후계자의 능력을 깎아내리면서 자기 힘을 과시할 기회로 삼지만, 대사형 리더는 후계자가 리더로서 근성을 키울 기회로 삼는다. 문제를 해결하는 과정에서 후계자의 능력에 신뢰를 보내고, 후계자가 도움을 요청하면 조언을 아끼지 않는다. 설령 자신에게 조언을 구하지 않더라도 실망하거나 화를 내지 않는다.

대사형 리더는 후계자를 선정할 때도 장군형 리더와 큰 차이를 보인다. 장군형 리더는 약하고 의존적인 후계자를 선정하는 데 반해, 대사형 리더는 가장 강한 후보를 후계자로 선정한다. 또한 장군형 리더가 소유권을 최대한 늦게 넘기거나 끝까지 가지고 있으려 하는 데 반해 대사형은 소유권에 대한 미련이 별로 없다. 그런 면에서 본다면, 대사형 리더를 둔 후계자는 행운아다. 이들 후계자에게 필요한 것은 단지 리더 역할을 철저히 준비하고 경영자와 불필요한 경쟁을 피하는 것뿐이다. 이러한 관계는 대부분 아버지와 자녀가 어린 시절부터 꾸준히 좋은 관계를 유지했을 때 가능하다.[8]

깨끗하게 회사를 떠나는 '주지사형 리더'

가족기업 경영자들 중 승계 기한을 정해놓고 실제로 여기에 맞춰 회사를 떠나는 비율은 5%도 채 안 된다. 상장기업이든 개인기업이든, 체계적으로 승계계획을 세워 진행하는 경우는 거의 없다. 4가지 경영자 유형 중에는 주지사형 리더가 바로 이런 드문 유형에 속한다. 이들은 다른 유형과 비교해 은퇴에 따른 좌절감이나 상실감이 가장 적으며, 정해진 기간 내에 권력을 이양한다는 목표를 세워 충실히 따른다. 이들은 승계계획을 철저히 세우는 것의 중요성을 알기 때문에 후계자, 핵심 임직원, 공급자, 고객들과 함께 협력하여 승계를 준비하고 이행한다. 주지사형은 적극적인 사외이사를 두고 합리적으로 이사회를 운영하는 대규모 가족기업에서 주로 나타난다.

그렇다면 주지사형과 대사형의 가장 큰 차이는 무엇일까? 주지사형 리더는 은퇴 이후 전적으로 다른 직업으로 전환한다는 것이다. 그들은 매우 우아하게 자신의 임무를 마감한 뒤에는 아예 발길을 끊고 회사와 거의 접촉하지 않는다. 그들에게 은퇴란, 일을 그만두고 여

가나 취미활동으로 삶을 재구성하는 과정이 아니다. 아예 새로운 일을 시작함으로써 새로운 에너지를 찾는다. 그들은 대사형 리더와 마찬가지로 은퇴 후 재단이나 자선단체를 운영하기도 하고, 컨설팅이나 교육, 공공서비스 등을 통해 사회에 기여하려고 노력한다. 그들은 자신이 새로운 영역에서도 얼마든지 이전과 같은 성공을 이룰 수 있다고 생각한다. 그래서 어떤 이들은 은퇴 후 새로운 벤처기업을 시작하기도 한다. 그들은 이미 성숙한 기업을 관리하기보다는 새롭게 비즈니스를 시작하는 단계에서 더 많은 즐거움을 얻는다.

이러한 리더의 후계자는 체계적인 경영수업을 받으며, 다른 승계과정도 문제없이 진행된다. 그러나 승계 후 리더가 회사와의 관계를 거의 단절하기 때문에 후계자는 모든 책임을 홀로 떠맡아야 한다. 후계자가 아무리 충분한 능력을 갖췄다고 하더라도, 일정 기간은 모든 일을 혼자서 완벽히 수행하기가 어렵기 때문이다.

누가 가장
바람직한 리더인가?

당신은 어떤 유형의 리더인가? 대사형이라면 좋겠지만, 군주형이나 장군형에 가까워 뜨끔하는 사람이 많을 것이다. 그러나 리더십 유형을 두고, 본질적으로 어떤 것이 좋고 어떤 것은 나쁘다는 판단은 위험하다. 한 기업이 초기 단계에서 어려움을 극복하고 성장하는 데는 군주형이나 장군형 리더 특유의 불굴의 의지와 열정, 인내가 필요하기 때문이다. 다만 이러한 장점들이 은퇴시기가 되면서 오히려 승계에는 방해가 되는 것이다.

경영자의 은퇴 스타일은 가족관계에도 영향을 미친다. 일반적으로 군주형이나 장군형 리더 가족은 대사형이나 주지사형 리더 가족보다 더 복잡한 문제를 안고 있다. 그러한 유형의 리더들은 자기 야망이 큰 반면 젊은 세대의 꿈과 열정, 니즈에는 별로 관심이 없다. 그래서 승계과정이 세대 간 전투의 장이 되고 가족관계도 파괴되기 쉽다. 앞서 보았던 앤호이저부시의 부시 3세가 전형적인 인물이다.

그들은 살날이 얼마 남지 않고 자신의 야망을 성취할 시간이 충분하지 않다는 것을 알게 되면 그때야 비로소 후계자를 선정한다. 자신의 꿈을 완성할 수 있다고 생각되는 자녀를 후계자로 선정하는데, 그마저도 대부분 자신과 닮은 사람이다. 그래서 오히려 가족갈등이 더 커질 수 있다. 만일 당신이 군주형이나 장군형이라면 리더십 스타일을 바꾸라고 진지하게 권하고 싶다. 당신의 리더십 스타일 때문에 당신이 평생을 바쳐 일군 기업이 어려움에 처하거나 극단적인 경우 파멸에 이른다면 얼마나 아까운 일인가. 만일 스스로 변화하기 어렵다면 독립적인 사외이사가 참여한 이사회나 자문이사회를 구성하여 객관적이고 공정한 절차에 따라 승계를 진행해야 한다. 이것이 군주형이나 장군형 리더가 가진 단점을 극복하는 가장 좋은 방법이다.

대사형이나 주지사형 리더는 비교적 은퇴를 자연스럽게 받아들이고 잘 대처한다. 이는 사전에 체계적인 승계계획을 세워 실행에 옮기기 때문에 가능한 일. 그들은 회사 상황을 고려하고, 후계자가 능력을 계발할 시간을 충분히 둔다. 그래서 은퇴 과정에서 가족 간의 문제가 거의 없다. 이들은 젊은 세대의 니즈를 잘 이해하고, 리더십 이전에 관해 많은 대화를 나눈다. 무엇보다도 이들은 자녀들이 회사에서나 회사 밖에서 꿈을 실현할 수 있도록 적극적으로 지원한다. 사전에 철저하게 준비하는 만큼 아무 문제가 없을 것 같겠지만, 세상일이 그렇게 생각대로 되는 것은 아니지 않은가. 대사형 리더의 성숙함이 오히려 후계자들 스스로 리더십을 정립하는 걸 방해할 때가 있다. 부모와의 관계가 돈독하기 때문에 자녀는 부모와 다른 정책이나 경영스타일을 추구하는 것을 일종의 '배신'이라 여기고 죄책감을 느끼기 쉽다. 부모의 경영방식에 함몰될 위험이 있는 것이다.

주지사형 리더는 이에 더해 은퇴 후 새로운 일에 열중하며 회사와의 관계를 단절하는 것이 문제가 될 수 있다. 그들은 자신의 지혜와 자원을 과소평가하며, 자기가 없어도 후계자가 잘해낼 것이라 믿는다. 그러나 아무리 뛰어난 후계자라도 리더로 자리 잡기까지는 전 경영자의 코칭과 조언이 반드시 필요하다.

자신이 평생을 일군 기업을 자녀들이 잘 승계해주기를 바라지 않는 경영자는 없을 것이다. 그러나 바로 자신이 성공적인 승계에 가장 큰 걸림돌이 될 수 있다는 것을 아는 경영자 또한 거의 없다. 경영학의 대가 피터 드러커는 "위대한 영웅인 CEO가 치러야 할 마지막 시험은 얼마나 후계자를 잘 선택하느냐와, 그의 후계자가 회사를 잘 경영할 수 있도록 양보할 수 있느냐 하는 것이다"라고 했다. 당신은 어떤 유형의 리더인가? 어떻게 은퇴할 것인가? 경영자라면 스스로에게 묻고 대답할 수 있어야 할 것이다.

승계를
거부하는 자녀들

　70세를 넘긴 오너경영자가 있었다. 그 나이까지 현역이니 혈기가 넘치고 야망도 크다고 생각할지 모르지만, 천만의 말씀. 그는 하루라도 빨리 이 무거운 짐을 내려놓고 싶다고 했다. 그러지 못하는 이유는 자신의 뒤를 이을 후계자가 없기 때문이었다. 한 중소제조업체의 경영자는 아들 둘과 딸 하나를 두었는데, 자녀들이 아무도 사업에 관심이 없어 요즘 승계문제로 고민하고 있다. 오래전부터 임원 중 2명을 후계자 후보로 생각하고 있는데 자신을 대신할 만한 역량이 안 되어 보인다. 그런데 외부에서 후계자를 찾기는 더 어렵다. 그 경영자는 자신의 회사가 중소기업이라서 외부의 유능한 인재를 채용하기 어렵고, 막상 채용한다 해도 그가 얼마나 자기 일처럼 열과 성을 다해 회사를 운영할지 안심할 수 없다고 했다.

경영권을 놓고 자녀들 간 분쟁이 끊이지 않는 대기업과 달리, 중소기업은 후계자가 없어 문을 닫는 경우들이 속속 늘어나고 있다. 국내에서는 보기 드물게 30년 연속 흑자를 내며 전경련의 우수 중소기업 사례로 소개된 한 기업도 자녀들이 사업에 관심이 없어서 최근 폐업을 했다. 회사를 매도하려고 알아봤지만 사겠다고 나서는 사람이 아무도 없었다. 이렇게 기업이 후계자가 없어 폐업한다면 거기에 딸린 수많은 직원들이 일자리를 잃어 사회적으로 엄청난 손실이다. 1970~1980년대 경제성장기에 창업한 기업의 경영자들이 은퇴를 앞두고 있어 앞으로 이런 사례는 더 많아질 것으로 보인다.

세계적으로 장수기업이 가장 많은 일본에서도 최근 후계자가 없어 기업을 승계하지 못하는 문제가 사회적인 이슈가 되고 있다. 도쿄 오타구에서 플라스틱 가공 중소기업을 운영하는 72세 사장의 사례를 보자. 아들 2명 중 한 명은 변호사, 한 명은 대기업 직원이다. 둘 다 경영승계를 거절했다. 안정적 생활을 일부러 포기하고 힘들게 살고 싶지 않다는 이유였다. 4년 전에는 거래처 간부를 후계를 약속하고 채용했지만 반년 만에 스스로 그만뒀다. 그는 일반 샐러리맨처럼 정시 출근, 정시 퇴근했고, 실적도 변변치 않았다. 이듬해 다른 거래처에서 50대 간부를 후계자로 채용했으나 역시 1개월 만에 사표를 썼다.[9]

미쓰비시 리서치센터가 최근 조사한 바에 따르면, 일본 국세청 등록 기업 214만 개 중 연간 7만 7,000개가 폐업한다(3.6%). 경영난과 시장 전망의 불투명 등 이유는 여러 가지다. 그중 '적절한 후계자를 찾지 못해서' 폐업하는 회사가 5개 중 1개꼴이다. 문제는 이런 추세가 뚜렷한 증가세를 보이고 있다는 점이다.[10] 일본의 승계 실패 사례는 가업승계가 활발한 우리나라에도 시사하는 바가 크다.

자녀에게 힘든 일을 시키고 싶지 않다?

동일한 업종과 규모의 중소기업을 운영하는데도 어떤 기업은 자녀들이 승계를 원치 않아서 폐업하는가 하면 어떤 기업은 자녀들이 기업을 이어받아 성공적으로 경영한다. 왜 이런 차이가 생길까?

대부분의 경영자들이 "자녀들이 어린 시절에는 기업을 키우고 자리 잡느라 승계를 미처 생각할 겨를이 없었다"고 말한다. 일반적으로 사업 초기에는 미래가 불투명하기 때문이다. 한 경영자는 "자녀들에게 힘든 일을 시키고 싶지 않았어요. 그래서 각자가 원하는 대로 살게 하고, 회사를 맡아야 한다는 얘기는 한 번도 하지 않았습니다"라고 했다. 대다수의 경영자들이 이와 비슷한 이야기를 한다. 그들은 자녀들이 고생하지 않고 좋은 직업을 얻어 편하게 살도록 최대한 지원한다. 덕분에 유학을 가서 현지에서 좋은 직장을 얻기도 하고, 귀국해서 원하는 일을 하게 된다. 그러다 기업이 성장하고 어느 정도 안정기에 접어들면, 은퇴시기가 가까워져서야 승계문제를 고민하게 된다. 그러나 자녀들은 이미 각자가 원하는 삶을 살고 있기 때문에 회사에는 관심이 없다. 자녀가 승계 의지가 없는 기업들은 대부분 이러한 패턴을 보인다. 사실 이는 승계에 대한 안이한 생각에서 비롯된 것이다. '나중에 어떻게 되겠지' 하고 손 놓고 있다가 은퇴 직전에 어려움을 겪는 것이다. 이는 단지 중소기업만의 얘기가 아니라 승계 단계의 기업 대부분이 겪는 문제다.

성공적으로 기업을 승계한 가족들은 이와 다르다. 자녀들은 어린 시절부터 회사 이야기를 듣고 자라거나 회사에서 아르바이트를 하는 등, 직간접적으로 회사를 경험하며 자란다. 그리고 이들은 누가 굳이 부담을 주지 않더라도 스스로 승계를 진지하게 받아들인다. 그래서 장수가족기업들은 후손을 위한 회사 견학 프로그램과 인턴십 프로그램을 운영하기도 하고 기업의 역사를 들려주면서 회사에 대해 자긍심을 갖게 한다. 세계적인 화장품 회사 에스티로더의 자녀들도 어린 시절부터 화장품 이야기를 듣고 자랐다.

"샘 존슨과 그의 아내, 네 자녀들은 주기적으로 만나 사업에 대한 모든 측면을 토론한다. 딸 헬렌은 초등학교 5학년 시절, 저녁 식사 시간에 손잡이에 치약이 달린 칫솔을 만들면 어떻겠느냐며 신제품 아이디어를 내놓았다. 세대를 넘나드는 가르침은 결코 끊기는 법이 없다. 에스티로더의 손녀딸인 에이린은 자신의 혈관 속에 화장품이 흐른다고 얘기한다. 에이린은 식사 시간에 신제품 출시와 얼굴에 바르는 크림에 대한 이야기를 듣고 자랐다."[11]

우리나라 중소기업 오너의 자녀들은 해외유학을 통해 외국어 실력과 국제감각을 갖춘 경우가 많다. 만약 이러한 자녀가 기업을 승계한다면 얼마나 좋겠는가. 현실적으로 중소기업에서 오너의 자녀보다 더 우수한 인적자원을 구할 수 있겠는가? 그래서 중소기업 중에는 자녀가 경영한 뒤로 한 단계 도약하는 경우가 많다.

부모가 고생하든 말든 자기 갈 길을 가는 자녀, 경영권을 물려받으려고 형제자매간 소송도 불사하는 자녀, 이는 부모가 자녀와 어떤 관계를 형성하며, 어떻게 교육하는지에 많은 영향을 받는다. 실제로 외부에 더 좋은 기회가 있음에도 기꺼이 기업을 계승해 헌신하는 자녀들이 더 많다. 최근 3대째 가업승계를 진행하고 있는 한 유리 회사의 경영자 얘기를 들어보자.

"아들이 어렸을 때는 사실 회사 일에 정신없어서 승계를 생각할 겨를이 없었습니다. 그런데 회사가 자리 잡혀가면서 나중에 아들이 맡아줬으면 하는 생각이 들더군요. 아들이 고등학교에 다닐 때부터, 직접적으로 승계 얘기를 하지는 않았지만 회사 얘기를 자주 나누었지요. 그리고 아들이 대학에 진학할 무렵 승계를 염두에 두고 신소재 공학을 전공하라고 권했는데 아들이 흔쾌히 따라줬습니다. 대학 졸업 후에는 3년 정도 다른 회사에서 경력을 쌓았어요. 그러는 동안 야간 MBA를 마쳤습니다. 그리고 미국에 유학 가서 품질분야의 MBA를 취득했지요. 제가 항상 품질을 강조했기 때문인 것 같아요.

그리고 회사에 돌아와 4년 정도 사무실과 공장에서 일을 했습니다. 공장에서 직원들에게 자신이 미국에서 배운 유리 가공 기술과 품질을 직접 가르쳤는데 이 때문에 직원들 의식도 높아지고 생산성도 좋아지더군요. 지난해 아들에게 부사장직을 맡으면 어떻겠냐고 의견을 물어보니 아직 현장에서 1년 정도는 더 일하는 게 좋겠다고 하더군요. 그래서 아들의 의견을 따라 1년이 지난 올해 부사장으로 진급을 시켰지요. 우리 아들은 유리와 관련해서는 우리나라 최고일 겁니다. 아들이 다른 일을 한다면 지금보다 덜 고생하고 더 좋은 조건에서 일할 수 있는데, 가업을 위해 밤샘도 마다하지 않고 공장에서 직원들과 일하는 것을 지켜보면서 늘 고맙고 미안한 생각이 듭니다. 지난 회사 창립 50주년 기념일에는 아들과 함께 회사 정문 옆 화단에 '새로운 50년을 기다리며'라는 현판을 내걸고 기념식수를 했습니다. 아들이 저의 꿈과 비전을 이어줄 거라는 믿음과 기대를 표현한 것이지요."

이처럼 경영자는 자녀들이 어린 시절부터 승계를 염두에 두고 경영을 해야 한다. 만약 자녀에게 승계할 생각이 없거나 자녀가 전혀 관심을 보이지 않는다면, 외부에서 후계자를 영입할 것인지 회사를 매각할 것인지에 따라 미리부터 준비를 해야 한다.

은퇴 10년 전에
시작하라

승계는 일찍부터 준비할수록 성공 확률이 높다. 그러나 몇백 년에 걸쳐 가업을 이어온 전통 있는 가문이 아닌 이상, 자녀가 어릴 때부터 승계문제를 본격적으로 고려하는 경우는 많지 않다. 그렇다면 최소한 언제부터 승계계획을 시작해야 할까?

승계는 물론 자녀들이 어린 시절부터 평생에 걸쳐 이루어지는 과정이지만, 단순히 경영권과 소유권을 이전하는 측면에서 본다면 최소 5~15년 정도가 소요된다. 후계자가 경영자로서 충분한 능력과 리더십을 갖추는 데 그 정도의 시간이 걸리기 때문이다. 그러므로 적어도 경영자가 은퇴하기 10년 전에는 승계계획을 세우는 것이 좋다. 자녀들이 25~30세 정도가 되면 공식적인 교육을 마치고 일을 시작하는 때다. 실제적인 승계는 이 시기부터 시작하는 것이 적합하다. 만약 다수의 후보자가 있다면 이들 가운데 최종 후계자를 선정하는 데만도 10~15년 정도가 걸린다는 점을 명심할 것.[12] 잠재 후계자가 다양한 경험을 통해 리더로서의 자질과 능력을 갖추려면 그만큼의 시간이 걸리기 때문이다. 승계는 반드시 후계자가 경영자로서 충분한 능력을 갖추었을 때 이루어져야 한다.

일반적으로 대기업들은 체계적인 승계계획을 가지고 장기간에 걸쳐 추진하는 데 반해, 중소기업 경영자들은 승계를 3~5년 정도면 될 일로 생각하는 경향이 있다. 그만큼 승계계획이 지연되고 심지어 70세가 넘어서야 급하게 고민하는 경우도 많다. 승계계획을 미루면 그만큼 실패할 확률이 높아진다.

비상대책을
세워라

만약 승계계획이 완료되지 않은 상태에서 오너경영자가 갑작스럽게 사망한다면 어떻게 될까? 가족기업의 가장 큰 위험 중 하나는 경영자가 갑자기 사망하거나 사고 등으로 무능력해지는 것이다. 이런 일은 승계가 진행되는 중에도 발생할 수 있다. 경영자가 갑작스러운 사고로 사망하고 가족과 기업이 몰락하는 이야기는 드라마 소재로도 아주 흔하다. 기업이 경영자의 우발적 사고에 대한 대책이 없다는 것은 시한폭탄을 들고 있는 것이나 다름없다.

그 이유는 앞서 말했듯이, 경영자 본인 앞에서 이런 민감한 주제에 대해 이야기하기를 꺼리기 때문이다. 그러나 실제로 이런 일이 발생하면 가족 간 유산상속 문제로 분쟁이 발생하거나 후계자의 준비 부족으로 기업이 곤경에 처한다. 심지어 상속세를 낼 돈이 없어서 기업을 매각하는 사태까지도 발생한다. '설마' 하겠지만 몇 년 전에 실제로 있었던 일이다.

지난 2008년 국내 중소기업계를 발칵 뒤집은 사태가 벌어졌다. 손톱깎이 하나로 세계 시장을 장악했던 '쓰리세븐'이 경영권을 포기한 것이다. 창업주인 김형규 회장이 갑자기 사망하자, 당시 경영을 맡고 있던 사위 김경묵 대표가 가업을 책임지게 됐다. 그러나 회사를 상속하려면 70억 원에 달하는 세금을 내야 했는데, 그에게는 상속세를 낼 돈이 없었다. 결국 그가 내린 결정은 회사를 매각하는 것이었다. 창업주 일가 5명은 보유한 주식 240여만 주 가운데 200만 주를 한 제약회사에 팔았다. 세계 1위 기업이 상속세가 없어 경영권을 넘겨야 했던, 황당하고도 비극적인 사건이었다.[13]

승계계획에는 반드시 이러한 긴급상황에 대한 대책이 마련되어야 한다. 경영자는 계획을 세우기 전에 스스로 아래의 질문들에 답해야 한다. 그리고 본인이 없을 경우 기업이 어떻게 되기를 바라는지 고민해보고, 이에 대비해야 한다.

1. 내가 없으면 가족에게 어떤 일이 일어날 것인가?
2. 회사에는 어떤 일이 일어날 것인가?
3. 소유권과 상속세 관련해서 어떤 일이 일어날 것인가?
4. 외부 관계자(예컨대 은행, 주요 공급자, 고객)는 어떠한 반응을 보일 것인가?

은퇴 후
무엇을 할 것인가?

"은퇴하기 어려운 이유가 무엇입니까?"

만일 경영자들이 이런 질문을 받는다면 각자 나름대로의 이유를 댈 것이다. 전문가들이 경험적으로 얻게 된 이유는 다음과 같다.[14]

첫째, "회사 일을 떠나 다른 일을 생각해본 적이 없다." 이렇게 대답하는 경영자들은 회사 일 이외에 다른 의미나 즐거움을 찾지 못한다. 당사자는 일에 만족하고 일을 즐기지만 승계에는 오히려 방해가 된다. 경영자들이 이렇게 얘기하는 이면에는 권력을 잃는 것, 사회적 권위를 잃는 것, 친구나 회사와 연결된 많은 사람들을 잃게 되는 것, 가족으로부터 존경심을 잃는 것에 대한 두려움이 있다.

둘째, "은퇴할 경제적 여력이 안 된다." 중소기업에서는 흔한 이유다. 자신의 재산보다 회사의 재정적 안정을 더 중요시하느라 충분한 은퇴자금을 마련하지 못한 사장들이 의외로 많다. 그러나 때로는 은퇴자금을 충분히 모았더라도 여전히 재정적으로 불안함을 느껴서 은퇴를 미루는 경우도 있다.

셋째, "내가 없으면 회사가 안 돌아간다." 이렇게 말하는 경영자를 보면 자기평가가 지나치다는 인상을 받을지 모르겠다. 그러나 이 말이 사실일 때도 많다. 회사를 믿고 맡길 만한 후계자를 키우지 못했거나, 조직체계도 제대로 갖추지 못했기 때문이다. 또한 일을 적당히 위임하거나 조직적으로 처리하지 못하고, 직원들을 자신의 업무를 보조하는 역할로 여긴다. 이는 기업을 자영업 수준으로 운영하고 있다는 것을 의미한다. 자신이 없어도 회사가 잘 운영될 수 있도록 견고한 조직을 만들어야 한다는 의식이 부족한 경우다. 이런 회사는 쇠락할 가능성이 크다.

넷째, "회사는 내 인생이다." 이렇게 답하는 경영자들은 대개 가족뿐 아니라 다른 어떤 부분에서도 만족을 얻지 못하기 때문에 평생 회사 일에만 몰두한다. 이들은 혼신을 다해 일하고 회사에 헌신하며, 회사를 자신의 분신처럼 여긴다. 이 경우, 경영자가 은퇴한 뒤 여러 가지 심각한 문제에 부딪힐 수 있다. 가족관계에 문제가 생기거나 결혼생활에 위기를 맞기도 한다. 이런 회사는 근본적으로 매우 불안정하다. 그래서 경영자들은 더 많은 책임감을 느끼고 더 열심히 일하면서도, 끊임없이 조직의 상태와 앞날을 염려한다. 그래서 은퇴해야 하는 시기에도 은퇴를 하지 못한다.

이 밖에도 후계자가 없다거나 자녀들에 대한 통제를 지속하려고 하는 등, 은퇴를 어렵게 하는 요인은 매우 다양하다. 경영자들이 이러한 문제를 극복하고 편안하게 은퇴하려면 다음의 4가지가 안정되어야 한다.[15] 각 분야별 질문을 통해 자신의 현재 상태를 점검해 보고 이에 따른 계획을 세워보자.

1. 개인의 재정적 안정 : 은퇴 후 편안한 여생을 보낼 수 있을 만큼 재정적으로 안정돼 있는가?
2. 가족의 안정 : 내가 없더라도 자녀들이 다투지 않고 협력하여 회사를 운영할 수 있을까?
3. 조직의 안정 : 내가 없어도 회사는 독자생존이 가능한가?
4. 심리적 안정 : '회사의 CEO'가 아닌 나의 정체성은 무엇인가? 회사를 떠나면 무엇을 할 것인가?

일반적으로 인생의 20~30대는 '일을 어떻게 하는가'를 배우는 시기이고, 40~50대는 '어떻게 일을 잘하는가'를 배우는 시기다. 이렇게 커리어 곡선이 상승국면에 있다가 60대가 넘으면 점차 기울어진다. 그러므로 경영자들은 60~70대가 되면 더 많은 일을 성취하려 하기보다는 후세들이 일을 잘할 수 있도록 역량을 키워주고 기업에 헌신하도록 가르치는 데 초점을 맞추어야 한다. 아울러 후계자와 가족들은 오너경영자들이 은퇴에 대해 심리적인 어려움을 갖고 있음을 이해하고 이를 배려해야 한다.

행복한 은퇴를 위해서는
준비가 필요하다

일반적으로 은퇴라고 하면 죽음에 대한 두려움, 존재감의 상실 등을 생각한다. 무엇보다도 큰 문제는 '지위'가 사라진다는 데 있다. 즉 '사무실을 어디에 둘 것인가?' '명함에는 어떤 타이틀을 넣을 것인가?' '전화는 누가 받을 것인가?' 등의 문제가 자신의 정체성이나 존재에 대한 고민보다 훨씬 심각하게 느껴진다.[16] 그래서 어떤 경영자들은 미리 이러한 것들을 예상하고 개인비서를 고용한다거나, 회사에서 떨어져 자신의 개인 사무실을 내기도 한다. 그러나 이것으로 은퇴 후의 만족스러운 삶이 보장될까?

무엇이 성공적인 은퇴인지는 사람마다 생각이 다르다. 어떤 사람들은 그동안 하지 못했던 취미생활이나 여행 등을 즐기며 한가롭게 시간을 보내고 싶어 한다. 이 경우 특별히 사회활동이나 새로운 일을 찾기보다는 무엇이 가장 삶을 활기차고 즐겁게 할 수 있을까를 찾으면 된다. 그러나 보통 사회적으로 왕성하게 활동했던 사람들은 휴식이나 취미활동만으로 만족하지 못한다. 그래서 은퇴를 새로운 일을 시작하는 기회로 여기기도 한다. 어떤 쪽을 선택하든, 회사를 떠나기 전부터 가능한 한 빨리 자신이 무엇을 원하는지에 대해 생각하고 준비해야 한다. 물론 아무리 준비를 잘해둔다고 해도 은퇴를 앞두고 심리적인 어려움이 있는 것을 무시할 수는 없다. 그럼에도 사전에 철저히 준비한 사람들은 상실감보다는 기대와 기쁨을 안고 회사를 떠날 수 있다.

은퇴 후 삶에 대한 준비는 다음과 같은 질문으로 시작해야 한다.

- 은퇴 후 나의 목표는 무엇인가?
- 은퇴 후 시간을 어떻게 사용할 것인가?
- 어떻게 만족을 얻을 것인가?
- 어떻게 사회에 기여할 것인가?

어떻게 하면 은퇴를 새로운 기회로 만들 수 있을까? 대부분의 퇴직 경영자는 그들의 경험과 지식을 활용하고 싶어 한다. 그래서 은퇴 후 박사과정에 들어가서 자신의 실무 경험을 이론으로 체계화한 뒤 틈틈이 대학에서 강의하는 사람도 있다. 어떤 사람은 중소기업 CEO를 대상으로 컨설팅이나 자문을 하기도 하며, 다른 회사의 사외이사로 참여하는 경우도 있다. 또 자신의 경험과 노하우로 비영리단체를 돕는가 하면, 가족이나 친구, 부부관계를 재정립하려는 목표를 갖기도 한다. 이렇게 은퇴 후에도 활동적인 삶을 살고 싶다면 스스로 성공적인 은퇴가 어떤 것인가에 대해 미리 충분히 고민해보아야 한다. 예컨대 이런 일을 할 수 있지 않을까?

1. 자신의 예술적 감각을 살리거나 어릴 적 꿈 찾기

2. 새로운 일 시작하기

3. 자녀들과의 관계를 개선하고 손자들을 교육하기

4. 종교활동

5. 가족에게 남기거나 출판할 목적으로 책 쓰기

6. 대학에서 가르치기

7. 경험과 노하우로 비영리단체 돕기

8. 다른 회사 자문 및 사외이사 역할

9. 가족재단 설립 후 전략적으로 자선활동 참여

10. 박물관이나 대학 및 기관에 기증할 목적으로 미술품, 책, 기념품 등 수집하기

미국 격언에 "어디로부터(from) 은퇴하는 것이 아니라 어디로(to) 은퇴하는 것이다"라는 말이 있다. 은퇴 후 아침에 눈을 뜨면서 하루를 기대 속에 시작하는 삶을 생각해보았는가? 은퇴 계획이란 바로 그 '기대감을 주는 일'을 찾는 것이다. 은퇴한 뒤에도 이전 못지않게 활발히 활동하는 사람들은 그렇지 않은 사람들보다 정신적으로나 육체적으로 더 건강하다. 그러나 "이 나이에 내가 뭘 하겠어?"라고 말한다면, 활동적으로 할 수 있는 일을 갖기란 거의 불가능하다.

III

100년을
뛰어넘는 토대를 물려줘라

경영철학과
핵심가치를 계승하라

5

장수기업의 기업이념이나 경영철학은 시시각각 변화하는 사회 환경에 올바르게 대처하기 위한 기본 덕목이다. 또한 직원들을 독려하는 원동력이 되기도 한다. 즉 '내가 왜 이 일을 하는가?' '내가 이 일을 하는 목적은 무엇인가?'에 대한 생각을 확고히 한 뒤, 이러한 이념과 철학을 명문화하고 계승하려는 노력이 있을 때 비로소 기업의 영속 가능성이 높아진다. 따라서 가족에게 기업을 승계하려는 경영자라면 반드시 자신의 경영이념을 정립하고 이를 후계자, 가족, 직원들과 공유할 뿐 아니라 대대로 계승하는 시스템을 구축해야 한다. 물론 경영철학이나 기업이념은 가족과 기업 그리고 사회 모두에 좋은 것이어야 한다.

돈이 아닌
정신을 계승하라

현재 가장 많은 장수기업을 보유한 나라는 어디일까? 짐작했겠지만, 일본이 단연 으뜸이다. 100년 이상 된 기업을 장수기업이라 한다면, 일본에는 약 5만여 개의 장수기업이 있다. 1,000년 이상 19개, 500년 이상 124개, 200년 이상 3,146개로, 세계적으로 봐도 경이로운 수치다. 이 중 대기업이 약 4%이고 96%가 중소기업이며, 대부분이 가족기업이다.[1]

왜 일본에는 유독 장수 중소기업이 많을까? 이에 대해 일본 장수기업을 연구한 호세이 대학의 구보타 쇼이치 교수는 2가지 이유를 들어 설명한다.[2]

첫째, 창업자 후손들이 '가업 계승'과 '기업이념 실현'을 목표로 경

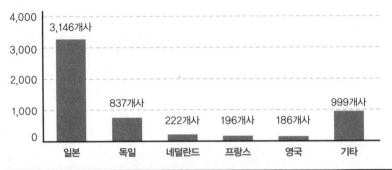

영해왔기 때문이다. 일본 장수기업 대부분은 가족기업이며, 경영자
도 대개 창업자의 후손이나 양자다. 후계 경영자들이 창업자의 경영
철학과 기업 이념을 실현하기 위해 노력해온 것이 장수기업이 된 가
장 큰 이유다.[3]

둘째, '전통의 계승'과 '혁신'을 동시에 추구해왔기 때문이다. 전통
이라는 것은 고객제일주의, 품질본위, 종업원을 소중히 여기는 정신,
지역사회 공헌 등 근본적인 가치를 말한다. 혁신은 시대와 고객의 니
즈에 맞는 신상품이나 새로운 서비스 개발, 신시장 개척, 신사업 진
출 등을 말한다. 장수가족기업들은 전통을 지켜나가는 동시에 끊임
없이 혁신하며 변화하는 시장에 적응해왔다.

2008년 도쿄상공리서치와 일본실천경영학회에서 장수기업 4,000개
사를 대상으로 설문조사했다. 이들 장수기업은 장수경영의 성공 제일
조건으로 사훈(가훈)의 계승을 꼽았다. 장수기업 중 사훈과 기업이념
이 명문화되어 있는 기업이 40%, 구전되고 있는 기업이 38%로, 약

80%가량이 어떠한 형태로든 기업의 정신적 유산을 보존하고 있었다.[4] 이들 대부분의 장수기업은 창업 이후 경영의 근간을 이루는 '기업이념'이 단 한 번도 바뀌지 않았다. 생산기술, 시장개발, 상품개발 등의 물리적 혁신에는 적극적으로 나서면서도 기업이념이나 사풍은 그대로 계승해온 것. 즉 정신적인 부분은 100년이 넘도록 지켜오면서 기술적 부분은 끊임없이 혁신하고 있는 것이다. 이러한 조사결과를 보면, 가족기업의 장수비결은 창업자가 보여줬던 기업가정신과 경영철학이 어떻게 꾸준히 후대로 대물림되어 발휘되느냐에 달려 있다고 봐도 과언이 아니다.

일본 장수기업을 보아도 창업자의 경영철학과 기업이념이 길게는 수세기 동안 계승되고, 이것이 장수경영의 기반이 된 사례가 아주 많다. 세계에서 가장 오래된 장수가족기업 호시료칸 또한 예외가 아니다.

1,300년 동안
선조의 이름을 계승하다[5]

장수기업을 보면 후계자가 선조의 이름을 물려받는 사례가 눈에 띄게 많다. 여기에는 선대로부터 내려온 기업을 잘 지키고 발전시켜 후대에 계승해야 한다는 책임의식을 전수하려는 의도가 깃들어 있다. 그 대표적인 예가 세계에서 가장 오래된 가족기업 호시료칸이다. 지금도 해마다 4만 명이 찾을 만큼 이름난 곳이다. 호시료 칸의 역사는 무려 1,300년 전으로 거슬러 올라간다. 717년 승려 타이초오 대사가 사사키리 젠고로오라는 나무꾼에게 온천을 짓게 한 것이 시초로, 후대로 계승되어 현재 46대 젠고로오가 가업을 잇고 있다. 물론 1,300년을 이어오기까지 순탄한 시간만 있었던 것은 아니다. 극심한 홍수 피해를 입기도 했고, 몇 차례 화재로 건물 일부가 소실되고 영업적자를 기록하기도 했다. 제2차 세계대전 때는 병원으로 징발되기도 하였다. 그러나 일왕의 방문과 같은 영광의 순간도 여러 차례 있었으며, 지금까지도 세계 유명인사들의 방문이 끊이지 않는다. 일국의 역사도 1,300년을 이어가기가 어려운데, 하나의 기업이 1,300년을 이어올 수 있었던 비결은 무엇일까?

먼저, 경영자의 이름에서 이들의 헌신적인 노력이 엿보인다. 호시가는 장자계승의 전통을 따르는데, 후계자가 되면 법원에 개명 신청을 하고 '젠고로오'가 된다. 창업자인 선대의 이름을 계승하는 것이다. 그리고 다른 자녀들은 어머니 성을 따른다. 개명 의식에는 선대로부터 이어받은 기업을 잘 지켜서 후대에 계승해야 한다는 책임과 의무가 깃들어 있다. 이는 서구의 장수기업들이 가지고 있는 스튜어드십과 같은 맥락이다. 즉 가업승계는 부를 대물림하는 것이 아닌 책임을 계승하는 것이다. 그런데 만약 장남이 그 자리를 거부하거나 능력이 부족한데 다른 아들이 없을 때는 사위에게 계승권이 넘어간다. 일본에서는 데릴사위 제도가 오랜 전통으로, 혈통보다는 가업의 계승이 더 중요시되어왔다.

또 다른 성공비결은 1,300년 동안 손님의 마음을 얻은 것이다. 현재 사장인 46대 호시 젠고로오는 아버지가 그랬던 것처럼, 마음이 흐트러질 때면 한자 '일기일회—期—會'를 쓴다. 이는 다도의 세계에서 언급하는 말로 '한 번 만날 때 이번 만남이 마지막이라고, 평생 단 한 번의 만남이라 여기고 온 힘을 다하는 것'이라는 뜻이다. 호시료칸이 1,300년간 고객의 마음을 살 수 있었던 것은 이런 일기일회의 정신이 깃든 철저한 서비스가 있었기 때문이다. 호시료칸의 종업원들은 철저한 교육과 실습을 통해 선대부터 전해온 서비스의 전통을 계승한다. 이들은 작은 부분에도 소홀함이 없다. 여관의 안주인은 음식, 숙박과 같은 여관 운영 전반을 주관한다. 서비스 정신을 비롯하여 다도나 서예 등 기본적인 소양을 갖추도록 철저한 직원교육을 하고 있다. 또한 호시료칸만의 특색 있는 요리로 경쟁력을 이어가고 있다.

호시가 사람들에게는 여러 세기에 걸쳐 내려오는 사회행동준칙이 있다. 이것은 호시료칸의 사명선언문 역할을 해왔으며, 호시가 사람들은 이 원칙을 꾸준히 지키고 있다.

• 다른 사람에게 예의를 지켜라.
• 결정은 공정하게 하라.
• 권선징악의 원칙에 따라 살라.
• 개인의 의무와 공공의 의무를 함께 지켜라.

- 신뢰는 인생의 근본이다.
- 사람들의 뜻을 파악하고 일하라.
- 다른 사람에게 영향을 미치는 의사결정은 한 사람의 판단에 따르지 말고 관계자들과 상의하여 결정하라.

브라이언트 대학의 윌리엄 오하라 교수는 호시가의 성공비결을 이렇게 분석했다. "호시가가 오랜 세월 기업을 유지해온 비결은, 과업 하나하나에 단순한 원칙을 지켰고, 핵심가치를 지니고 있었으며, 거기에 더해 가문에 전해 내려오는 가풍이 있었기 때문이다." 호시 사람들은 초대 젠고로오가 지금도 호텔을 지켜보면서 손님들을 환영하고 있다고 믿는다. 그가 가졌던 친절한 서비스 정신은 현 젠고로오에게도 그리고 후대에도 영원히 살아 있을 것이다.

미국이나 유럽의 장수기업과 명문가에서도 선조의 이름을 대물리는 예가 많이 있다. 스웨덴에서 가장 존경받는 기업 발렌베리가의 가계도에도 여러 명의 마쿠스와 야콥이 등장한다. 가문의 명예와 전통에 대한 책임감을 심어주기 위해 전설적인 선조들의 이름을 여러 세대에 걸쳐 반복해서 써왔기 때문이다. 진정한 발렌베리는 선조들이 창조하고 이끌어온 것을 계승해야 한다. 이것은 단순히 물려받은 것을 유지하는 차원을 넘어, 소유기업들을 더 확장하고 강화하며 시대의 변화에 적용시키는 것을 의미한다. 발렌베리가에서도 소유권은 특권이 아니라 책임을 의미한다. 그들은 가문의 부를 '선물'로 여기며, 기업을 잘 키우고 가꾸는 것을 '임무'라고 생각한다. 그래서 주말에도 일하는 것을 당연하게 받아들인다. 누구보다 열심히 일하고, 누구보다 잘해내는 것만이 발렌베리 가문의 엄청난 부와 파워에 대한 사회적 적대감을 극복하는 길이기 때문이다.[6]

최고의 제품과 기업이념으로 이룬 장수기업의 꿈[7]

깃코만은 세계적으로 가장 유명한 간장 브랜드다. 일본 에도시대 때부터 간장을 제조하기 시작한 식품회사로, 1630년 자그마한 시골 간장회사로 시작해 도쿠가와 시대, 메이지 유신, 제2차 세계대전을 거쳐 현재까지 약 380년 동안 창업자 가문에 의해 운영되고 있다. 깃코만의 깃龜은 장수와 행운을 의미하며 코甲는 최고를, 만萬은 영원을 의미하는데, 이는 '최고의 제품으로 장수하는 최고의 회사'를 뜻한다. 깃코만은 몇 세기에 걸쳐 이 이름에 걸맞은 업적을 이루었다.

깃코만의 장수 비결은 최고의 제품을 향한 혁신의 정신에 있다. 그들은 일본의 전통 간장을 세계적인 조미료로 만들려고 끊임없이 노력했다. 1868년 처음으로 간장을 수출하는 등 일찍부터 세계시장을 겨냥했는데, 일본의 전통 간장을 세계에 수출한다는 생각 자체만으로도 당시로서는 엄청난 혁신이었다. 이들은 파나소닉, 소니, 도요타, 혼다보다 먼저 미국에 완벽한 설비를 갖춘 공장을 설립하였다.

그 덕에 오늘날 깃코만은 미국 주방에서도 가장 친숙한 상표가 되었으며, 100여 개국에서 2,000여 종의 제품을 판매하는 세계 최대 식품회사로 성장했다.

하지만 이들의 성공이 쉽게 이루어진 것은 아니다. 수세기를 거치는 동안 가족 내부 갈등도 많이 겪었다. 깃코만의 역사가 300년으로 접어들던 1900년대 초, 가족은 여러 계파로 나뉘었다. 권력분쟁으로 가족 간 분열과 갈등이 생기는 것을 막기 위해 이들은 1917년 '모지 가족교서'를 채택한다. 이 조서는 17개 조항으로 이루어져 있는데, 이는 회사 운영 시스템 전반에 매우 중요한 역할을 하며 지금까지 준수되고 있다. 깃코만의 가족헌장에는 창업자의 정신과 가족의 신념이 깃들어 있으며, 모든 기업활동의 중심이 되고 있다.

모지 가족교서[8]

1. 가족의 화합과 상호 존중을 바탕으로 기업의 번영과 가족의 재산을 지키는 데 최선을 다하라.
2. 종교의식을 지키고 믿음을 유지하며 지혜를 넓혀라.
3. 국가에 대한 충성과 애국심은 기본이다. 국가를 존중하고 국가에 봉사하라.
4. 예의를 지켜라. 예의는 기본적인 품격이며, 자기훈련과 가족의 화목을 위해 매우 중요하다. 윗세대가 예의가 부족하다면 젊은 세대로부터 존경받지 못할 것이며, 젊은 세대가 예의가 없다면

이는 당사자에게 부정적인 영향을 초래한다.

5. 미덕이 부의 기초가 된다는 것을 명심하라. 결코 돈으로 다른 사람을 판단하지 마라.

6. 엄격한 규율을 갖추고 조직의 전통적인 윤리를 보존하라. 모든 종업원을 평등하게 대하고 그들이 열심히 일할 수 있게 독려하라.

7. 회사의 가장 중요한 자산은 인적자원이다. 모든 직원을 편견 없이 동등하게 대하라. 직원들을 존중하고 그들의 능력과 성과에 상응하는 직위에 임명하라. 직원들의 자존감을 높여라.

8. 후세 교육은 국가와 사회를 위한 우리의 책임이다. 자녀가 어릴 때부터 도덕성과 지혜, 신체적 건강을 키워라.

9. 세상 모든 사람을 친절하게 대하라. 친절은 미덕의 어머니이고 규율의 근원이다. 말은 때로는 행운을 가져오기도 하고 불행을 초래하기도 한다. 날카로운 혀는 자신과 다른 사람 모두에게 상처를 입힌다.

10. 검소함은 대를 이어 지켜야 할 가족의 전통이며 일생 동안 지켜야 하는 원칙이다.

11. 성취는 근면과 노력에서 나온다. 도박하지 마라. 사회질서를 해치는 행위나 자신의 목적을 이루기 위해 타인의 약점을 이용하는 행위는 절대로 해서는 안 된다.

12. 진보하기 위해 경쟁은 필요하다. 그러나 극단적이거나 부도덕한 방법은 피하라.

13. 모든 평가를 공개적이고 평등하게 하라. 보상과 처벌에는 반드시 설득력이 있어야 한다. 보상은 직원들의 도전의식을 자극하고, 처벌은 의도하지 않은 실수를 줄이는 데 도움이 된다.

14. 새로운 분야에 진출할 때는 가족들과 협의를 거친 뒤 결정하라. 손실을 줄이는 것은 수익이 늘어나는 것을 의미한다.

15. 태만하지 말고, 절대 빚보증을 서지 마라. 결코 이윤을 남기기 위해 돈을 빌리지 마라.

16. 사회 환원에 최선을 다하라. 절대 보상을 바라지 말고 자만하지도 마라.

17. 중요한 의사결정을 혼자 하지 마라. 언제든 그 문제에 관심 있는 사람들과 의논하라. 의견교환은 올바른 직무태도를 갖게 한다.

후대에 물려줄 철학이 있는가?

마쓰시타 고노스케는 일본에서 '경영의 신'으로 불리며 가장 존경받는 경영자 중 한 사람이다. '마쓰시타 고노스케 경영의 지혜 시리즈'로 출간된 《경영의 마음가짐》에는 그의 경영철학이 고스란히 담겨 있다. 그는, 기업은 이익을 추구하지만 근본적으로 인간생활의 향상을 위해 존재하는 것이므로, 올바른 경영이념을 가지고 올바르게 운영해야 한다고 생각했다. 또한 항상 겸손한 자세로 직원들과 전문가들의 의견에 귀 기울였다. 사원과 거래처, 소비자들을 배려하는 인간중심 경영은 기업을 운영하는 수많은 경영자들의 귀감이 되기에 충분하다. 그는 60년에 걸쳐 사업을 하면서 경영이념의 소중함을 절실히 느끼고, 저서 《위기를 기회로》를 통해 그 중요성을 강조했다.

사업을 경영하는 데 기술, 판매, 자본, 인재 등은 모두 중요한 요소다. 하지만 무엇보다 가장 근본이 되는 요소는 바로 경영이념이다. 즉 '우리 회사는 무엇을 위해 존재하는가?' '경영의 목적은 무엇인가?' 또한 '어떻게 경영해야 하는가?'라는 물음에 대해 확고한 신념이 있어야 한다. 경영이념이 근본에 바로 서 있어야만 다른 경영요소가 진정한 가치를 발휘할 수 있기 때문이다. 전후 혼란기에 사업을 경영하면서 너무 많은 시련이 있었다. 그때 내게 버팀목이 되어준 것은 생산업체로서의 사명감과 '무엇 때문에 경영을 하는가?' 하는 경영이념이었다. 우리 회사의 경영이념은 전쟁 전후를 막론하고 기본적으로 큰 변화가 없었다. 구체적인 경영활동은 그때그때 환경에 맞춰 바뀌어왔지만 경영이념만큼은 변함이 없었다. 이렇게 초지일관 한 가지 경영이념에 입각하여 경영해온 결과 사회의 지지를 받을 수 있었고, 오늘날처럼 발전할 수 있었다.[9]

장수기업의 기업이념이나 경영철학은 시시각각 변화하는 사회 환경에 올바르게 대처하기 위한 기본 덕목이자, 직원들을 독려하는 원동력이다. '내가 왜 이 일을 하는가?' '내가 이 일을 하는 목적은 무엇인가?'에 대한 생각을 확고히 한 뒤, 이러한 이념과 철학을 명문화하고 계승하려는 노력이 있을 때 비로소 기업의 영속 가능성이 높아진다. 따라서 가족에게 기업을 승계하려는 경영자라면 반드시 자신의 경영이념을 정립하고 이를 후계자, 가족, 직원들과 공유할 뿐 아니라 대대로 계승하는 시스템을 구축해야 한다. 물론 경영철학이나 기업이념은 가족과 기업 그리고 사회 모두에 좋은 것이어야 한다.

최초의 이념과
핵심가치를 잊지 말라

맥킨지 보고에 따르면, 1975년에는 30년이던 기업 수명이 2005년에는 15년으로 줄어들었다. 액센추어 컨설팅은 20년 전의 500대 글로벌기업의 수명은 50년이었지만 지금은 15년에 불과하며, 2020년에는 10년으로 단축될 것으로 예측했다. 대다수의 기업이 15년도 못 가서 사라지는 것이다.

그럼에도 200년 이상 생존하는 기업들이 있다. 이들은 어떻게 200년 이상 기업을 성공적으로 이끌어올 수 있었을까? 톨스토이는 《안나 카레니나》에서 "행복한 가정은 모두가 비슷하지만 불행한 가족은 불행한 이유가 각기 다르다"라고 했다. 기업도 마찬가지다. 미국 브라이언트 대학의 윌리엄 오하라 교수는 장수기업들의 공통된 비결을 이렇게 말했다.

장수기업이 되는 비결은 단순합니다. 장수기업들은 시간이 지나고 기업이 커나가도 처음 가졌던 이념과 삶의 본질을 잊지 않습니다. 그들의 장수비결은, 자신들이 중요하다고 생각하는 가치를 기준으로 원칙을 세우고, 그것을 과업 하나하나에 적용해온 가풍에 있습니다.[10]

그러면 실제 장수기업 오너들은 자신들의 장수비결을 어떻게 생각할까? 레 제노키앙 Les Henokiens 은 전 세계적으로 200년 이상 된 가족기업 경영자들의 친목모임이다. 여기에는 영국, 프랑스, 이탈리아, 일본 등 8개국 40여 개의 기업이 회원으로 있다. 기업이 200년 이상 지속되었다는 것은 최소 7~8세대를 넘어 생존하고 있음을 의미한다. 가족기업이 4대까지 생존하는 비율이 약 4% 정도인 것을 감안하면 이들의 장수를 그저 행운으로 볼 수만은 없다. 현재 이 모임에는 1731년 창업한 이탈리아 기업의 대표 피나 아마렐리 Pina Amarelli 가 회장을 맡고 있다. 그녀는 자신의 회사가 400년 가까이 생존한 비결이 "윤리적 경영과 창업 초기부터 전수된 회사의 가치를 지켜온 것"에 있다고 했다.[11] 그녀뿐 아니라 대부분의 회원들 역시 "핵심가치를 지켜온 것"을 가장 중요한 장수비결로 꼽는다. 한 회원은 "사회와 조화를 이루는 회사의 지배적인 가치와 기본 원칙을 지켜온 것"이 장수비결이라고 했다.

그렇다면 이들이 하나같이 말하는 '가치'라는 게 대체 무엇일까? 나라와 기업마다 차이가 있지만, 가장 많이 꼽힌 가치는 '품질'이었다. 그다음으로 많이 꼽힌 가치는 '근면'과 '정직'이다. 그 밖에도 다양한 핵심가치가 언급됐는데, 이를 분류해보면 다음 3가지로 정리된다.[12]

- 첫 번째는 가족의 화합과 결속에 기여하는 가치다.
  여기에는 존경, 충성, 정직, 명성 등이 있다.

- 두 번째는 기업의 지속적 생존에 기여하는 가치다.
  여기에는 기업가 정신, 근면, 최고 지향, 품질, 혁신 등이
  있다.

- 세 번째는 세대 간 계승하고자 하는 가치다.
  여기에는 스튜어드십, 책임감, 사회적 책임, 투명성 등이
  있다.

200년 가족기업들은 수익성에 집착하지 않았다. 그들에게 수익성이란 사업을 영위해나가는 과정에서 나타나는 결과일 뿐, 그 자체가 목표가 아니다. 그들은 수익보다는 기업의 사명과 그들이 중요시하는 가치에 따라 행동한다. 그리고 자녀들은 가정에서 일상생활을 통해 가족의 가치를 배우며, 이 과정에서 가족의 가치가 자연스럽게 자녀들에게 전달된다. 또한 기업에서도 창업 초부터 계승된 가치를 신

봉하고 이에 따라 의사결정을 하므로, 핵심가치는 가족문화를 넘어 기업문화로 이어진다.

그런데 핵심가치는 단지 듣고 보는 것만으로는 충분하지 않다. 구성원들이 가치를 따르게 할 뿐 아니라 후대에까지 전해질 수 있도록 명문화하는 것이 매우 중요하다. 어떤 가족은 가족헌장 같은 형식으로 가치 및 가족의 행동규범을 명문화하여 후세에 전한다. 어떤 가족은 할아버지가 손자 세대에 직접 편지를 남김으로써 후대의 마음속에 본보기가 된다. 또한 가족회의 등을 통해 가족의 친목을 도모하고 가치를 계승하려는 노력을 게을리하지 않는다. 이러한 노력으로 창업세대의 가치는 세대를 이어 계승되며, 나아가 가족과 기업의 DNA가 된다.

1788년 창업해 맥주 명가로 자리 잡은 캐나다 윌슨가의 '가문의 강령'을 보자. 윌슨가의 2세인 존 헨리는 임종 자리에서 다음 세대 후손을 위한 불후의 유언을 남겼는데, 이는 곧 '가문의 강령'이 되었다. 이는 청교도적 근엄성을 갖춘 내용으로 되어 있고, 지금까지도 후손들에게 전해지며 행동의 기준이 되고 있다.

월슨 가문은 끈기와 근면으로 지위와 영향력을 유지해왔기 때문에 가족 한 사람 한 사람은 진짜 일꾼이 되어야 하고 과거의 노력에 의존하지 말아야 한다. 가문에서 좋은 것과 훌륭한 것은 숨기지 말아야 한다. 개인생활은 순수해야 한다. 악과 타협하지 마라. 그때는 남

232

자다운 확고함으로 'No'라고 말해야 한다. 품성은 인간에 대한 척도다. 아무리 적더라도 소득 범위 내에서 살아야 한다. 부는 주의 깊고 신중하게 오래 지키고, 투기를 해서는 안 된다. 공정하고, 있을 때 넉넉히 베풀라. 부는 저절로 지켜지는 것이 아니다. 조심스럽게 지켜야 한다.[13]

그렇다면 핵심가치란 무엇인가? 이것은 '당신이 가장 중요하게 생각하는 것은 무엇인가?'라는 질문에 대한 답이다. 우리는 의식적으로든 무의식적으로든 자신의 가치관에 따라 판단하고 의사결정을 한다. 가치관은 도덕적 판단, 의사결정 및 우선순위, 다른 사람을 대하는 태도 등 우리 안에 깊게 내재된 기준이다. 그리고 사람들로 하여금 자신이 가치 있다고 생각하는 일에 헌신하도록 만든다.

레 제노키앙 회원사들은 핵심가치의 역할을 6가지로 제시했다.[14]

첫째, 핵심가치는 가족과 기업 운영에서 무엇이 가장 중요한지를 보여준다.

둘째, 핵심가치는 기업 전략을 선택하는 의사결정의 기준이 된다.

셋째, 핵심가치는 우리가 목표하는 것이 다른 어떤 것보다도 우월하다는 강한 신념이다.

넷째, 핵심가치는 우리의 의식과 감정에 깊게 뿌리내려 있다.

다섯째, 핵심가치는 의사결정의 기초가 된다. 즉, 강력하게 가치를 추구하는 기업이나 개인은 아무리 즐거움이 따르는 일이라도 가치에 맞지 않으면 쉽게 '아니오'라고 얘기할 수 있고, 즐겁지도 않고 원하지도 않으며 때로는 고통이 따르는 책임이라도 자신들이 추구하는 가치에 부합하면 기꺼이 '예'라고 할 수 있다.

여섯째, 핵심가치는 가족, 직원, 관리자가 공유할 때 모두 함께 목표에 헌신하게 하는 강력한 힘이 된다.

핵심가치 1. 인간존중 : 직원이 행복해야 기업이 성장한다

장수기업들은 직원들이 얼마나 중요한지 잘 알고 있다. 그들은 직원들에게 더 많이 투자할수록 기업이 더 좋아진다는 것을 알고 있다. 그러나 기업의 성과를 높이기 위해 직원들에게 혜택을 준다기보다, 대부분 이타적인 마음에서 진심으로 직원들을 위한다. 그래서 장수기업에서 일하는 직원들은 기업에 대한 충성심이 높고 자부심 또한 강하다. KBS에서 방영했던 〈100년의 기업〉에 소개된 장수기업들을 보면, 직원들이 하나같이 자신의 회사를 자랑스럽게 여긴다. 그리고 직원 가족들이 대를 이어 한 기업에서 일하는 모습도 많이 소개되고 있다. 최근 경영학에서 '일하기 좋은 기업(GWP)'이 강조되고 있는데, 일찍이 많은 장수기업들이 이미 이러한 원리를 알고 몸소 실천해온 것이다.

100년 넘게 "회사 직원을 가족처럼 소중히 여긴다"는 창업자의 경영철학을 지켜온 기업으로 SC 존슨이 있다.[15] 이들이 생산한 에프킬라, 지퍼락, 페브리즈는 어느 가정에서나 하나쯤 가지고 있는 생활용품이다. 미국 위스콘신주에서 마룻바닥 왁스 회사로 시작해서 현재 전 세계 60여 개국 지사, 직원 1만 2,000명을 둔 세계적인 기업으로 성장한 SC 존슨. 이들의 경영철학은 단순하다. "회사 직원을 가족처럼 소중히 여긴다." SC 존슨의 성장 배경엔 직원들을 가족처럼 소중하게 여기는 경영철학이 주효했다.

이런 경영철학의 배경은 회사가 설립된 지난 1886년으로 거슬러 올라간다. 창업자인 새뮤얼 존슨은 직원의 복지향상과 사회봉사활동을 매우 중요하게 여겼다. 그는 창업 초기부터 수익금의 일부를 직원들에게 나누어주었고, 수입의 10%를 지역사회에 기부하는 등 자신의 경영철학을 몸소 실천했다. 창업자 새뮤얼 존슨의 경영철학은 존슨 가문에서 5대째 이어져 오고 있다.

SC 존슨은 가족회사다. 회사 로고에도 '가족기업A Family Company'이라고 새겨 넣었다. 회사 홈페이지 첫 화면에는 "1886년부터 가족기업으로 운영되는 SC 존슨에 오신 것을 환영합니다"라는 문구가 가장 먼저 눈에 띈다. 가족기업으로서의 자부심이 엿보인다. SC 존슨이 아직까지도 비상장 회사로 남아 있는 이유 또한 가족기업으로서의 자부심 때문이다. 그 이유에 대해서는 회사경영방침에 분명히 밝히고 있다. "우리는 우리가 중요하다고 여기는 경영철학과 신념을 지키기 위해, 비상장 가족기업으로 남아 있을 것이다." 이들은 비상장 기업이지만, 상장기업 못지않은 글로벌 기업으로 성장했다. 또한 경영철학과 신념이 말뿐이 아니라 실제 모든 의사결정의 기준이 되고, 기업문화로 자리 잡혀 있다.

SC 존슨은 직원들이 회사에 애정을 가지고 일할 때 회사가 안정적으로 성장할 수 있다고 믿는다. 창업자 새뮤얼 존슨은 창업한 지 불과 10여 년이 지난 1900년, 다른 회사에 앞서 유급휴가제도를 도입했다. 1917년에는 미국 최초로 이익공유제를 도입하여 직원들과 이익을 나눴으며, 1934년에는 대공황 시기에도 직원들의 연금플랜을 실시하였다. 1985년에는 미국에서 처음으로 사내에 어린이집을 개설했고, 대기자가 없도록 지속적으로 확대했다. 또한 직원들이 가족과 직장 사이에서 균형을 잡을 수 있게 세심하게 배려한다. 예컨대 사내부부 중 한 명이 해외발령을 받게 되면 다른 한 명도 같은 지역에서 함께 일할 수 있도록 일자리를 제공한다. 회사 일 때문에 가족이 떨어지지 않게 배려하는 것이다. 그리고 금요일 오후에는 어떤 회의도 잡기 못하게 하므로 직원들은 일찍 귀가해 가족과 편히 주말을 보낼 수 있다.[16] 이런 가치지향적 사고방식은 〈포춘〉이 선정한 '일하기 좋은 100대 기업' 및 10년 연속 '자녀를 양육하는 여성이 일하기 좋은 10대 기업'으로 선정되는 기반이 되었다.

SC 존슨은 1976년부터 회사 경영철학을 명문화하고 세계 각국의 언어로 번역하여 전 세계 직원들과 공유할 뿐 아니라 회사 외부에도 알리고 있다. 이 경영방침은 창업 초기부터 이어져 내려온 가치와 이념으로, 직원·소비자·지역사회·국제사회에 대한 그들의 책임과 사명을 담고 있다. 많은 기업들이 대외적으로 다양한 가치를 표방하지만 실행은 뒷전으로 미루고 단지 구호에 그치는 경우가 많다. 그러나 SC 존슨은 말로만 하지 않는다. 그들은 기업운영과 모든 의사결정에 그들의 가치를 반영하고 실행한다. 창업자의 가치와 경영철학을 지켜온 것이 120년 이상 5세대를 이어온 원동력이라 할 수 있다.

핵심가치 2. 장인정신 : 상품이 아니라 명품을 만든다

장수기업들은 최고의 제품을 생산하기 위해 지속적으로 투자하며, 늘 변치 않는 품질을 추구한다. 200년 기업 모임인 레 제노키앙 회원들이 중요한 핵심가치로 가장 많이 꼽은 것은 품질이다. 이들은 대부분 사명이나 회사정책, 핵심가치 등을 통해 그들의 품질철학을 분명히 밝힌다. 그만큼 제품의 품질은 기업 생존에 절대적인 영향을 미친다.

품질에 대한 집념은 장인정신을 만든다. 장인정신을 갖고 있는 기업은 일반기업과는 다르다. 그들은 당장의 이익에 집착하기보다 일을 제대로 해내려 하고, 이를 위해 때로 많은 희생을 감수하기도 한다. 제품의 품질에는 자신들의 도덕성이나 윤리성이 반영된다고 여기기 때문이다. 많은 기업들이 더욱 빠른 성장과 더 많은 수익을 위해 다양한 분야로 사업을 넓히지만, 장수기업은 장인정신을 가지고 자신의 핵심역량과 관련 있는 제품과 시장에만 몰두한다. 이런 장인정신으로, 오로지 가위 하나로 300년 이상 생존하고 있는 기업이 있다. 중국의 장쇼우췐張小泉이다.[17]

1663년 창업한 이래, 가위 하나로 350년 역사를 이어온 장쇼우췐에는 대대로 내려오는 기업의 핵심이념이 있다. 바로 '양강정작良鋼精作'. 이는 '좋은 재료의 바탕 위에 정교한 솜씨를 더하라'는 의미로, 창업자부터 300년 이상 이어온 만고불변의 정신이다. 장쇼우췐 가위는 황실 진상품을 거쳐, 현재 중국의 주요 행사에는 오직 이 가위만 쓰일 정도로 명품으로 인정받고 있다. 그들의 공예가 정신, 즉 장인정신이 300년 성공비결인 것.

그들의 장인정신은 좋은 재료를 구하려는 노력에서부터 시작된다. 직원들은 좋은 강철을 구하기 위해 여러 강철회사를 방문한다. 강도, 순도까지 꼼꼼히 검사해서 기준에 모자라면 가차 없이 퇴짜를 놓는다. 좋은 강철에 대한 고집은 350년을 이어온다. 한 개의 가위를 만들기 위해 1,000번을 치고 만 번을 두드려 가위의 날을 세운다. 총 72가지 과정을 거쳐야 비로소 하나의 가위가 탄생한다. 그렇게 만들어진 가위는 무뎌지지 않고 100년 이상 사용할 수 있는 최고 품질의 가위가 된다. 이들은 일상생활용부터 전문가용까지 120여 종의 가위를 생산하는데, 장인이 수작업으로 만든 가위는 한 개에 90만 원을 호가한다. 마오쩌둥이 장쇼우쵄 같은 기업은 만년을 가야 한다고 할 만큼 브랜드 가치를 인정받았다.

장쇼우쵄의 가위는 생활영역을 넘어 종이공예 같은 예술작품에까지 확장되었다. 이들은 미래를 위한 투자도 게을리하지 않는다. 업계 최다품종과 새로움으로 승부하기 위해 전문가위연구소를 설립해 3.3cm의 초소형 가위부터 1.1m 초대형 가위까지 100여 종이 넘는 가위의 신세계를 열었다. 이 회사는 '양강정작'이라는 기업의 기본이념 위에 새로운 기술과 아이디어를 덧입히고 있다. 가위 하나에도 혼을 불어넣는 장인정신이 350년 이상 장수기업 DNA로 이어져 오고 있는 것이다.

핵심가치 3. 온고지신 : 100년이 지나도 늙지 않는 기업

혁신과 변화를 상징하는 새가 있다. 솔개다. 새 중에서도 솔개는 수명이 아주 긴 조류로, 약 70년을 산다. 솔개는 40년 정도 살고 나면 발톱이 무뎌져 사냥을 잘 할 수 없게 되고, 부리도 길어지고 구부러지며, 깃털 또한 거칠고 무거워져 하늘로 날아오르기가 나날이 힘들어진다. 선택지는 2가지, 그대로 죽거나 아니면 반년간 고통스런 환골탈태의 과정을 거쳐 새롭게 태어나는 것이다.

환골탈태하기 위해 솔개는 산 정상 부근, 높은 곳에 둥지를 틀고 고통스러운 과정을 시작한다. 먼저 자기의 부리로 바위를 사정없이 쪼아, 길어지고 구부러진 헌 부리를 깨트려 빠지게 하면 서서히 새로운 부리가 돋아난다. 새로운 부리가 다 돋으면, 솔개는 다시 새 부리로 무디어진 발톱을 하나하나 뽑아버린다. 얼마 후 새로운 발톱이 돋아나면 이번에는 날개의 깃털을 뽑아내 버리고 새 깃털을 갖춘, 새로운 솔개로 거듭난다. 약 반년 동안 이러한 과정을 거치며 새롭게 거듭난 솔개는 힘차게 하늘로 날아올라 30년의 수명을 더 누린다.

기업도 장기적으로 성장하기 위해서는 솔개와 같은 혁신의 과정이 필요하다. 혁신 없이 한 세기 이상 생존한다는 것은 거의 불가능하다. 《히든 챔피언》의 헤르만 지몬은, 탁월하고 지속적인 혁신 없이는 미래의 시장은 물론 현재의 시장에서조차 살아남을 수 없다고 말한다. 뒤집어 생각해보면, 여러 가지 면에서 탁월한 능력을 발휘해야만 장수기업이 될 수 있다는 것이다. 따라서 혁신은 장수기업의 초석이다. 일반적으로 혁신이라는 단어를 사용할 때는 주로 기술과 신제품을 염두에 둔다. 물론 '기술'은 혁신의 핵심요소다. 그러나 혁신이란 기술과 제품에 한정되지 않고 사업의 모든 측면을 포함한다. 《히든 챔피언》에 등장하는 장수기업들은 공정의 혁신, 유통, 판매, 마케팅의 혁신을 통해 성장하고, 이를 바탕으로 지속적으로 생존하고 있다.[18]

그렇다고 혁신이 모든 것을 완전히 개혁하고 바꾼다는 뜻은 아니다. 200년 장수기업들의 유산에는 혁신을 추구하는 노력뿐 아니라 전통도 포함돼 있다.[19] 즉, 기업의 장기 생존은 전통과 혁신이 어떻게 조화를 이루느냐에 달려 있다. 그들은 이러한 혁신 DNA를 가지고 있다. 장수하는 기업은 핵심사업분야에서 두각을 나타내며, 제품 구성을 새롭게 하고 시장을 넓히는 데 주력한다. 그러나 100년 넘는 시간 동안 사업의 기본방침과 품질, 운영 등의 핵심요인은 변하지 않았다. 다시 말해 그들은 성공적으로 변화에 적응해 나가면서도 전통을 지키며 사업의 기본 방향을 잃지 않고 지켜왔다. 이렇게 창업자의 경영철학과 가치를 지키며 사업의 모든 측면에서 혁신을 이룬 기업 중 하나가 할리데이비슨Halley-Davidson이다.[20]

전 세계 라이더들의 로망, 고객충성도 세계 1위 브랜드. 할리데이비슨의 어떤 매력이 이토록 많은 이들을 열광하게 하는 것일까? 할리데이비슨의 창업자인 윌리엄 할리와 아서 데이비슨은 어릴 때부터 함께 자전거를 타던 친구 사이였다. 윌리엄 할리는 1901년 먼 길을 자전거를 타고 다니는 게 힘들어 자전거에 모터를 달았다. 얼마 후 이들은 모터를 단 자전거를 만들면 사업성이 있다고 판단하고, 1903년 조그만 엔진 부착형 자전거 회사로 시작해 성장을 거듭했다. 그러나 1960년대 들어 작고 날렵한 경량급 오토바이를 주종으로 내세운 일본 기업들의 위협에 부딪힌다. 이에 할리데이비슨도 한동안 경량급 오토바이에 치중한 결과, 중량급 오토바이라는 고유의 정체성을 잃고 만다. 급기야 90%에 육박하던 미국의 중량급 오토바이 시장점유율은 25%의 나락으로까지 떨어졌다. 1969년에는 경영악화로

AMF에 인수되고 만다.

이를 보다 못한 13명의 경영진은 1981년 자신의 돈을 투자해 회사를 독립시켰다. 회생작업에 돌입한 할리데이비슨은 다시 창업시대 철학으로 돌아가 '이볼루션'이란 엔진을 개발한다. 사람들에게 편리함과 즐거움을 동시에 주고자 한 창업자들의 정신을 본받아 오토바이의 가치를 새롭게 창출한 것이다.

할리데이비슨을 살리기 위해 그들이 맨 처음 한 일은 H.O.G_{Harley Owner's Group}를 결성해 거리로 나선 것이었다. 그들은 직접 가죽재킷을 걸치고, 100년 동안 바꾸지 않은 구식 할리데이비슨 V트윈엔진을 타고 전 세계 랠리에 나섰다. 반응은 폭발적이었다. 첫해 3,000명에 불과했던 H.O.G 멤버는 2년 뒤 6만 명을 넘어섰고, 2003년 100주년 행사에는 25만 명이 밀워키 본사에 운집했다. 성과 또한 놀랍다. 1983년에 비해 2007년 매출은 24배, 이익은 무려 930배나 늘었고 20년간 단 한 번도 적자를 낸 적이 없어 2002년에는 〈포브스〉가 선정하는 '올해의 기업'으로 뽑히기도 했다.

할리데이비슨 성공의 핵심은 무엇일까? 바로 자신들의 장점을 명확히 파악하고 그 정체성을 지키는 가운데 혁신의 노력을 마다하지 않았다는 것이다. 할리데이비슨의 혁신에는 사람들에게 편리함과 즐거움을 동시에 주고자 했던 창업자들의 이념과 경영철학이 깃들어 있다. 이를 바탕으로 제품뿐 아니라 공정, 마케팅, 유통 등 다양한 분야에서 다음과 같은 혁신을 이루었다.

디자인 혁신 : 보고 듣고 느끼게 하라

할리데이비슨의 매력은 '보고, 듣고, 느낀다(Look, Sound, Feel)'는 세 단어에 있다. 전통적인 프레임을 고집하고 거기에 최신 기술을 입힌 디자인(Look), 말발굽 소리와 유사하다는 배기음(Sound)과, 말 타듯 리듬감 있게 위아래로 움직이는 독특한 진동감(Feel). 이 3가지는 할리데이비슨이 100년 이상 지켜온 디자인 철학이다. 이들은 12명의 스타일리스트와 300명의 산업디자이너를 고용했을 정도로 디자인에 대한 고집과 열정이 남다르다.

공정 혁신 : 고객이 원하는 것은 무엇이든 만들 수 있다!

할리데이비슨의 강점은 바로 '옵션-주문제작 시스템'에 있다. 무슨 컬러로 도색할지부터, 옆 날개는 어떤 형태로 달지, 날개 옆에는 어떤 무늬가 들어가고 어떤 글을 새길지, 모두 고객이 직접 결정할 수 있다. 전 제품의 맞춤화. 공장에서 일률적으로 찍어낸 모터사이클이 아닌 '나만의 것'을 만들어간다는 재미와 각별한 느낌 때문에 사람들은 할리데이비슨을 찾는다. "모터사이클이 아니라 개성을 산다." 20세기에 21세기를 내다보는 앞선 전략으로 그렇게 그들은 세계 최고의 모터사이클 기업이 되었다.

유통 혁신 : 모터사이클, 하나의 라이프 사이클이 되다

할리데이비슨의 가장 큰 경쟁력 중 하나는 탄탄한 딜러망에 있다.

전 세계 수천 개의 딜러망을 통해 고객과 커뮤니케이션한다. 딜러망에 가면 인테리어 전문점 같은 느낌을 받는데, 단순한 판매점이 아니라 판매자와 고객이 정보를 나누는 테마파크 같다. 그곳에서 개별 액세서리를 구입해서 자신만의 모터사이클을 만들 수도 있다. 단순한 모터사이클을 사는 것이 아닌, 개성을 만드는 재미를 주는 것이다. 제품이 하나의 라이프 스타일이 되어 새로운 가치를 창조하는 것, 할리데이비슨이 100년을 살아남을 수 있었던 비결이다.

마케팅 혁신 : 고객이 경험하고 느끼게 하라

"고객의 지갑이 아닌 마음을 열어라." 할리데이비슨에서는 마케팅을 말로만 하지 않는다. 고객이 직접 보고, 경험하고, 느끼게 한다. 편리함과 즐거움을 동시에 제공함으로써, 단순한 모터사이클 이상의 경험을 하게 하는 것. 이렇게 해서 할리데이비슨에 빠진 소유자들은 순수한 목적으로 동호회 활동을 하게 되었고, 앞서 언급한 'H.O.G'를 자리 잡게 하였다. H.O.G 가입자는 현재 100만 명이 넘는다.

기술 혁신 : 소리를 디자인하라

할리데이비슨의 엔진가공 기술은 100년 전부터 전해 내려온 것이다. 할리데이비슨 엔진의 성공요인은 소리를 디자인했다는 데 있다. 특유의 말발굽 소리를 내기 위해 배기음 전문 연구소를 설립하였고, 여기에서 소리의 진동을 연구하여 제품설계에 반영한다.

흔히 할리데이비슨 모터사이클은 '예술작품'이라고 한다. 엔진 부품 일부는 자동화했지만 대부분의 공정이 아직도 사람 손으로 이루어지기 때문이다. 그들은 자신의 장점을 파악하고 전통의 노하우에 새로운 기술을 접목시키며 110년을 이어왔다.

핵심가치 4. 고객지향 : 최고의 제품과 가치를 제공하라

"현재와 다음 세대를 위하여 전 세계 소비자들의 삶의 질을 향상시키는 최상의 품질과 가치를 지닌 브랜드와 서비스를 제공한다." 이는 1837년 창업하여 전 세계 180여 개국에 지사를 두고 있는 P&G의 경영이념이다. 이와 같이 대다수 장수기업들의 경영이념에는 최상의 품질로 소비자의 삶의 질을 향상시키고 지역사회에 기여하고자 하는 가치가 담겨 있다. 그들은 경쟁에서 앞서려 노력하기보다 각자가 지닌 사명에 따라 어떻게 하면 좀 더 고객에게 도움이 될지를 고민한다.[21]

이와 같이 품질과 고객가치를 표방하는 가족기업 중 하나가 미쉐린이다.[22] 미쉐린에 가장 중요한 것은 고객이며, 고객의 편안함과 안전이 모든 것에 우선한다. 이들은 모든 수익을 재투자하여 자본축적을 최대한 줄이고 제품 개선에 많은 자금을 쏟아 붓는다.

미쉐린은 혁신적인 타이어와 이동성을 높이는 시스템을 개발하기 위해 엄청난 연구비를 투자한다. 그들은 연간 1억 7,000만 개 이상의 타이어를 생산하며 30조 원이 넘는 매출을 올리고 있다. 정상에 올라섰음에도 제품개발을 위한 투자에는 아낌이 없다. 세계에 있는 미쉐린 연구개발센터의 하루 테스트 거리는 18억km(지구 25바퀴)에 달한다. 하나의 타이어 개발에 6,000명의 연구원이 10년 동안 7조 8,000억 원의 연구비를 투입하기도 한다. '안전하며, 오래가고, 연비가 적은 타이어를 생산하라.' 미쉐린은 120년 동안 그 꿈을 버리지 않았다. 그리고 오토바이에서부터 자동차, 항공기, 마침내 우주선 타이어까지 개발하는 데 성공했다. 그들이 세계 타이어 업계에서 120년 넘게 성공한 것은 끊임없는 연구개발로 미래를 준비한 데 있다. 그 결과 2006년에는 펑크가 나지 않는 타이어를 발명해서 그해 최고의 발명품에 선정되었다. 2009년에는 〈타임〉지에서 미쉐린 타이어가 세계 최고의 발명품으로 선정되었으며, 같은 해 〈포브스〉에서는 앞으로 100년 이상 살아남을 기업으로 선정되기도 하였다. 창업정신을 바탕으로 끝없이 기술혁신을 시도한 결과다.

한편 미쉐린은 세계에서 가장 오래된 타이어지만, 타이어 이름이 아니라 《미슐랭 가이드》로 기억하는 사람도 적지 않다. 세계 최고의 권위를 자랑하는 레스토랑 및 여행 안내지다. 타이어 회사가 도대체 왜 여행 가이드북과 레스토랑 가이드북을 만들까? 창업자의 정신이 깃든 미쉐린의 사명에서 그 힌트를 얻을 수 있다. "이동성을 개선함으로써 사람을 더 자유롭고, 안전하고, 효율적이고, 즐겁게 만드는 것.” 미쉐린의 모든 기업활동은 사명을 기초로 수행된다. 미쉐린의 창업자는 회사가 단지 타이어를 만드는 데 그칠 것이 아니라 ‘인간과 산업을 위한’ 이동성을 강조하였다. 세계적으로 이름난 《미슐랭 가이드》 또한, 창업정신에 깃든 ‘인간을 위한 이동성’에서 나왔다. 이는 자동차 부품인 ‘타이어가 아니라 자동차 문화를 판다’는 생각에서 비롯되었다. 즉 자동차 활용을 높이는 동시에 즐거운 여행을 돕겠다는 것이다. 자동차 사용이 늘어난다는 것은 더 많은 타이어를 소비한다는 것을 의미한다. 타이어를 팔기 위해서는 자동차가 팔려야 하고, 자동차를 판매하기 위해서는 운전자의 편의를 제공하는 각종 인프라와 문화 콘텐츠가 필요하다는 논리다. 1900년 타이어 구매 고객에게 무료로 나눠주는 자동차 여행 안내책자에서 시작한 《미슐랭 가이드》와, 식당과 숙소 정보를 제공하기 위해 만들어진 《미슐랭 가이드 레드》는 현재 90여 개 국가에 1,900만 부 이상 판매되며 세계 미식가들 사이에서 가장 권위 있는 지침서가 되었다.

미쉐린의 성공은 창업자의 경영철학을 계승하여 세계 최고의 타이어를 만들겠다는 신념과, 고객에게 최고의 서비스를 제공하겠다는 신념에서 나온 결실임을 부인할 수 없을 것이다. 1889년 프랑스에서 시작한 작은 가족기업이 세계적 기업으로 성장하고 100년 이상 장수한 비결이 바로 여기에 있다.

장수가족기업을 연구하는 대니 밀러_{Danny Miller} 박사는 “장수하는 가족기업은 고객, 종업원, 사회 모두에 공헌해야 한다는 사명을 가지고 일하는데, 이러한 사명은 기업의 영혼이다"라고 했다.[23] 즉 기업의 핵심가치와 사명이야말로 기업전략과 경쟁우위의 핵심이다. 최근 하버드 대학의 마이클 포터Michael Porter 교수는 경영전략의 혁신을 가져올 주요한 원칙으로 공유가치Shared Value를 제시하였다.[24] 이것 또한 같은 맥락이다. 지속경영을 위해서 기업은 사회와 기업이 함께 상생할 수 있는 가치를 선정하고 이를 기준으로 모든 기업활동을 정비해야 하며, 일관성 있게 핵심가치와 기업이념을 지켜나가야 한다는 것이다. 그런데 200년 기업들은 경영 대가들이 최근에 제시하고 있는 가치경영을 이미 수세기 전부터 실천해오고 있고 있다. 그들은 핵심가치를 되물림하며 기업의 강한 DNA로 새기고, 이를 통해 전략적 우위를 창출하고 있다.

100년 기업의 비밀은
지배구조에 있다

6

사회 안정을 위해 법이 필요한 것처럼, 가족기업도 문제가 생겼을 때 이를 질서 있게 해결하는 내부 시스템이 있어야 한다. 가족기업의 실패는 대개 원만하지 못한 커뮤니케이션이나 잘못된 판단 같은 '인간적인 측면의 실패'로 생긴다. 그 근원은 사실상 '지배구조의 실패'다. 효율적인 지배구조를 갖추지 않아서 파멸에 이른 가족기업은 무수히 많다. 기업의 지배구조란 기업을 통치하기 위한 의사결정구조와 이해관계를 조정하는 메커니즘이라고 할 수 있다. 일반기업의 경우 지배구조의 중심에는 이사회가 있고, 이사회에서 주요 의사결정과 경영감독을 한다. 그런데 가족기업은 가족과 기업이 결합되어 있으므로, 지배구조 또한 두 개의 차원으로 구분된다. 하나는 기업지배구조이고 다른 하나는 가족지배구조다. 기업지배구조와 달리 가족지배구조의 핵심은 가족갈등을 예방하고, 가족들이 서로 협력할 수 있도록 효과적인 커뮤니케이션 시스템을 구축하는 것이다.

가족갈등은
지배구조로 해결하라

    2012년 삼성가 상속 문제를 둘러싼 형제간 다툼이 격화되자 해외 언론에서도 이를 크게 보도했다. 한 집안의 가족문제에 불과할 수 있는 일을 왜 세계가 주목했을까? 가족기업의 분쟁은 자칫 기업의 지배구조까지 흔들 수 있는 중대한 사안이기 때문이다. 이 사건을 계기로 영국 BBC에서는 '아시아 기업들이 가족 불화로 경영에 위협받고 있다'는 기사를 내놓았다. 기사는 우리나라뿐 아니라 대만, 홍콩, 인도 등지의 가족기업 분쟁 사례를 함께 소개하며, 아시아의 많은 가족기업이 승계계획에 실패하면서 불확실성이 짙어지고 기업가치마저 위협받고 있다고 분석했다. 홍콩 중문대 조지프 판 교수 역시 "아시아 창업자들은 뛰어난 사업감각을 자랑하지만, 승계라는 단순한 문제를 해결하는 데 실패했다. … 가족기업들은 각 나라에서 매우 중요한 위치에 있기 때문에 승계 실패는 구조적인 위험이 될 수 있다"고 경고했다. 현재 아시아 가족기업 창업자들의 연령이 대부분 80~90대라는 점을 감안하면, 앞으로 10년간 가족 구성원 간 분쟁이 끊이지 않을 것이다. 기업 주가가 출렁일 것도 불 보듯 뻔하다. 실제로 최근 경영권 승계를 시작한 아시아 250여 가족기업의 주가를 보면, 승계를 시작한 첫 3년간의 주가가 그 이전에 비해 60%까지 떨어졌다.[1]

우리나라를 포함한 아시아 국가들에서 가족기업에 대한 인식은 대체로 부정적이지만, 유럽과 미국에는 사회적으로 존경받는 가족기업들이 적지 않다. 무엇이 다르기에 이런 차이가 있는 걸까? 크레디트스위스 은행 연구소는 큰 차이점 한 가지를 지적했다. 유럽이나 미국은 현대적 의미에서의 기업의 역사가 아시아 국가들보다 훨씬 일찍 시작되었으며, 현재 4, 5대 혹은 그 이상을 성공적으로 계승하는 가족기업이 많다. 반면 아시아 기업들은 역사가 짧고, 대부분 이제 2, 3대로 권력을 이양하는 중이다.[2] 우리나라에서 100년 넘은 기업은 두산과 동화제약 단 두 곳뿐이다.

그렇다면 기업의 역사가 길고 짧은가에 따라 위상의 차이가 생기는 걸까? 그것 말고도 주요한 차이점이 하나 더 있다. 아시아와 달리 유럽이나 북미의 대다수 가족기업들은 가족과 기업 모두에 효율적인 지배구조를 갖추고 있다는 것. 기업활동의 방향과 성과를 감독하기 위해 이사회가 있는 것처럼, 가족에도 일정한 규정과 가족협력 시스템을 갖추고 있다. 덕분에 가족갈등 관리능력이 매우 높다. 여기에는 상호 규약이 발달한 서양의 문화적 배경도 한몫한다.

물론 그들도 처음부터 제대로 된 지배구조를 갖췄던 것은 아니다. 이들 역시 초기 1~2세대에는 많은 가족갈등을 경험했다. 앞서 소개한 구치가와 같이, 가족갈등을 극복하지 못하고 가족경영에 실패한 사례도 많다. 그 과정에서 개인이 욕심을 부리면 가족의 공동자산이 훼손된다는 것을 경험적으로 터득했고, 가족에도 통치 시스템이 필요하다는 것을 인식했다. 그들은 분쟁을 예방하고 결속을 유지할 수 있는 가족지배구조를 구축하는 데 많은 시간을 투자했다. 반면 아시아 기업들은 이제 2세대로 이전하는 과정에서 가족갈등이 표면화되고 있다. 그리고 대부분의 가족갈등은 법정 분쟁으로 비화된다. 이제 우리나라에서도 가족지배구조에 대한 이해와 함께 가족 내 협력 시스템을 구축하려는 노력이 필요한 시점이다. 만일 이를 간과한다면 앞으로 어느 가족도 가족 간 분쟁에서 자유롭지 못할 것이다.

가장 좋은 방법은, 문제가 발생하기 전에 가족들끼리 서로 털어놓고 대화하는 것이다. 이제껏 살펴본 것처럼, 가족기업의 실패는 대개 원만하지 못한 커뮤니케이션이나 잘못된 판단 같은 '인간적 측면의 실패'로 생긴다. 그리고 그 근원은 사실상 '지배구조의 실패'라고 할 수 있다. 사회 안정을 위해 법이 필요한 것처럼, 가족기업도 문제가 생겼을 때 이를 질서정연하게 해결하는 내부 시스템이 있어야 한

다. 효율적인 지배구조를 갖추지 않아서 파멸에 이른 가족기업은 무수히 많다.[3]

공식적인
의사결정 시스템을 구축하라

가족기업의 궁극적인 목표는 건강한 가족과 튼튼한 기업을 만드는 것이다. 그러기 위해 중요한 것이 지배구조다. 기업의 지배구조란 기업을 통치하기 위한 의사결정구조와 이해관계를 조정하는 메커니즘이라 할 수 있다. 일반기업의 경우 지배구조의 중심에는 이사회가 있고, 이사회에서 주요 의사결정과 경영감독을 한다. 그런데 가족기업은 가족과 기업이 결합되어 있으므로, 지배구조 또한 2개의 차원으로 구분된다. 하나는 기업지배구조이고 다른 하나는 가족지배구조다. 기업지배구조와 달리 가족지배구조의 핵심은 가족갈등을 예방하고, 가족들이 서로 협력할 수 있도록 효과적인 커뮤니케이션 시스템을 구축하는 것이다. 가장 좋은 방법이 가족회의 또는 가족포럼이다. 공식적인 가족회의에서 기업이나 소유권에 관한 문제를 논의하고, 앞으로 발생할 수 있는 가족문제를 사전에 조율함으로써 갈등을 예방할 수 있다. 이것이 가족끼리 소유권을 공유하면서 동시에 가족관계를 증진시키는 가장 효과적인 방법이다.

보통 대부분의 오너경영자들은 가족들이 목소리를 낼 수 있는 별도의 기구가 필요하다는 걸 인식하지 못한다. 특히 창업세대는 항상 자신이 의사결정의 중심에 있기 때문에 더욱 그렇다. 그런데 문제는 창업자가 사망한 다음에 발생한다. 가족 사이에 서로 다른 이해관계나 욕구들을 조율할 구심이 없어지는 것이다. 공식적인 의사결정 방법이나 시스템이 없다면 문제해결은 점점 어려워진다. 가족들은 각자 자신의 입장에서 문제를 바라보는데, 이것이 감정적으로 확대되면 법정 싸움으로까지 번진다. 가족기업 분쟁사례는 예외 없이 이와 같은 구조를 띠고 있다. 따라서 가족기업의 리더라면 기업뿐 아니라 가족의 문제도 기업의 번영에 중요한 역할을 한다는 사실을 인식해야 한다. 그리고 양쪽 모두에 공식적인 의사결정 시스템, 즉 지배구조를 구축해야 한다.

특히 2, 3세대가 기업에 참여하기 시작하면 이해관계가 더 복잡해지므로, 가족을 통치할 지배구조나 가족규정을 반드시 마련해야 한다. 가족기업의 지배구조는 256쪽의 그림과 같이 3개의 기둥으로 이루어진다. 즉, 가족기업의 3차원 시스템을 이루는 가족, 오너십, 기업의 각 부분이 각자의 의사결정 시스템을 구축하는 것이다. 가족지배구조의 중심은 가족회의 또는 가족위원회가 되고, 오너십의 중심은 주주협의회 그리고 기업의 중심은 이사회가 된다.[4]

인간관계에서 갈등은 자연스러운 현상이다. 그 자체로는 긍정적인 것도 부정적인 것도 아니며, 갈등을 올바르게 해결하면 새로운 아이

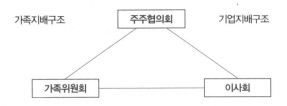

디어나 더 나은 의사결정, 심지어 강한 신뢰와 헌신을 이끌어낼 수도 있다. 어떤 사안에 대해 서로 의견이 다를 때 대화를 통해 합의하고 나면 상호 신뢰가 높아지고 관계가 발전하기도 한다. 어려운 문제를 혼자 결론내리기보다 이해관계자들과 함께 의논한다면 다양한 관점에서 더 나은 해결방안을 찾을 수 있다.

일반적으로 기업을 경영하는 가족들은 3가지 유형의 갈등을 경험한다.[5]

• **이슈갈등** : 이슈갈등은 어떤 문제에 관해 이해관계가 다를 때 발생한다. 2명 이상의 사람들이 함께 의사결정을 할 경우, 서로 가치관과 경험이 다르기 때문에 갈등은 항상 잠재해 있다. 어쩌면 갈등은 우리 일상생활의 한 부분이다. 이해관계가 작아서 사람들이 그 문제를 심각하게 생각하지 않는다면 갈등이 표면화되지 않는다. 그러나 큰 이해관계가 얽혀 있고 거기에 감정까지 개입된다면 갈등은 수면 위로 떠오른다.

256

• **과정갈등** : 과정갈등은 어떤 문제에 대해 논의하고 협의할 구조가 마련되어 있지 않을 때 발생한다. 만일 서로 다른 환경에서 성장한 2명의 사촌이 함께 일하면서 커뮤니케이션도 없고 서로의 차이를 해소할 가족시스템이 없다면, 두 사람의 갈등은 지속적으로 유지될 것이다. 이러한 과정갈등은 일상적인 문제를 효과적으로 해결할 수 있는 커뮤니케이션 시스템이 없기 때문에 생긴다.

• **관계갈등** : 관계갈등은 크게 2가지 형태로 발생하며, 둘 다 폐해가 크다. 첫 번째 유형은 사람들 사이에 신뢰가 깨진 문제가 있으나 이를 해결할 효과적인 방법이 없어 미해결 상태로 남아 있을 때 일어난다. 두 번째 유형은 감정적인 앙금 때문으로, 대부분 파괴적인 행태로 나타난다. 만일 갈등의 유형이 이 2가지에 해당한다면, 상호신뢰가 없고 감정적이기 때문에 어떤 일이든 문제의 본질과 상관없이 상대방 의견에 무조건 반대부터 하고 본다.

감정적인 문제로 가족과 맞서는 것을 좋아하는 사람은 아무도 없다. 그래서 대부분의 사람들은 당장 눈앞의 갈등을 피하려고 문제를 덮어두는 경향이 있다. 그러나 문제가 생겼을 때 솔직하게 털어놓지 않는다면, 서로 정직하지 못하게 된다. 누구나 자기 입장이나 기대를 솔직하게 표현하지 못하고 어떤 문제에 대해 반대의견을 내기 어려운 상황에 처하면, 정신적인 압박이 커지고 긴장이 고조된다. 그리고 이런 상태가 오랫동안 지속되면 결국 파괴적인 방식으로 표출된다. 인시아드INSEAD의 케츠 드 브리스Kets De Vries 교수는 "가족 화합이라는 신화를 지키느라 가족들이 자신들의 실제상황에 대해 솔직하지 못하고, 때로는 고통스러운 커뮤니케이션을 피하는 것이 가장 큰 문제"라고 지적했다. 가족들이 아무것도 하지 않는다면 가족관계는 점점 악화될 수밖에 없다. 특히 전통적으로 강력한 리더에 의해 통제되는 가족기업은 가족들이 원활하게 커뮤니케이션을 할 수 있는 시스템이나 지배구조를 갖추기가 더 어렵다.

《패밀리 워즈Family Wars》의 저자 그랜트 고든Grant Gordon은 가족분쟁을 겪은 20여 개 기업 사례를 분석하여 가족기업의 갈등을 크게 5가지 유형으로 나누었다.[6]

첫째, 가족의 채용과 관련된 갈등이다. 세대가 바뀌고 가족의 수가 늘어나면 후세들의 회사 참여를 놓고 가족 간 갈등이 발생한다.

둘째, 세대 간 갈등이다. 이는 부모세대와 자녀세대 간의 갈등으로, 소유권 이전 문제나 경영방식의 차이 때문에 발생한다.

셋째, 보상과 분배에 대한 갈등이다. 이는 소유권 분배의 형평성이나 배당 등과 관련하여 가족 간 이해관계가 다르기 때문에 발생한다.

넷째, 형제자매간 갈등이다. 경영권과 소유권을 놓고 자녀간의 라이벌의식이나 경쟁심리 또는 미래 전략에 대한 방향성의 차이로 발생한다.

가족갈등 유형	갈등 해결방안
1. 가족의 채용	• 가족 구성원을 위한 채용정책 문서화 • 가족 구성원을 위한 경력개발계획 수립 • 가족 구성원의 노동 생산량과 멘토링에 대한 평가 및 정기적인 피드백 시행 • 가족 구성원에 대한 맞춤식 기술교육 제공 • 가족 구성원들이 능력 있는 가족 외부 인재와 함께 일하도록 지원
2. 세대 간 갈등	• 다음 세대마다 얼마의 주식을 배분할지 규정하는, 소유권 영속 계획 수립 • 신규사업이나 후계자 선정 규정과 진행과정 등을 포함한 비즈니스 영속 계획 수립 • 후계자 선정 시 외부의 감독자, 조언자 같은 제3자의 참여 정책 • 가족 경영자를 보완할 가족 외부의 전문가 임명
3. 보상 및 분배에 대한 이견	• 가족과 기업 간 균형 유지를 위한 가족 유동성 정책 수립(배당정책) • 가족의 주식 매도를 통한 출구정책 및 가족 간 주식매매 협정 • 기업에서 일하는 가족들의 보상정책
4. 형제자매간 경쟁	• 기업에서 근무하는 가족 구성원의 임무와 역할 투명화 • 형제자매간 정기적 의사소통 시스템 구축 • 형제자매의 협력을 위한 중재역 선임 • 가족 간 친목 도모를 위한 회합의 장 마련
5. 은퇴 거부	• 이사회에서 은퇴시기 규정 • 오너경영자의 자발적 은퇴 • 은퇴 후 제3의 경력 준비 • 선대의 업적에 대한 자녀와 임직원의 인정

가족갈등의 유형과 해결방안7

다섯째, 경영자의 은퇴 거부로 생기는 갈등이다. 자녀가 충분한 경영능력을 갖췄음에도 경영자가 은퇴를 거부할 경우, 경영자와 후계자 간 경영권과 소유권 문제로 갈등이 발생한다.

그러나 대부분의 갈등은 사려 깊게 행동한다면 충분히 방지할 수 있다. 성공적인 가족기업들이 가족규정을 수립하는 등 가족회의에 많은 시간을 투자하는 이유가 바로 여기에 있다. 그들은 가족문제에 관해 가족들이 함께 협의하고, 앞으로 발생할 수 있는 다양한 문제에 대해서도 미리 규정을 마련해두는 것만이 갈등을 예방하는 최선의 방법임을 알고 있다. 이처럼 가족 간 갈등이나 분쟁은 개인적인 차원에서 접근하지 말고 가족지배구조를 통해 해결해야 한다. 그랜트 고든은 앞서 소개한 5가지 유형의 가족갈등에 대해 259쪽의 표와 같이 해결방안을 제시했다. 그가 제시한 해결방안은 성공적인 장수가족기업들이 가족지배구조 체제에서 시행하고 있는 활동들이기도 하다.

소유구조에 따라
지배구조도 달라야 한다

창업자가 단독경영을 하는 시기에는 가족문제가 비교적 단순하다. 하지만 자녀들이 기업에 참여하기 시작하면 문제가 다양하고 복잡해진다. 오너경영, 형제경영, 사촌경영 단계에 따라 이해관계가 달라지므로, 가족의 지배구조도 그에 맞춰 진화되어야 한다.[8] 효과적인 가족지배구조를 구축하려면 먼저 각 단계에서 나타날 수 있는 가족문제가 무엇인지 알아야 한다.

1단계 : 오너 단독경영

초기 단계에는 창업자가 단독으로 소유권과 경영권을 가지고 기업을 경영한다. 그들은 중요한 문제에 관해서는 다른 사람에게 조언을 구하기도 하지만, 보통은 단독으로 의사결정한다. 이 시기의 특징은 지배구조가 단순하다는 것이다. 소유권과 경영권이 한 사람에게 집중되어 있으므로 의사결정 문제가 비교적 간단하다. 따라서 형제경영이나 사촌경영 단계에 비해 지배구조 관련 이슈도 거의 없다. 이 시기 창업자에게 중요한 도전과제는 승계와 상속이다. 이 단계에서 문제가 발생하거나 가족 간 협의가 필요하면 수시로 비공식적인 가족회의를 개최하는 것이 좋다. 그리고 기업에는 경영자의 의사결정이나 기업성장에 따른 전문성을 보완할 수 있는 자문위원회 등이 필요하다.

2단계 : 형제경영

형제경영은 창업자의 자녀들에게 소유권과 경영권이 이전된 단계다. 이 단계에서는 여러 명의 가족들이 경영에 참여하고 소유권도 여러 자녀에게 분산된다. 그러므로 창업자의 단독경영 단계보다 가족문제가 더 복잡해진다. 이 시기의 가장 큰 과제는 형제자매가 화합하여 좋은 팀워크를 이루는 것이다. 가족주주 간에도 가족기업으로 존속하고자 하는 공감대가 형성되어야 하고, 비즈니스 과정과 절차도 공식화해야 한다. 가족 간의 효과적인 커뮤니케이션 채널도 필요하다. 그리고 후계자 선정이나 승계 절차에 대한 합의가 이루어져야 한다. 이러한 과제들을 효과적으로 해결하기 위해 공식적인 가족회의가 필요하고 가족주주들 간에는 주주협의회 그리고 기업에는 더 전문적인 이사회가 구축되어야 한다.

오너십 단계	지배구조 이슈	지배기구
1단계 : 단독경영	• 기업 승계 문제(리더십 및 소유권 이전) • 상속계획	가족회의, 자문위원회
2단계 : 형제경영	• 형제자매간 팀워크와 화합 • 가족의 소유권 유지 • 기업운영 과정과 절차의 공식화 • 가족 간 효과적 커뮤니케이션 • 기업승계	가족총회, 주주협의회, 이사회
3단계 : 사촌경영	• 가족기업으로의 영속성 문제 • 가족의 배당정책 • 주식매매를 위한 유동성 문제 • 가족갈등 해결을 위한 커뮤니케이션 • 가족고용정책과 가족의 역할 • 가족의 비전과 미션에 대한 합의	가족위원회, 주주협의회, 활동적인 독립이사회 (사외이사)

소유권 진화에 따른 각 단계별 지배구조 이슈

3단계 : 사촌경영

사촌경영 단계가 되면 형제자매뿐 아니라 사촌들 그리고 사위나 며느리 등 더 많은 가족들이 직간접적으로 기업과 연결된다. 이 시기는 사촌들이 협력하여 기업을 이끌어가야 하지만 서로 다른 세대나 다른 가계에 속하기 때문에 기업의 방향이나 전략 등에 관해서도 서로 다른 관점이나 의견을 갖게 된다. 만약 부모 세대에 갈등이나 반목이 있다면 이는 그대로 사촌들에게 대물림된다. 즉 이 단계에서는 가족기업과 관련된 모든 문제가 종합적으로 나타난다고 보면 된다. 주요 이슈로는 가족기업으로서의 영속성 문제, 가족 공동의 미션과 비전에 대한 합의, 자녀들이 회사에 참여하는 데 따른 가족고용문제, 가족주주의 권리와 배당정책, 주식매도를 원하는 가족 문제, 기업에서 근무하는 가족들의 역할, 가족갈등 해결을 위한 커뮤니케이션 문제 등 아주 다양하다. 그런데 사촌경영 단계가 되면 가족 수가 많아지기 때문에 모든 가족들이 참여하여 모든 문제를 협의하는 것이 비효율적일 수 있다. 그래서 각 가계나 가족들이 선출한 가족대표로 구성된 가족위원회가 가족지배구조의 중심이 된다. 그리고 오너십 문제를 협의하기 위한 주주협의회와, 더욱 전문적인 회사운영을 위해 사외이사가 포함된 활동적인 이사회 등이 구축되어야 한다.

역할에 따른 권한과 책임을 이해하라

가족기업의 목표와 지향점은 저마다 조금씩 다를 것이다. 한 가족이 기업을 통해 이루고자 하는 목표를 달성하기 위해서는 각 가족에게 가장 적합한 방식으로 의사결정 시스템을 구축해야 한다. 이것이 바로 지배구조를 설계하는 과정이다. 가족기업은 가족, 기업, 오너십의 3차원으로 구성되어 있으므로 이를 통합할 수 있는 지배구조를 마련해야 한다. 그리고 각각의 시스템에 속한 가족, 주주, 관리자 사이에 책임과 권한을 구분하는 것이 좋다.

가족기업의 3차원 모델을 기반으로 보면 각 부분별 지배구조는 다음 그림과 같다.

자신이 어떤 부분에 속해 있느냐에 따라 서로 이해관계가 다르며,

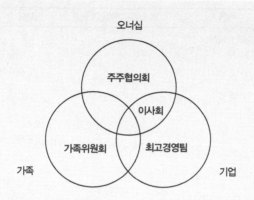

권리와 책임도 각기 다르다. 예컨대 어떤 구성원이 기업에서 관리자로 일하게 되면, 그 사람은 가족으로서의 권리와 책임을 갖는 동시에 회사에서 관리자로서의 권리와 책임을 갖게 된다. 그런데 가족들이 이런 차이에 대해 전혀 교육받지 않는다면, 각 역할의 중요한 차이를 혼동하기 쉽다. 그러므로 가족들이 기업에서 일을 하거나 소유권이 분산되는 시점이 되면 이에 따른 책임과 권리를 명확히 해야 한다. 훌륭한 지배구조를 갖춘 가족기업은 가족과 이사회, 경영자의 역할을 명확히 구분하고, 자신이 속한 부문에서 책임을 다한다. 266쪽의 표는 오너십을 가진 가족과 이사회 그리고 경영자의 서로 다른 영역별 책임을 보여주고 있다.[10] 가족기업의 3차원 영역에서 각 부분의 역할은 각기 다르지만 또한 상호보완적이기 때문에, 각 부분의 역할과 책임을 정확히 이해하는 것이 매우 중요하다.

과제	가족(오너십)	이사회	경영(자)
가족 가치관 / 임무 / 비전	O		
가족 내 커뮤니케이션	O		
가족 교육	O		
가족 화합	O		
가족 구성원의 트러블 조정	O		
가족갈등 해결	O		
자선활동	O	△	△
가족 고용	O	△	△
경영권 승계	△	O	△
배당금 / 분배	△	O	△
주식시장	△	O	
기업전략	△	O	△
기업문화	△	△	O
기업윤리	△	O	△
전략 개발과 실행		△	O
실무			O
고용관계			O
보상	△	△	O
소유권 승계	O	△	
가족과 기업 관계	O	O	△
이사회 구성	O	O	
이사 선발	△	O	
이사 선출	O		
경영성과 검토	△	O	△
지역사회와의 관계	△	△	O

가족기업의 주요 영역별 책임(주요책임 : O, 간접책임 : △)

가족의 소유권 철학을
합의하라

가족기업도 여느 기업과 마찬가지로, 소유권을 가진 이들이 기업의 중심이다. 창업 초기에는 창업자가 지배적인 소유권을 가지고 있지만, 언젠가는 소유권이 가족들에게 분산된다. 대개는 2대나 3대에서다. 주식을 소유한 가족이 많아지면 소유권 문제를 상호 합의해야 한다.

이때 가장 중요한 것은 가족주주들이 가족기업으로 유지할 것인지 아닌지에 대한 소유권 철학을 공유하는 것이다. 만일 가족기업으로 유지하기로 했다면 소유권을 어떻게 배분할 것이며, 가족들이 기업에 대한 통제권을 어떻게 유지할지 기준을 정해야 한다. 가족기업에서 발생하는 갈등은 거의 대부분이 소유권과 관련된 것이다. 세대를 넘어가면서 가족기업으로서의 영속성이 불투명해지는 것은 바로 이 때문이다. 그러므로 주주총회와는 별도로 가족주주 간 소유권 이슈에 관해 토론할 포럼을 마련해야 한다.[11] 미국이나 유럽의 장수가족기업들이 수대에 걸쳐 이어져올 수 있었던 것은, 초기부터 소유권 규정을 명확히 했기 때문이다.

일례로 5대에 걸쳐 가족경영을 하고 있는 한 가족기업의 소유권 정책을 살펴보자.

세계적인 명품기업 에르메스는 가족기업이다. 1870년 설립 이래 지금까지 창업자의 경영철학을 유지하며 지속적으로 성장 발전하고 있다. 이들의 장수비결은 바로 가족지배구조에 있다. 기업 소유권을 가족 내에서 지속적으로 통제할 수 있도록 설계되어 있기 때문이다. 에르메스는 100년 이상 소유권의 100%를 가족들이 보유해오다, 일부 가족의 요구로 1993년 최초로 주식을 공개했다. 그러나 전체 지분의 20%만 공개하고 80%는 여전히 56명의 가족이 보유하고 있으며, 이 중 6명이 최대주주로 각각 5~10%를 가지고 있다. 주식공개 후 주식을 보유한 가족들은 주주합의서를 작성했다. 주요 내용은, 만일 주식을 매도하려는 가족이 생긴다면 반드시 가족 내에서만 매매하도록 한 것이다. 그리고 의결권이 있는 주식은 가족들만 소유할 수 있으며, 외부인이나 이혼으로 인해 가족관계가 끝난 사람은 의결권 있는 주식을 보유할 수 없게 되어 있다. 또한 회사의 주요 정책을 결정하거나 CEO를 교체하려면 가족주주 75% 이상의 지지를 얻어야 한다. 이것은 법적 효력을 갖는 주주협약서로 작성되어 가족헌장에 포함되었다.

에르메스의 주주합의서는 가족 내에서 기업을 이어가겠다는 공동의 꿈이 합의되고, 가족 간 분쟁을 예방하려는 의지가 발휘된 결과물이다.[12] 이 밖에도 장수가족기업들은 대부분 주주협약서를 가지고 있다. 주주협약서의 목적은 주주의 권리를 보호하는 것뿐 아니라 가족 내에서 통제권을 유지하고 가족갈등을 예방하는 데 있다. 여기에는 주식매매 방법 및 절차, 의결권주에 대한 규정, 전반적인 소유권 구조 등이 포함된다. 가족기업이 2, 3세대로 승계되면 가족들이 아무리 사이가 좋아도 형제나 사촌 세대 중 누군가는 주식을 매도해 현금화하려 할 수 있다. 그런데 회사가 외부에서 욕심 낼 만큼 매력적이거나 공개시장에서 매매되는 경우 가족의 통제권이 점차 줄어들게 된다. 그러므로 가족들이 주식매매 규정에 합의하여 기업의 근본을 흔드는 분쟁을 막는 것이다.

주주협약서의 내용은 저마다 조금씩 다르지만, 대부분 주식매매 절차와 매매 가격에 관한 규정을 포함한다. 예를 들어 가족 중에 주식을 매도하려는 사람이 있다면, 다른 가족 구성원에게 가장 먼저 매수권을 준다거나 또는 가족 간에만 매매할 수 있게 하는 것이다. 어떤 기업에서는 주식을 회사에서 매입하는 것으로 협약을 맺는다. 그리고 회사 수익의 일정부분을 주식을 매입할 펀드를 조성하기 위해 적립하기도 한다. 사촌경영 단계에 접어든 어떤 가족은 가계 간 균형을 위해 사촌끼리 주식을 매매하기 전에 형제들에게 우선적으로 매도하는 협약을 맺기도 한다. 이 협약은 주식의 매매가격을 결정하는 방식을 포함한다. 그러나 일반적으로 주식매매가는 시장가격보다 낮게 책정한다. 그 이유는 가족들이 주식 매도를 쉽게 결정하지 못하도록 하려는 것과 기업의 세금을 낮추려는 데 있다.

이상과 같이 주주협약서의 주요한 목적은 3가지다.

첫째, 소유권에 따른 권리와 책임을 규정한다.

둘째, 소유권을 둘러싼 갈등과 대립을 해결한다.

셋째, 가족의 통제권을 지속적으로 유지함으로써 가족기업의 소유권 구조를 구축한다.

가족지배구조,
커뮤니케이션에 답이 있다

가족기업이 여러 세대를 이어 가족기업의 정체성을 유지하기란 결코 쉬운 일이 아니다. 한때 성공적이었던 가족기업들이 대를 잇는 데 실패하는 가장 큰 원인은 가족 간 커뮤니케이션이 잘못됐기 때문이다. 가족분쟁으로 기업을 매각한 한 경영자는 기업의 실패 원인을 3가지로 지적했다. 무엇일까? 첫째도 커뮤니케이션, 둘째도 커뮤니케이션, 셋째도 커뮤니케이션이다. 가족 간의 대화 부족이 갈등을 초래했고, 그 때문에 결국 가족기업으로 존속하는 데 실패했다는 것이다.

창업자들 중에는 커뮤니케이션 스킬이 부족한 경우가 많다. 그들은 열정과 헌신으로 기업을 일구고, 중요한 문제는 스스로 결정하고 책임지는 방식으로 일한다. 그래서 다른 사람의 의견을 듣기보다는 지시하는 것에 익숙하다. 그들에게 커뮤니케이션이란 누군가에게 일을 시킬 때 일방적으로 설명하는 과정에 불과하다.

승계계획을 세울 때도 가족이나 이해관계자들과 협의하지 않고 단독으로 하는 경우가 많다. 다른 가족들의 의견을 반영하지 않고 단독으로 계획했기 때문에 잠재적으로 갈등의 여지를 안고 있다. 미래를 책임질 사람은 결국 자신이 아닌 가족 아닌가. 그러므로 오너경영자는 가족들이 함께 참여하는 커뮤니케이션 시스템을 구축하는 데 많은 시간을 투자해야 한다.

커뮤니케이션은 단순히 정보를 전달하는 것 이상의 과정이다. 누구나 다른 사람들이 자신의 이야기에 귀 기울여주고 자신을 존중해주기 바란다. 가족도 마찬가지다. 일방적인 대화보다는 양방향 커뮤니케이션을 원한다. 가족들이 내 의견을 존중해준다고 느끼면, 비록 자기 의견이 최종 의사결정에 반영되지 않더라도 기꺼이 공동의 결정을 따른다. 효과적인 커뮤니케이션이란 다른 가족들의 이야기를 잘 듣는 것과 서로의 차이를 인정하는 것뿐 아니라 그 차이를 존중하는 것이다. 성공적인 가족기업은 가족들이 함께하는 다양한 이벤트와 모임, 가족회의 등 커뮤니케이션을 위해 많은 시간을 투자한다. 그들은 커뮤니케이션이 문제를 해결하는 가장 효과적인 방법이라는 것을 알고 있다. 가족 간 신뢰관계가 유지된다면 해결하지 못할 갈등이 없을 것이다. 가족기업에서 커뮤니케이션은 가족들 사이 또는 가족과 기업 사이에서 무엇보다 중요하다.

가족회의를
거르지 말라

가족기업 초기에는 보통 비공식적인 가족모임에서 기업과 가족의 문제를 상의한다. 가족의 규모가 작기 때문에, 협의할 안건이 있으면 수시로 가족회의를 개최할 수 있다. 이 자리를 가치관과 비즈니스 관련 아이디어를 공유하며, 차기 리더를 준비시키는 장으로 활용할 수 있다. 그런데 세대를 넘어 가족 수가 늘어나면, 임기응변식의 대화나 간단한 토론으로는 가족갈등을 예방하고 협력관계를 구축하기 어렵다. 그래서 형제경영이나 사촌경영 단계로 접어들면 공식적인 가족회의가 필요하다. 이를 가족총회Family Assembly라 한다. 가족총회는 건강한 가족을 위한 기초다.

가족관계가 건강하지 못하면 어떤 문제가 발생할까? 건강하지 못한 가족들은 다음과 같은 공통적인 특징을 가지고 있다.[13]

- 가족들의 커뮤니케이션 스킬이 부족하고, 갈등을 관리할 능력이 떨어진다.
- 가족 간의 신뢰가 낮다.
- 가족의 가치와 목표가 분명하지 않다.
- 가족의 역할과 책임이 분명하지 않다.
- 사업의 방향성이 모호하고 전략계획이 없다.
- 가족들이 회사의 모든 중책을 맡고 있지만 전문지식이 부족하다.

- 승계에 대한 준비가 미흡하다.
- 효과적인 이사회가 없다.
- 가족문제를 도와줄 조언자가 없다.
- 가족문제가 회사문제로 비화되거나 회사문제가 가족문제로 확대된다.
- 가족과 기업의 경계가 분명하지 않다.

가족회의 또는 가족총회를 하는 이유는 가족이 기업에 관한 정보를 얻고, 기업과 가족문제에 관해 자유롭게 의견을 낼 기회를 갖기 위해서다. 이는 가족 간에 정보나 자원이 불평등하게 분배됐을 때 생기는 갈등을 예방하는 데 도움이 된다.

가족회의에는 소유권이 있는 가족과 없는 가족, 기업에서 일하는 가족과 일하지 않는 가족 모두가 참석한다. 자녀들의 배우자(사위나 며느리)는 의사결정권을 제한하는 경우도 있다. 의장은 가장이나 또는 존경받는 가족이 맡는 것이 바람직하다. 공식적인 가족회의는 보통 1년에 1~2회 정도 개최하며, 가족의 관심사 중 주요한 8가지 핵심영역을 포함한 다양한 가족문제에 관해 토론한다.[14]

1. 가족의 행동과 의사결정의 기준이 되는 가족정책이나 협약서
2. 건강한 가족과 튼튼한 기업을 유지하기 위해 필요한 비전 및 핵심가치

3. 가족이 함께 공유할 수 있는 의사결정 범위와 구조

4. 가족의 고용정책과 가족 소유권 정책

5. 가족의 갈등관리 시스템 구축

6. 가족 공동의 목표를 달성하는 데 필요한 지식 습득 및 가족 교육

7. 가족의 사회적 역할을 강조하고 지역사회와의 관계 관리

8. 가족 간, 세대 간 친목을 도모하고, 경험을 공유함으로써 관계 증진

존 워드 박사는 공동의 의사결정과 효과적인 커뮤니케이션이 건강한 가족을 만드는 핵심이라고 강조했다. 그렇다면 효과적인 커뮤니케이션은 어떻게 하는 것일까? 다음의 방법을 따라보자.[15]

첫째, 회의 운영자를 선정하라.

가족회의를 처음 시작할 때는 신뢰받는 가족이나 외부 가족기업 전문가와 함께하는 것이 좋다. 그러나 가족회의가 정착된 다음에는 가족구성원들의 리더십을 키우기 위해 가족들이 교대로 회의 운영자 역할을 맡는다. 회의 운영자는 토론이 정해진 주제를 벗어나지 않게 이끌고, 모든 가족들이 적극적으로 참여하여 상대방의 이야기를 경청할 수 있게 회의를 진행해야 한다. 가족 간 갈등이 발생하면, 회의 운영자는 이를 건설적으로 해결하도록 도와야 한다. 또한 참석자들이 상대방을 비난하는 것이 아니라 자신의 생각과 감정을 표현하

게 하고, 과거의 상처와 원망보다는 현재와 미래에 초점을 맞추도록 대화와 토론을 이끈다. 만약 회의 중에 누군가가 감정이 격앙됐다면, 잠시 휴식시간을 갖고 긴장을 풀게 한다. 사람 자체를 문제로 생각할 것이 아니라 문제 현상에 초점을 맞추도록 독려한다.

둘째, 회의 의제를 설정하라.

가족회의는 가족 간 커뮤니케이션을 도모하고, 가족기업에 대한 구성원들의 이해를 높인다. 이 과정에서 기업을 이끌어갈 핵심가치와 정책을 개발해나가야 한다. 그러므로 가족회의는 누구나 중요한 문제에 대해 의견을 내고 토론할 수 있을 만큼 편안하게 진행돼야 한다.

가족이 멀리 떨어져 살더라도 가족회의에서 서로의 근황이나 가족의 역사와 추억을 공유할 수 있고, 가족들의 친밀도를 높일 수 있다. 그러기 위해서는 사전에 의제를 선정하고 모든 가족들에게 알려주어서 미리 회의를 준비할 수 있게 해야 한다. 그리고 회의할 때는 각 주제별로 시간을 현실적으로 배분한다. 가족회의의 의제는 가족의 상황에 따라 다르다. 일반적으로 가족회의에서 다루는 의제는 다음과 같다.

- **가족의 목적** : 가족과 기업의 꿈, 비전, 가치
- **가족의 화합** : 세대 간 형제자매간 갈등해결 방법, 의사결정 방법

- **가족의 고용** : 가족의 고용조건, 가족의 역할과 책임, 가족의 보상
- **소유권** : 주주매매협정, 주식의 현금화 방법, 배당정책
- **가업승계** : 차세대 후계자 선정 및 후계자 육성, 승계 스케줄
- **가족의 책임** : 기업에 관한 정보 공유 범위, 지역사회에서의 역할
- **가족 교육** : 인적자원 개발, 기업에 필요한 교육

셋째, 회의 참석 범위를 정하라.

안건에 따라 회의에 참석하는 가족의 범위를 정한다. 나이가 기준이 될 수도 있고, 주식 소유 여부에 따라 제한할 수도 있다. 가족들의 배우자는 참여를 제한하는 경우도 있다. 그 밖에 외부 전문가나 조언자 또는 핵심 관리자들을 포함할 수도 있다.

넷째, 가족단합을 위한 이벤트를 마련하라.

가족회의는 단순히 의사결정을 위한 회의만을 뜻하지 않는다. 게임이나 운동, 여행, 기념행사 등 가족 모두가 함께하는 행사와 이벤트 등을 포함하기도 한다. 이런 모임을 통해 멀리 떨어져 사는 형제나 사촌 간 또는 세대 간 친목을 도모하고 결속을 강화할 수 있다. 어떤 가족은 가족회의를 1박 2일이나 2박 3일 일정으로 계획하여 회의와 동시에 친목 프로그램을 운영하기도 한다.

다섯째, 회의 운영 규정을 마련하라.

가족회의를 시작하기 전에 참석자들이 회의에서 지켜야 할 규정을 세운다. 이는 가족끼리 건전하게 커뮤니케이션하는 데 도움이 된다. 예를 들면 다음과 같은 것이다.

- 시간을 엄수하고 회의 준비를 철저히 해서 참석한다.
- 모든 관련정보를 공유한다.
- 가족 공동의 의사결정을 지지하고 따른다.
- 별도로 합의한 경우를 제외하고, 가족회의에서 다룬 내용을 가족 외부에 공개하지 않는다.
- 다른 사람의 말을 경청하고 충분히 이해한 뒤 자신의 의견을 이야기한다.

위의 5개 항목 중 가장 중요한 규정은 마지막 항목이다. 가족들은 서로를 잘 안다고 생각하기 때문에 다른 가족의 말을 진심으로 이해하려는 노력이 부족하다. 커뮤니케이션의 기본은 경청이다. 다른 사람들의 말을 경청할 때 서로 존중하고 이해하게 된다. 인디언 토킹스틱Talking Stick과 같은 도구를 사용하는 것도 도움이 된다. 토킹스틱은 북미 인디언 이로코이족이 회의 때 사용하던 지팡이로, 미국 원주민 사회에서 수백 년 동안 중요한 기능을 수행해왔다. 회의 때 이 지팡이를 든 사람만이 발언권을 갖는데, 그동안 어떤 간섭도 받지 않고 자신의 의견을 얘기할 수 있다. 다른 사람이 중간에 끼어들어 의사표시를 할 수 없고, 다만 발언을 더 정확히 이해하기 위해 확인만 할 수 있다. 발언자의 이야기를 다른 모든 사람들이 충분히 이해했다고 판단되면, 그때서야 지팡이를 넘긴다. 이런 식으로 모든 사람이 말하고 들으면 신기하게도 부정적인 감정과 논쟁이 사라지고 상호 존중하는 분위기가 형성된다.[16] 가족회의에서도 이러한 방법을 활용한다면 더 창조적인 아이디어와 새로운 대안을 발견할 수 있다.

여섯째, 회의 내용을 기록하라.

중요한 의사결정이나 토론 내용을 기록할 가족을 선임한다. 회의 내용을 정리하여 보관하면 차후에도 가족들이 어떤 의사결정을 왜 했는지 알 수 있다.

일곱째, 다음 회의 일정을 정하라.

가족들이 함께 다음 회의 안건에 관해 토의하고 다음번 회의 일자와 장소를 정한다. 그리고 리더십과 팀워크를 개발하기 위해 가족 간역할과 책임을 교대로 맡는다.

가족 규모가 커지면 가족위원회를 구성하라

가족회의나 가족총회에는 주식을 소유한 가족뿐 아니라 기업에서 근무하는 가족과 배우자, 손자, 부모와 같이 주식을 갖지 않은 가족까지 광범위하게 포함된다. 그러나 만일 구성원이 30명 이상이라면 가족회의에서 의미 있는 토론이나 신속한 의사결정을 할 수 있겠는가? 서로 자기 얘기만 늘어놓다 끝날 것이다. 이러한 시점에 이르면 가족을 대표할 지배구조로 가족위원회를 설립해야 한다.

가족위원회는 가족이사회라고도 하며, 가족의 대표들로 구성된 공식적인 가족지배기구 역할을 한다. 회사가 창업단계를 지나 성장하면 공식적인 이사회를 두는 것처럼, 가족도 어느 정도 규모가 커지면 가족 대표로 구성된 가족위원회를 구성해야 한다.

이사회의 구성이나 구조, 기능은 가족마다 다르다. 어떤 가족들은 각 가계의 대표자들로 구성하기도 하고, 가족회의에서 직접 선출하기도 한다. 가족에 따라서는 가족이사회 멤버의 나이를 제한하거나 특별한 경력을 요구하기도 하고, 사위나 며느리 같은 가족의 배우자가 배제되는 경우도 있다. 일반적으로 가족위원회는 임무수행 능력과 자격을 고려하여 5~9명 정도로 구성하는 것이 적당하다. 기업의 이사회에 속한 가족이나 경영층에 있는 가족들이 가족이사회 멤버로 활동하기도 하는데, 이때 가장 중요한 것은 위원의 임기를 정하는 것이다. 그러면 더 많은 가족들이 참여할 기회를 갖게 되므로, 가족들이 형평성이나 공정성에 대해 불만을 갖지 않는다.

가족위원회 의장은 보통 가족회의에서 선출한다. 의장은 위원회를 이끌 뿐 아니라 가족들 사이 또는 가족과 기업 사이의 주요한 연결점이 된다. 또한 사무총장을 지정하여 회의록을 작성하고 가족들과 그 내용을 공유하는 것이 바람직하다. 공식적인 위원회 모임은 가족의 상황에 따라 1년에 2~6회 정도로 정하며, 최종 의사결정은 투표를 통해 위원 과반의 승인을 얻는 것이 일반적이다.

가족위원회의 주요한 역할 및 활동은 가족규정을 제정하고, 가족갈등을 예방하고 결속을 높이는 데 있다. 그중 가장 중요한 기능은 가족 공동의 꿈과 핵심가치를 명확히 하는 것이다. 많은 가족기업들이 기업활동의 기준이 되는 가치를 표방하고 있지만, 가족의 가치를 명확하게 정립하려는 노력은 거의 하지 않는다. 가족기업에서는 궁극적으로 가족의 핵심가치가 기업 핵심가치의 기준이 되므로, 가족들의 화합과 결속을 위해서는 가족 공동의 꿈과 가치를 명확히 하는 것이 가장 중요하다.

이 밖에도 가족위원회에서는 기업에 대한 가족의 권리와 책임을 교육한다. 그리고 기업의 영속성 및 승계문제를 다루며, 대를 이어 가족의 유산을 지키기 위해 젊은 세대에게 스튜어드십을 심어준다. 가족위원회의 활동을 정리해보면 다음과 같다.[17]

- 이사회, 최고경영층, 자선활동 등의 지침이 되는 가족의 가치를 명확히 함
- 가족과 기업의 모든 구성원들이 공유할 수 있는 공동의 꿈과 도전적인 비전 수립

- 가족 교육 프로그램과 가족을 위한 이벤트 개발
- 가족 구성원의 입사와 퇴사를 규정하는 정책 수립
- 지역사회에서 가족의 행동기준 마련
- 가족의 사명선언문이나 신조 개발
- 장학기금이나 벤처펀드를 설립하여 젊은 세대를 지원하는 프로 그램 개발
- 가족의 유산을 지키기 위한 기념행사 조직
- 가족의 투자자산을 관리하기 위한 패밀리오피스 설립
- 가족의 자선활동을 위한 재단 설립 및 감독
- 가족들의 개인적 안정을 보장하기 위한 지원방안 마련
- 레저 등을 통한 가족 단합
- 이사회, 최고관리자 및 자선활동의 기초가 되는 가족의 가치 수립
- 개별 가족들의 비즈니스 활동으로 이해가 상충되는 상황을 조 정하는 정책 수립

다양한 부속기구를
고민하라

가족기업을 운영하는 가족들은 가족회의나 가족위원회 외에도 그들의 특별 관심영역을 관장할 다양한 형태의 기구를 개발하기도 한다.[18]

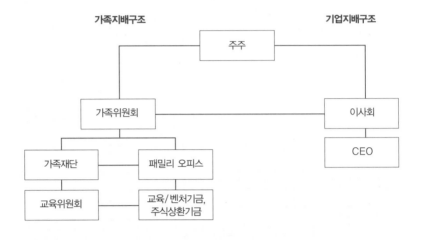

• 패밀리오피스

패밀리오피스는 가족자산을 효율적으로 투자하고 관리하기 위한 조직으로, 가족위원회의 감독을 받는다. 미국이나 유럽에서 자산규모가 큰 대규모 가족기업 중에는, 가족들이 그룹으로 투자하거나 가족 개인의 재무설계, 회계, 세무 등에 대해 조언할 목적으로 독자적인 패밀리오피스를 설립하는 경우가 많다. 한 가족이 단독으로 운영하는 패밀리오피스는 세계적으로 1,000개 이상 되는데 점차 늘어나는 추세다. 가족기업에 근무하는 가족이 패밀리오피스 운영에 참여하기도 하지만, 기본적으로는 기업과 무관한 별개의 조직이다. 패밀리오피스는 자산관리 전문가들을 고용해 투자를 모니터링하고, 세금

	가족회의	가족총회	가족위원회
단계	오너 단독경영	형제경영 / 사촌경영	형제경영 / 사촌경영
상태	비공식 모임	공식 회의	공식 회의
회원	모든 가족	모든 가족(가족이 합의한 범위)	가족에 의해 선출된 회원
규모	초기 창업자 가족을 중심으로 6~12명	가족 규모와 회원규정에 따름(30명 미만)	회원자격의 규정에 따름(5~9명이 이상적)
모임	기업 발전단계에 따라 다르며 주간 또는 월간 비공식 모임	연간 1~2회	연간 2~6회
활동	• 가족의 비전과 가치 공유 • 새로운 비즈니스 아이디어 공유 • 후세의 리더십 준비	• 아이디어, 반대 의견, 비전 등에 대한 커뮤니케이션 및 토론 • 가족정책 승인 • 가족 비즈니스 관련 교육 • 가족위원회 및 기타 위원회 위원 선발	• 갈등 해결 • 가족 주요정책과 절차 개발 • 가족의 영속계획 수립 • 후세 교육 • 경영층과 이사회와의 협조 및 가족과 기업의 균형

가족기업의 진화에 따른 가족지배구조

규정 및 위험관리, 유산계획 및 가족의 개인적인 관심사에 대해 조언한다.

• 교육위원회

교육위원회는 가족의 인적자본을 개발하고, 가족의 지배구조에 효과적으로 협력할 수 있도록 가족을 육성할 목적으로 설립된다. 따라서 교육위원회는 가족들을 위한 교육 프로그램이나 특별한 활동을 조직하고 운영한다. 예컨대 기업의 재무 관련 자료를 이해시키기 위해 회계 세미나를 조직하기도 한다.

• 장학기금 또는 벤처기금 조성

가족위원회의 중요한 역할 중 하나는 젊은 세대들의 경력을 개발하고 그들이 기업가 정신을 갖도록 지원하는 것이다. 어떤 가족들은 장학기금을 적립해서 후대의 교육비를 마련한다. 또는 자기 비즈니스를 하고 싶어 하는 자녀들의 기업가 정신을 지원해주기 위해 벤처펀드를 조성하기도 한다. 위험을 감수하는 경험을 통해 벤처정신을 기를 수 있고, 가족기업에 참여할 경우 기업 운영에 유용한 경험이 되기 때문이다.

• 주식상환기금 조성

가족의 소유권이 여러 가족에게 분산된 경우, 가족주주 중 다른 곳에 투자하거나 새로운 일을 하는 등의 목적으로 주식을 현금화하려는 가족이 생길 수 있다. 이를 대비해서 기업에서는 가족주주 간 협약을 기반으로 회사 내 주식상환기금을 조성하여 주식을 매입하기도 한다. 일반적으로 주식상환기금은 매년 수익의 일정 비율을 적립해서 마련한다. 이때 가족위원회에서는 주식매매를 감독한다.

세계에서 가장 모범적인 가족지배구조[19]

머크Merck는 1668년 설립된, 세계에서 가장 오래된 화학·의약 기업이다. 전 세계 67개국에 4만여 명의 직원을 둔 이 회사는 창업자인 머크가에서 12대째 운영하는 가족기업이다. 머크가 300년 이상 지속 성장할 수 있었던 비결은 가족과 기업의 균형 있는 지배구조에 있다.

머크는 세계에서도 가장 모범적인 지배구조로 이루어진 가족기업으로, 2009년 스위스 국제경영원에서 가족기업상을 수상하기도 했다. 심사의원들은 머크가 300년 이상 12대에 걸쳐 한 가문에서 소유권을 유지해온 것과 강력한 가족의 가치, 다음 세대들이 가족주주로서 동질성을 갖도록 하는 데 초점을 맞추고 있다는 점 등을 높이 평가했다. 이들의 지배구조가 어떻게 이루어져 있는지 구체적으로 들여다보자.

• 오너십 구조

머크사는 가족이 300년 넘게 100% 소유해왔다. 1995년, 외부인들도 회사에 투자할 수 있도록 기업을 상장했지만 30%만 상장하고 70%는 아직도 가족 소유다. 기업을 상장한 이유는 자본금을 확충하려는 목적도 있었지만 더 큰 이유는 따로 있다. 기업이 자만에 빠지지 않으려면 시장에서 다른 기업과 비교하여 평가를 받고, 기업공개를 통해 적절한 외부감시를 받을 필요가 있다고 판단했기 때문이다. 가족이 가지고 있는 지분 70%는 현재 130명의 가족들에게 분산되어 있다.

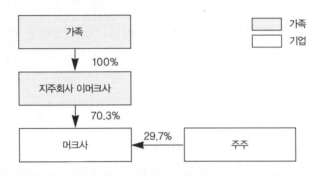

다이어그램 텍스트:
가족 → 100% → 지주회사 이머크사 → 70.3% → 머크사 ← 29.7% ← 주주

범례: 가족 / 기업

• **가족지배구조**

현재 머크가를 대표하는 가족은 10~13대에 걸쳐 총 217명이다. 머크가의 지배구조 철학은 기업을 우선으로 하는 것이다. 이들은 가족을 후세에 더 크고 더 강한 기업을 남겨야 하는 수탁자로 규정한다. 이를 위해 가족, 비즈니스, 오너십의 3가지 가족시스템을 통합하는 엄격한 지배구조를 구축했다. 현재 머크가의 12대 회장 프랭크 스탄겐베르그 하버캄Frank Stangerberg-Haverkamp 박사는 지주회사 이머크E. Merk KG 회장을 맡고 있고, 머크사 경영은 전문경영인에 의해 이루어지고 있다. 그러나 가족들이 직접 경영에 관여하지 않는다고 해서 소유와 경영이 완전히 분리된 것은 아니다. 가족들은 지주회사를 통해 기업경영이 전략적, 경제적으로 이루어지는지를 살피고 매주 경영진으로부터 보고받는다. 즉 가족들은 경영에 직접적으로 참여하지 않

286

으면서도 효율적 지배구조를 통해 투자자가 아닌 기업가로 활동하고 있다.

이들이 영향력을 발휘하는 회의는 크게 3가지, 가족파트너총회, 가족위원회, 파트너 이사회다.

첫째, 머크가는 130명의 가족주주들이 '가족파트너총회'란 기구를 통해서 중요한 의사결정을 내린다. 여기에서는 가족위원회의 이사 선출, 기업 소유권 구조 결정, 자본 확충이나 가족주주 간의 주주협약서 등 계약변경에 대한 것들을 협의한다.

둘째, 가족위원회는 가족총회에서 선출된 13명의 가족대표로 이루어진다. 가족위원회는 회사의 방향성을 규정하고 전략을 합의한다. 그리고 기업과 관련된 가족의 이익을 대변하고, 가족주주에 대한 배당정책을 결의한다. 이사 선출 및 특정분야와 관련된 기업합병이나 투자에 대한 선거권도 가지고 있다.

셋째, 파트너 이사회는 주식회사의 이사회 역할을 한다. 이사회의 주요 임무는 최고경영위원회 멤버의 지명과 해임, 최고경영위원회에 대한 감시 및 주요 업무에 대한 승인을 맡는다. 가족위원회에서 선출된 5명의 가족과 4명의 사외이사로 구성된다.

• 가족규정 및 가족관계

앞서 말했듯이 머크가의 지배구조 철학은 기업을 우선으로 하는 것이다. 그래서 기업 전반은 머크가에 의해 통제되지만, 경영은 가

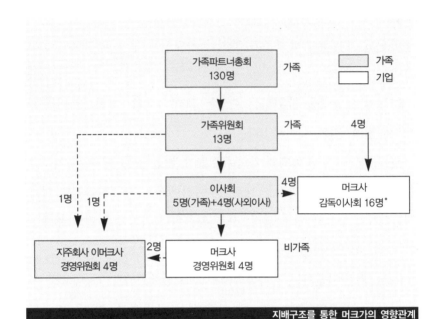

지배구조를 통한 머크가의 영향관계

•독일에서 직원이 500명 이상인 기업은 감독이사회와 경영(운영)이사회를 두어야 한다.
감독이사회의 3분의 1 내지 2분의 1은 고용자에 의해 선출되고 나머지는 주주로 구성된다.

족이든 아니든 가장 경쟁력 있는 경영자에 의해 관리된다. 현재 머크사는 전문경영인을 중심으로 운영되고 있다. 그러나 회사의 주요 의사결정은 가족회의, 즉 가족총회나 가족위원회를 통해서 이루어진다. 현재 지주회사의 회장인 하버캄 박사는 "가족 간에도 논의를 하다 보면 이견이 생기기 마련"이라면서 "민주적인 토론을 통해 접점을 찾아간다", "머크 가문은 어떠한 상황에서도 기업을 우선해왔기에 한 번도 흔들린 적이 없다. 심지어 제1, 2차 세계대전을 겪으면서도 '기업의 회생'을 위해 똘똘 뭉쳤다"고 했다.[20]

머크가는 가족 전체의 화합과 결속을 위해 많은 노력을 한다. 그 일환으로 전체 가족 217명을 대상으로 인트라넷을 운영한다. 가족 모두가 참여하는 스키여행을 기획하기도 하고, 가족들이 돌아가며 가족파티를 주최하는 등 잦은 교류로 화합을 다진다. 가족잡지와 가족뉴스도 발행한다. 이를 통해 전체 가족들은 회사에서 어떤 일이 일어나는지 정확하게 알 수 있다.

그들은 가족과 주주로서의 책임과 결속을 위해 다음 세대 교육에도 적극적이다. 최근에는 13대 자녀들을 위한 프로그램을 운영하고 있다. 1년에 두 번씩 15~20세, 21~30세 이상 그룹으로 나눠 교육하는데 여기에는 트레이닝, 현장견학, 세대 간 대화 등이 포함된다. 그들은 이런 체계적인 방법으로 미래 머크의 가족과 주주들을 지도한다.

이 모든 규정과 프로그램은 근대에 들어 가족 가치를 유지하기 위해 8대 막달레나 머크에 의해 시작되었다. 이후 머크가의 가족과 기업 가치는 오랜 시간 동안 개발되었고 현재는 가족과 기업의 가치가 통합되었다. 이러한 합의를 기반으로 소유권을 가진 가족들이라 해서 배당에 연연하지 않고 회사 밖에서 자유롭게 삶을 영위해간다. 실제 머크가의 가족주주 대부분은 의사, 직장인, 교사, 농부 등 다양한 직업을 가지고 있다.

하버캄 이머크 회장은 우리나라 한 매체와의 인터뷰에서 "가족경영은 기업의 영속성을 유지하는 데 탁월하다. 100년, 200년을 내다

보고 기업을 운영할 수 있다. 그러나 가족의 이해관계와 특혜를 바라선 안 된다. 특혜를 버려야 가족기업이 굴러간다"고 했다. 가족기업을 경영하는 사람이라면 새겨들어야 할 말이다.

가족을 통치하는 규정을 만들어라

가족헌장 :
가족 화합과 영속기업을 위한 로드맵[21]

장수가족기업들의 공통점 하나는 가족들이 가치를 공유하고 이를 실현하기 위한 방법들을 문서로 작성해두고 있다는 것이다.[22] 이렇게 문서로 작성된 규약을 가족헌장이라 한다. 만일 가족갈등이 발생했을 때 이에 대처하고 관리하는 시스템이 없다면, 가족기업으로의 영속성에 큰 걸림돌이 된다. 이러한 문제를 해결하기 위해 가족들이 함께 자발적으로 결의하는 것이 가족헌장이다. 이는 일회적인 협약이 아니며, 가족과 기업의 변화를 반영하기 위해 정기적으로 업데이트하며 진화한다. 어떤 가족들은 한 세대별로 협약을 체결하기도 하고, 또 어떤 가족은 매년 회의를 열어 가족헌장을 재확인하고

통과시키는 절차를 밟는다. 가족헌장의 내용이나 운영방식은 가족에 따라 다르지만, 장수기업들은 가족들이 함께 공식적인 가족헌장을 개발하는 것이 무엇보다 중요하다는 것을 알고 있다. 가족 간 협약이나 공동의 비전 없이 한 기업이 동일한 가족 내에서 수대에 걸쳐 존속하는 것은 불가능하기 때문이다.

존 워드 박사는 가족헌장을 "미래의 가족, 기업, 오너십 간의 균형과 안정을 위해 포괄적인 가족의 철학과 원칙, 정책 등에 관해 명백하게 밝혀놓은 문서"라고 했다. 가족헌장을 만드는 것은 기업과 가족을 보호하고 강화하기 위한 가장 중요한 단계 중 하나다. 또한 가족헌장은 과거, 현재, 미래를 연결하는 역할을 하므로 가족의 자부심을 고취시킨다. 가족헌장의 형식이나 내용은 가족의 규모나 소유권 진화단계, 가족이 기업에 참여하는 정도에 따라 차이가 있다. 상황에 따라 매우 짧고 간단하게 작성할 수도 있고 아주 길고 복잡해질 수도 있다. 그러나 가족헌장의 중요한 공통의 목적은 다음과 같다.

1. 가족과 기업을 지배하는 가족의 미션, 중요한 가치 및 원칙을 문서화한다.
2. 사업전략과 장단기 목표 및 개요를 명문화한다.
3. 가족 간의 잠재적 갈등을 예방하고, 분쟁 발생 시 해결방법과 과정을 규정한다.
4. 가족, 주주, 이사의 책임과 권한을 규정한다.

5. 가족위원회, 주주협의회, 이사회 등의 역할과 구성, 권력관계를
   규정한다.

　가족헌장은 기업과 관련 있는 가족들이 함께 검토하고 서명한 공식문서다. 그러나 일반적으로 법적 구속력을 갖지는 않는다. 그보다는 가족과 회사의 관계에 관한 가이드라인과 원칙을 서술한 강령에 가깝다. 그러나 구성원의 도덕적 책임을 요구한다. 도덕적인 구속은 가족들이 가족유산을 잘 보존하고 기업을 성장시켜 후세에 잘 이전하기 위해 필요하다. 드물게 법적 구속력을 갖는 조항들을 포함하는 경우도 있는데, 예를 들면 가족주주간의 주식매매협약서나 가족의 고용계약, 상속과 관련된 문서 등이다.

　가족헌장을 만드는 일은 가족들이 함께하는 것이 바람직하다. 가족들이 함께 비전을 명확히 하고 가족헌장에 포함될 많은 이슈들에 대해 협의하고 문서화하는 과정을 거치면서 커뮤니케이션 능력을 키우고 결속력을 높일 수 있다. 가족헌장을 개발하는 과정은 가족기업의 발전단계나 상황에 따라 다르겠지만 어떤 경우라도 쉽지 않은 작업이다. 대부분의 가족기업들이 가족헌장을 개발하기 위해 외부 컨설턴트나 전문가의 도움을 받는다. 그럼에도 모든 사람들이 서명할 수 있는, 실행 가능한 가족헌장을 개발하려면 몇 개월에서 길게는 몇 년이 소요된다.

　가족헌장의 구체적인 조항은 가족과 회사마다 다르지만, 대개 미

선이나 가치, 경영철학뿐 아니라 가족의 역사나 경험, 전통을 묘사하는 서술이나 머리말로 시작한다. 그리고 가족헌장의 나머지 부분은 기업운영을 위해 필요한 지배구조와 규정, 원칙 등을 나열한다. 이러한 규정과 원칙에는 가족들의 상황에 따라 다음과 같은 문제들을 포함한다.

- 이사회나 자문위원회 같은 기업의 지배기구에 대한 행동규칙과 구성요소
- 가족회의, 가족위원회 등 가족기구에 대한 운영 규정
- 리더십과 승계계획 등 가족문제에 대한 가이드라인
- 가족의 고용과 보상, 평가, 해직과 같은 가족고용정책
- 지배기구의 멤버와 관리자 임명, 능력 계발, 평가 및 해고 관련 규정
- 가족과 기업 간의 커뮤니케이션 정책
- 가족 구성원 간 분쟁해결 절차
- 주주의 권리와 의무 및 주식을 보유한 가족 간의 배당정책 등 오너십 관련 조항
- 주주 간 주식매매 절차 및 규정
- 기업의 매도 및 출구전략에 대한 가이드라인
- 가족에 대한 재정적 지원 정책
- 가족이 아닌 사람의 소유권 보유 여부와 경영권 관련 정책

• 가족헌장 개정 절차

가족의 상황에 따라, 위의 조항을 단순한 형태로 적는 경우도 있고 또 어떤 가족들은 매우 복잡한 형태로 가족헌장에 언급한다. 중요한 것은 가족의 변화를 반영할 수 있도록 유연한 형태의 문서가 되어야 한다는 것이다. 그리고 각 세대마다 가장 적합한 형태를 갖출 수 있도록 정기적으로 검토하고 업데이트해야 한다.

성공한 장수가족기업들은 가족헌장을 가족의 화합을 도모하고 갈등을 예방할 뿐 아니라 후세를 위해 가족의 유산을 보존하는 가장 중요한 도구로 활용하고 있다. 따라서 대를 이은 장수가족기업을 꿈꾸는 가족기업들은 가족헌장을 제정하고 이를 실행하는 것에 우선순위를 두어야 한다.

가족고용정책 : 가족의 기업참여에 대한 규정을 만들어라

가족헌장의 가장 중요한 부분 중 하나는 가족의 고용에 관한 규정이다. 가족고용에 대한 기준이나 원칙이 없다면, 실제로 기업에서 불필요하게 많은 가족이 기업에서 일하게 된다. 일부 가족은 기업에 적합하지 않을 수도 있다. 어떤 가족은 회사에서 일하기를 원하는 모든 자녀들에게 일자리를 주기 위해 주력분야와 관련 없는 사업을 벌여 회사의 경쟁력을 약화시키기도 한다. 그러므로 최소한 형제경영 단계가 되면 3세 자녀들이 기업에 참여하기 전에 가족의 고용정책을 공식화하는 것이 바람직하다. 이런 규정이 없다면 어느 자녀는 기업에서 일할 수 있고, 어느 자녀는 안 된다고 선을 그을 수 없을뿐더러 가업승계가 가계 간 주도권경쟁의 장으로 변질될 수 있다. 더구나 능력이나 재능이 없는 자녀들이 기업에 참여하고 단지 가족이라는 이유로 관리자가 된다면, 이는 회사경영에도 문제가 될 뿐 아니라 직원들의 사기도 떨어뜨린다.

고용정책이란 가족들이 기업에서 일하는 데 필요한 조건이나 임무 등에 관해 명확한 규정을 수립하는 것이다. 여기에는 가족의 입사조건, 승진이나 보상 등에 대한 규정 및 일반 직원들과 비교한 가족의 처우 등을 포함한다. 가족고용정책의 내용은 가족의 상황이나 가치관에 따라 다를 수 있다. 예를 들면, 어떤 가족은 가족의 경영 참여를 금지하기도 하고, 가족의 참여를 허용하지만 최저 교육수준이나 외부에서의 경력, 나이 등을 제한하는 경우도 있다. 미국이나 유럽 장수가족기업의 고용정책에 나타나는 몇 가지 공통조건은 다음과 같다.

- 첫째, 대학교육 또는 대학원 학위를 받아야 하고 때로는 특정 전공을 요구하기도 한다.
- 둘째, 회사 밖에서 일정 기간 경력을 쌓아야 한다.

• 셋째, 일반 직원들과 동등하게 지원해야 한다.

물론 가족마다 기업과 가족의 규모, 특성을 고려해야 한다. 그러나 중요한 것은 가장 경쟁력 있는 자녀들이 동기부여될 수 있는 조건과 과정, 규정을 마련하는 일이다. 또한 가족이라는 이유로 특혜나 불이익을 받지 않도록 공정성에 만전을 기해야 한다. 그렇지 않으면 직원들을 동기부여하기 어렵다. 가족들이 합의한 고용정책을 문서화하고 자녀들과 공유한다면, 자녀들이 기업참여에 대해 올바른 기대를 갖도록 하는 데도 도움이 된다.

참고로 유럽에서 100년 이상의 역사를 가지고 있는 어느 회사의 가족고용정책을 살펴보자.

I. 가족고용철학

가족고용에 대한 결정은 가족이 아닌 회사의 이익이 최우선으로 고려되어야 한다.

1. 우리는 최고의 자격이 되는 사람을 가족회사에 유치하기 원한다.
2. 가족들이 가족회사에서 일하는 것은 타고난 권리도 의무도 아니다.
3. 가족들이 회사에 고용되면 일반 직원과 동일한 대우를 받는다.
4. 단지 가족 일원이라는 이유로 CEO 직위를 보장하지 않는다.
5. 회사에 고용된 가족은 기업에 대한 헌신과 성과, 품행에서 타의

모범이 되어야 한다.

6. 가족이라도 회사에 전적으로 기여하지 않는 사람은 회사에 남아 있을 수 없다.

II. 가족고용을 위한 자격기준

1. 교육에 대한 요구 : 회사 내의 어떤 직위든 상관없이 가족들이 회사에서 근무하기 위해서는 대학(학사 또는 그 이상, 회사에서 승인한 평판 좋은 대학)을 졸업해야 한다.

2. 외부 경력 : 필수는 아니지만 회사 밖에서 성공적인 근무경험(3~5년)을 쌓을 것을 적극 추천한다. 고용에 대한 최종 결정은 인사 담당 부서장 및 CEO의 평가와 추천을 기준으로 이사회에서 결정한다. 외부 경력 없이 회사에 참여하는 가족에게는 다음의 목적으로 6~12개월의 초기 교육을 실시한다.

   a. 가족들을 가족회사의 임직원들에게 소개

   b. 전문 관심분야 발굴 및 확인

   c. 회사에서 가족에 대해 평가할 기회 제공

3. 나이제한 : 가족은 회사를 피난처로 여겨서는 안 된다. 가족의 일원이 40세가 넘어 가족회사에서 일하기를 원하는 경우, 이사회는 그들의 지원서를 받기 전에 그들이 일찍 회사에 참여하지 않은 이유와 이전의 경력을 검토한다.

III. 보상

회사에서 일하는 가족들에 대한 보상과 혜택은 각자가 맡은 직위와 책임, 자격과 성과를 기준으로 하며, 동일한 직위와 유사한 자격을 가진 임직원들과 비교할 것이다. 주식을 보유한 가족의 경우에도 업무와 관련된 보상과 혜택은 업무 수행을 기준으로 하며, 보유한 지분에 대해서는 수익에 따라 보상을 받는다.

IV. 기타 가족의 고용정책

1. 가족의 배우자 : 가족회사에서 일하기를 원하는 가족의 배우자들은 정해진 인터뷰와 평가, 선발과정을 거쳐야 한다. 고용 관련 최종 의사결정에 가족들은 참가하지 않고 이사회에서 비밀투표로 정한다.

2. 감독 및 보고관계 : 기업에서 근무하는 가족들은 가급적 다른 가족의 감독을 받지 않는다. 고위관리직과 같이 불가피한 경우에는 이사회의 사전 승인을 받고 이사회에서 모니터링한다. 부부는 같은 부서에서 근무할 수 없다.

3. 단기 인턴십과 방학 임시고용 : 가족회사에서 일하는 것에 관심이 있는 자녀들은 방학을 이용해 몇 주 또는 몇 달간 회사에서 단기 인턴십 경험을 갖도록 권장한다. 그러나 인턴십 경험이 나중에 회사에 입사했을 때 초기단계에 요구되는 훈련을 대체할 수 없다.

4. **계속교육**continuing education : 기업에 근무하는 가족의 계속교육(학위과정)이나 전문성 계발(훈련, 세미나 또는 컨퍼런스 참석 등)은 회사의 일반규정을 따른다. 만일 회사의 규정을 초과하는 재정적 지원이 필요한 경우에는 CEO를 통해 가족위원회에 개진하고, 가족위원회는 이를 검토한 후 결정을 내린다.

전문적인
기업지배구조를 구축하라[23]

    어떤 기업이든 지배구조의 중심에는 이사회가 있다. 가족기업의 이사회 규정이나 구조는 기업마다 다르다. 이는 주로 기업의 규모나 기업을 소유한 가족에 따라 결정된다. 대부분의 기업이 설립 초기에는 법률요건을 맞추기 위해 이사회를 설립한다. 그래서 창업 당시에는 이사회가 서류로만 존재하는 경우가 많다. 이사회가 열린다 해도 형식에 불과하며, 대부분 문서로 대체하기도 한다. 기업 초기에는 이사들이 대부분 가족으로 구성되며, 간혹 신뢰할 만한 관리자를 포함하기도 한다. 창업자는 가족과 기업의 수장인 동시에 이사 역할을 맡는다.

    이러한 지배구조는 기업에 어떠한 가치도 제공하지 못한다. 왜냐하면 가족과 기업, 이사회가 기업지배구조 안에서 각각 분리될 때 더

활동적이고 건설적으로 역할을 수행할 수 있기 때문이다. 따라서 기업이 초기 단계를 지나 규모가 커지면 독립적인 사외이사를 포함한 활동적인 전문이사회가 필요해진다. 가족 안에서 수대를 계승해온 가족기업들은 공통적으로 사외외사를 포함한 이사회를 두고 있다. 독립적인 사외이사가 포함된 이사회는 회사와 가족 모두에게 긍정적인 역할을 한다. 그러나 대부분의 오너경영자들은 이사회의 감시기능에만 초점을 맞추기 때문에 경험 있는 독립이사들로 구성된 이사회가 기업에 큰 자원이 된다는 사실을 간과한다. 물론 기업의 규모나 상황에 따라 사외이사를 두기 어려운 경우도 많다. 그래서 어떤 기업들은 전문적인 이사회로 전환하는 과정에서 먼저 사외이사 제도를 보완할 수 있는 자문위원회를 구성하기도 한다.

자문이사회 :
전문성과 객관성을 갖춘 자문기구

기업 초기에는 사외이사를 포함한 전문적인 이사회를 구축하기가 쉽지 않다. 그러나 이사회가 대부분 가족들로 구성되면 마케팅이나 재무, 인사, 관리 또는 해외 마케팅 등에서 전문성이 부족할 수 있다. 따라서 신규기업이나 중소기업들은 이사회의 통제를 유지하면서 외부의 조언이나 전문성을 얻기 위한 방법으로 자문위원회를 두기도 한다.

가장 효과적인 자문위원회의 규모는 3~7명 정도다. 자문위원들이 자신의 생각을 교환하고 효과적으로 커뮤니케이션하려면 소규모로 조직하는 것이 유리하다. 일반적으로 자문위원은 기업과 연관된 분야나 재무, 마케팅, 해외마케팅 등의 전문가들로 구성한다. 자문위원의 가장 중요한 요건은 전문성과 객관성이다. 아래의 사람들은 위원회의 멤버로 부적합하다.[24]

- 회사의 공급자나 거래처 관계자
- 전문성이 없는 오너의 친구
- 은행이나 변호사, 외부감사, 컨설턴트와 같은 서비스 제공자
- 회사와 이해상충관계에 있는 사람
- 회사와 이미 여러 분야에 걸쳐 연관돼 있어 자문위원 역할을 정확하게 수행할 수 없는 사람

이들은 기업이 새로운 분야나 해외로 진출할 때 자신들의 전문성과 경험을 바탕으로 기업에 조언을 한다. 그러나 이사회와 달리 자문위원회는 기업 문제나 법률적 책임이 있는 문제에 대해 투표권을 갖지 않는다. 자문위원들은 연간 3~4회 모이는 것이 보통이지만 기업의 규모나 성격에 따라 조금씩 달라진다. 기업의 규모가 커져서 전문적인 이사회로 전환할 상황이 된다면 자문위원의 일부를 사외이사로 초청할 수도 있다.

이사회 :
기업 지배구조의 핵심

이사회는 주주를 보호하고 경영성과를 감독함으로써 기업에 전반적인 시너지효과를 낸다. 그런데 가족기업의 오너경영자는 이사회의 필요나 잠재적인 공헌에 대해 낮게 평가하는 경향이 있다. 그래봤자 이사들도 '월급 받는 사람'이라며 직원처럼 보고, 자신에게 반대의사를 표명하면 못마땅해하는 경우도 있다. 그러나 성공적인 장수기업의 오너경영자들은 이사회의 중요성을 깨닫고 있으며, 경험 있는 사외이사가 포함된 전문이사회를 조직하여 활성화시키는 것이 최선책이라고 말한다. 실제 연구에서도 독립적인 사외이사를 포함한 이사회를 갖춘 기업이 가족들로 구성된 이사회를 둔 기업보다 더 높은 성과를 내는 것으로 나타났다.[25] 전문이사회는 지배구조의 핵심이자 기업의 주요한 자원이며, 미래의 위기에 대비한 가장 중요한 기업운영 시스템이다.

이사회의 구성과 역할은 기업의 규모나 복잡한 정도에 따라 다르다. 그러나 일반적으로 가족기업의 이사회 기능은 5가지 핵심역할로 구분된다.

1. 효율적인 지배구조에 대한 책임
2. 기업의 목표와 정책, 전략이 타당하며 실행 가능한지 검토하고 모니터링하는 것

개인 성향	전문 자격

• 개인적인 성실성과 책임감
• 팀워크
• 커뮤니케이션 스킬
• 리더십 스킬
• 분석 스킬
• 용기, 자신감, 도전의식이 있는 가족이나
  최고경영층
	• 동일산업 경력
	• 비즈니스 판단력
	• 회사에서 필요로 하는 분야에 대한 전문성
	  과 스킬(전략, 마케팅, 법률, 재무회계, 위험
	  관리, 내부통제, 인사, 지배구조)
	• 유용한 사외 네트워크

이사가 갖춰야 할 자격 요건

3. 경영에 대한 충고나 권고 및 자문

4. 승계계획 및 후계자 선발 과정 감독

5. 기업경영에 가족의 목표와 정책이 반영되고 실행되는지 감시함
   으로써 가족주주 지원

이사회 규모는 기업 규모에 따라 다르다. 적정한 인원수에 대한 규
정은 없지만, 실질적으로 가장 적당한 규모는 5~9명 정도다.

가족기업에서 이사를 선정할 때는 그들이 기업에 어떤 가치를 더
할 수 있는지, 전략이나 경영감독에 필요한 능력이 있는지 등을 고
려해야 한다. 즉 성공적으로 이사회를 운영하기 위해서는 '내 사람
인가 아닌가'보다는 잠재적으로 기업에 공헌할 수 있느냐에 초점을
맞추어야 한다. 그럼에도 현실에서는 대개 가족이나 경영진과 친분
있는 사람들로 이사회를 구성한다. 이런 경우 이사회가 제 기능을 할
리 만무하다.

독립이사회 :
오너리스크를 보완하라

독립이사회란 오너경영자의 가족이나 회사로부터 어떤 영향도 받지 않는 독립적 사외이사가 포함된 이사회를 말한다. 연구에 따르면, 독립이사회는 기업의 생존과 성공에 가장 중요한 요소다. 존 워드 박사는 7,000개 기업을 대상으로 독립이사회와 가족기업의 관계를 연구하였는데, 독립이사회를 가진 가족기업이 그렇지 않은 기업에 비해 성장이 더 빠른 것으로 나타났다.[26] 독립이사회가 있는 가족기업들은 글로벌 기업인 경우가 대부분이다. 그들은 대개 체계적인 승계계획을 가지고 있고, 기업의 중요한 의사결정의 기준이 되는 가족정책을 가지고 있다. 사외이사로는 존경받는 다른 회사의 경영자를 선임하는 경우가 일반적이다. 성공적으로 가족기업을 경영하는 기업들은 이사회에 최소 2~3명의 독립적인 사외이사를 두고 있다.

대부분의 가족기업 오너들은 회사에서 통제권을 잃는 것을 두려워하고 사생활 노출을 꺼리기 때문에, 책임 있고 유능한 사외이사를 두는 것을 달가워하지 않는 경향이 있다. 그래서 오너경영자가 기업을 통제하기 위한 방법으로 가족들이나 자신과 친분이 있는 사람들을 중심으로 이사회를 구성한다. 그러나 이렇게 하면 이사회의 전문성이나 지식이 떨어질 수 있고, 오너경영자들이 독단적인 결정을 내리기 쉽다. 이는 가족기업의 장기적인 발전과 영속성에 걸림돌이다.

이사회에 독립적인 사외이사가 포함된다면 가족갈등으로 시간을 낭비하는 것을 방지하고 경영전략과 감시에 집중할 수 있어 더 효과적이다. 또한 사외이사들은 가족 간에 서로 반대의견이 있을 경우 객관적인 조언을 함으로써 완충역할을 할 수 있다. 즉 가족기업에서 사외이사를 포함한 전문이사회를 운영하는 것은 기업의 감시나 통제라는 측면 못지않게 가족기업이 가지고 있는 오너리스크, 즉 오너경영자의 독단적 의사결정으로 생기는 위험을 보완해주는 장치로서 더 크게 기여한다. SC 존슨은 가족이 보유한 주식이 90%를 넘는데도 과반수 이사를 독립적인 사외이사로 선임하고 있다. 현재 경영을 맡고 있는 새뮤얼 존슨은 기업의 성공 이유에 대해 이렇게 말했다.

"아버지는 우리 내부의 재능을 키우는 최선의 방법은 사외이사를 두는 것이라는 신념을 가지고 계셨고, 저희도 지금까지 그 신념을 지켜오고 있습니다. 저는 우리 회사가 성공한 비결 중 하나가 최고의 사외이사를 보유하고 있는 것이라고 확신합니다."[27]

댄코 박사는 《가족기업 경영법Running a Family Business》에서 다음과 같이 사외이사의 중요성을 강조했다.

"어떤 기업이든 미래 전략이나 경영진의 성과를 정기적으로 비교 검토하지 않고 장기적으로 효율적인 경영을 하기란 불가능하다. 이역할을 수행하기에 가장 좋은 조직이 이사회다. 모든 CEO에게는 유능한 사외이사가 필요하다. 사외이사는 도전자, 지원자, 집행자, 조정자 역할뿐 아니라 조언자로서 역할을 수행하며 경영자에게 도움을 준다. 이런 이사회는 CEO가 자신을 점검하는 잣대가 되므로 목표와 책임, 성과에 대해 가늠할 수 있게 해준다."[28]

이사회가 성공적으로 제 역할을 다하기 위해서는 독립성이 보장되어야 한다. 어떤 이유에서든 사외이사가 의사결정 과정에서 완전히 자유로울 수 없다면, 사외이사제도는 그 의미를 잃는다. 그런 점에서 앞서 살펴본 앤호이저부시의 사례는 우리에게 큰 교훈을 남긴다. 앤호이저부시의 이사회에는 유능한 사외이사가 많이 포함되어 있었지만 이들은 부시 3세뿐 아니라 서로 개인적인 인정이나 이해관계에 얽매여 사외이사제도의 장점을 전혀 살리지 못했다. 그들도 기업이 지속적으로 성장하는 시기에는 별 문제가 없어 보였다. 그러나 정작 위기상황에 닥쳤을 때는 부시 3세와 함께 기업을 위기로 몰아넣었다.

지금까지 살펴본 독립이사회의 장점과 이사 선임의 조건을 정리하면 다음과 같다.

독립이사제도의 장점

- 기업의 전략과 통제에 객관적인 시각을 갖는다.
- 기업이 보유하지 않은 지식과 스킬을 얻을 수 있다.
- 가족에게서 벗어나 독립적이고 객관적인 관점을 가질 수 있다.
- 가족이나 관리자 사이에 의견차이가 있는 경우 객관적인 심사 역할을 한다.

- 사외이사들의 비즈니스나 기타 네트워크를 통해 부가적인 혜택을 얻을 수 있다.

사외이사의 조건

- 현재 직원이 아니며, 5년 이내에 회사에서 일한 경험이 없어야 한다.
- 회사에 서비스를 제공하는 어떤 계약관계와도 무관해야 한다.
- 회사나 경영층과 개인적으로 연결돼 있지 않아야 한다.
- 가족이나 친인척 관계가 아니어야 한다.

지배구조에
핵심가치를 담아라

가족갈등을
지배구조로 극복하다[29]

굴소스로 널리 알려진 이금기李錦記는 중국요리에 사용하는 다양한 소스를 제조하는 회사로, 창업자인 리금성李錦裳에 의해 1888년 설립되었다. 리금성은 우연한 기회에 굴소스를 개발하여 중국 난시지방에서 굴소스 제조회사를 설립했고, 점차 다른 지방으로 확장했다. 1902년에는 화재로 공장이 소실되어 회사를 마카오로 옮겼다. 그는 1922년에 사망하고 회사는 3명의 아들이 승계했다. 이후 다양한 상품을 개발해 1950년대에는 마카오, 홍콩, 동남아 등으로 시장을 확대했다. 회사는 1972년 3세 리만탓李文達에게로 승계되었는데, 그는 장인정신과 기업의 전통을 계승하는 한편 관리와 생산공정을 개선하여 200여 개 제품을 개발하고 판매망을 전 세계 80개국으로 확장했다. 그들은 "전 세계 어느 곳이든 중국인이 있는 곳에는 이금기가 있다"고 할 만큼 세계적으로 알려졌다. 1992년에는 중국 본토에 진출해 사업이 크게 성장했으며, 2004년 중국에서 가장 유명한 브랜드에 뽑혔고 홍콩에서 밀레니엄 Top 10 기업으로 선정되는 성과를 이루었다. 이금기사는 120년 동안 지속적인 성장을 거듭해왔으며, 현재 5세 승계를 앞두고 있다. 이들의 장수비결은 어디에 있을까?

이금기 가족들은 핵심가치를 지속적으로 지켜온 데 자신들의 장수비결이 있다고 믿고 있다. 이들이 창업 초기부터 지켜온 핵심가치는 실용성, 명성, 지속적인 탐구정신이다. 이는 가족과 기업이 공유하는 꿈으로 4대째 이어오고 있다. 창업자인 리금성의 경영철학은 "수익을 낼 때는 항상 다른 사람의 이익에 먼저 관심을 가져야 한다"는 것. 이 원칙은 회사가 추구하는 기업가치의 본질로서, 기업의 모든 부분에 적용되고 있다. 또한 "기업의 발전은 기업과 직원 모두에게 좋은 것이어야 한다"고 강조하며, 매년 직원들의 상태를 측정한다. 이때 2가지 측정 지표를 활용하는데, 하나는 직원들의 현재의 느낌이고 다른 하나는 직원들의 스트레스 수준이다. 직원들의 컨디션이 좋아야 회사의 컨디션이 좋아질 수 있다고 믿기 때문이다. 그들은 평등하고 조화로운 기업문화를 만들려고 노력한다. 예를 들어 가족 중 누구라도 회사에서 일을 시작할 경우 다른 직원들과 같은 조건으로 밑바닥 일부터 시작한다. 이금기는 매년 드래곤보트 경기를 개최하는데, 여기에 참가할 사내 드래곤보트팀의 팀장을 일반 직원이 맡는다. 가족 중 누구라도 그 팀에 합류하면 당연히 팀장의 지시를 따른다. 이러한 문화를 통해 직원들에게 주인의식을 심어주려고 노력한다. 100년이 넘은 민족기업 이금기는 기업운영의 모든 면에서 '다른 이들의 이익'을 고려하는 경영철학을 입증해 나가고 있다. 이들의 사명은 "전 세계에 중국요리를 알리고" "전 세계에 전통 중국 약초 제품을 널리 알리고 현대화하는 것"이다.

이와 같이 이금기는 독특한 경영문화, 엄격한 품질관리, 탁월하고 창의적인 제품으로 무장하여 한 가족을 통해 120년 이상 지속적인 성장과 발전을 이루고 있다.

모든 가족기업이 직면하는 가장 큰 도전은 기업에 부정적인 영향을 미치는 가족 간 갈등과 분열을 어떻게 관리하느냐 하는 것이다. 이금기 또한 120년 이상 기업을 경영하며 형제간 갈등과 분쟁이 없었던 것은 아니다. 창업자 리금성은 중국의 전통에 따라 자신의 세 아들에게 기업을 똑같이 나누어주었다. 그런데 회사의 미래 전략방향에 대해 세 형제의 견해가 크게 달랐다. 맏형인 리슈탕과 그의 아들 리만탓은 회사를 확장해야 한다고 생각하고 야심찬 목표를 세웠다. 그런데 다른 형제들은 현재의 시스템을 대폭 수정하는 것은 위험이 크다고 생각했다. 기업의 미래 방향에 대한 의견차이로 형제간에 갈등이 생겼다. 이 때문에 미래에 대해 확신을 갖고 있는 장남 리슈탕은 형제들이 가지고 있는 지분을 매입하여 단독경영을 했다. 이일로 가족관계가 깨지고, 그는 동생들로부터 평생 배척당했다.

리슈탕에게는 장남 리만탓 이외에도 1남 6녀의 자녀가 더 있었다. 딸들은 아무도 회사 일에 참여하지 않았고 막내아들은 금융업에 종사했다. 그래서 장남 리만탓이 이금기사 전체를 물려받았다. 그는 아버지가 죽고 난 뒤 자기 지분 중 적지 않은 부분을 남동생에게 이전했고, 함께 회사운영에 참여토록 했다. 그런데 이 둘 사이에서도 회사에 대한 생각이 달랐다. 리만탓은 회사의 미래에 대한 원대한 비전을 가지고 있었던 데 반해, 동생은 현상유지를 하자는 쪽이었다. 이런 의견차이로 형제간 분쟁이 일었고, 경영권을 놓고 소송을 벌이기도 했다. 결국 형제 분쟁은 형인 리만탓이 전체 지분을 다시 가져오는 것으로 일단락이 났다.

이러한 결론에 이르기까지 리만탓은 엄청난 경제적, 감정적 비용을 지불해야 했다. 그러나 덕분에 큰 교훈도 얻었다. 가족기업의 핵심은 가족의 화목에 있다는 교훈이다.

두 세대에 걸쳐 형제간의 분쟁을 겪고 난 후 3세대인 리만탓은 일관성 있게 가족의 문제들을 해결하고 화목을 도모하기 위해 가족위원회를 설립하고 가족헌장을 제정했다.

먼저 가족의 주요 의사결정, 가족의 화합 및 투자를 통합관리하기위해 가족총회와 가족위원회를 설립했다. 가족총회에는 3세대부터

5세대 자녀들까지 26명의 가족이 참여한다. 이들 대다수는 주식을 소유하지 않고, 단 7명의 가족만이 주식을 소유하고 있다. 가족위원회는 주식을 소유한 가족이 중심이 된다. 가족위원회는 가족의 주요한 의사결정에 대한 책임을 지며, 가족의 화합을 위한 모든 종류의 활동을 조직한다.

가족회의는 분기별로 열리는데 7명의 핵심인원이 돌아가며 회의를 주최하고 의제를 결정한다. 가족회의에서는 기업운영에 관한 문제는 다루지 않고 가족과 관련된 문제만이 토의된다.

일반적으로 회의 첫날에는 부인들도 함께 참여하여 가족의 현황에 대해 정보를 나눈다. 이를 통해 가족관계를 돈독히 한다. 둘째 날에는 5가지 핵심 문제를 상의한다. 이것은 패밀리오피스, 가족재단, 가족투자, 가족헌장, 가족훈련센터에 관한 것이다. 회의를 주최하는 사람은 회의 전에 의제와 관련된 자료를 선정하고 참석자들이 사전에 읽고 오도록 준비시킨다. 이러한 커뮤니케이션을 통해 가족들은 서로를 충분히 이해할 수 있게 된다. 가족모임은 많은 가족들이 참여하도록 가능한 한 재미있게 구성한다. 가족회의는 가족들 사이의 갈등이나 분쟁을 해결하고 가족관계를 강화할 뿐 아니라 가족, 특히 젊은 세대의 정서를 깊이 이해할 기회가 된다. 또한 기업과 관련된 가족의 모든 문제를 함께 협의함으로써 합의점에 도달하게 된다.

이러한 노력으로 가족회의는 가족들이 가장 좋아하는 커뮤니케이션의 장이 되었다. 가족회의에서 합의되거나 결정된 주요사항은 가족헌장에 기록되는데, 이는 장기적으로 가족 모두의 이익을 보장하는 주요한 역할을 감당한다. 가족위원회의 운영규정은 가족헌장을 따르며, 가족회의는 모든 가족들이 기업의 꿈과 비전, 핵심가치를 공유하고 계승하는 중요한 역할을 한다.

만일 한 사람이 동시에 가족위원회와 이사회의 일원이 되는 경우, 그의 역할은 엄격히 구분된다. 가족과 관련된 사안은 가족위원회를 통해서만 결정되고, 기업운영과 관련된 사안은 이사회를 통해 결정된다. 조직이나 전략계획, 고용, 주식이전과 배당정책 등을 포함한 기업의 발전과 관련된 주요 이슈는 이사회의 결정사항이다. 이렇게 기업과 가족의 문제는 효과적으로 분리된다. 만일 한 사람이 가족, 주주, 이사회, 관리자의 역할을 맡게 되는 경우에도 임무에 따라 그 역할을 구분하므로 역할의 남용을 방지하고 있다.

가족헌장에는 가족의 경영 참여, 가족의 역할, 주주의 의무와 책임 등을 명시하고 있다. 만일 가족갈등이 생긴다면 가족헌장에 따라 문제를 해결한다. 리만탓은 가족 간에 발생할 수 있는 갈등을 예방하기 위해 일찍부터 가족의 기업참여 규정을 만들었다. 이 규정에 따르면, 가족이 회사에 참여하려면 대학교육을 마쳐야 한다. 그리고 여기에 더해 2가지 조항을 따라야 한다. 첫째, 누구든 한 명의 부인과 한 가정만 가져야 한다. 만일 누군가 혼외 가족이 생기면 그는 이사회에서 제외된다. 둘째, 이혼하는 경우에도 이사회에서 제외되며 다시는 회사에 합류하지 못한다. 이 경우 자신의 주식은 소유할 수 있지만, 어떠한 의사결정에도 참여할 수 없다. 이 규정은 그의 자손들에게도 계속 유효하게 적용되고 있다.

또한 리만탓은 자손들에게 선조들을 절대 잊어서는 안 된다고 교육한다. 그는 이금기의 창업자인 1, 2세대를 기념하기 위해 매년 홍콩에서 기념행사를 여는 가족 전통을 만들었다. 이 기념행사에는 회사의 주요 판매권을 가진 사람, 전 세계의 우수사원들 그리고 전체 가족이 함께 참석해서 선조들에게 감사함을 표시하고 이를 기념한다. 그들은 세기를 이어온 선조들의 전통과 가치를 소중히 여기고, 한 시대의 개척자로서 선조들이 사회에 기여했던 점을 강조한다.

최근 이들은 5세대로 기업을 계승하는 것과 관련하여 몇 가지 회사 참여 규정을 추가했다. 첫째, 모든 5세대 가족은 대학을 졸업해야 한다. 그리고 회사에 참여하기 전 최소한 3년간 다른 회사에서 경력을 쌓아야 한다. 둘째, 5세대 가족은 일반 직원들과 마찬가지로 입사시험에 합격해야 입사할 수 있다. 그리고 회사에 들어오면 밑바닥에서부터 일을 시작해야 한다. 셋째, 만일 직무능력이 떨어진다고 판명될 경우에는 다른 직무를 맡을 기회를 한 번 더 준다. 그러나 새로운 일에서도 직무능력이 향상되지 않는다면 그는 회사를 떠나야 한다. 이러한 규정은 전체 가족들의 합의로 만들어졌으며 모든 가족들이 동의하고 서명하였다. 그리고 이는 가족헌장에 포함되었다.

이금기 가족들은 견고한 가족지배구조를 구축한 덕에 3세, 4세 가족들 간 화목한 관계를 유지했다. 리만탓의 네 아들은 모두 미국의 유명대학을 졸업하고 좋은 교육을 받았다. 그들은 글로벌 기업에서 일했지만, 아버지가 회사에 와서 일을 도울 것을 부탁했을 때 주저 없이 회사에 참여했다. 현재 4형제는 회사 내 다양한 직책을 맡아 서로 원활하게 협력하고 있다. 첫째는 소스그룹 회장을, 둘째는 미국·라틴아메리카·유럽 지사의 회장을, 셋째는 중국 회장 그리고 넷째는 건강식품그룹의 회장을 맡으며 그룹 다각화를 모색하고 있다.

이들 형제간의 좋은 관계는 어린 시절 함께했던 경험 덕분이다. 그러나 그들의 자녀들은 그들만큼 같은 경험을 나눌 기회가 많지 않다. 더구나 대부분은 아직 어리고 가족기업에서 일하는 것에 대해 큰 관심이 없다. 현재 이금기사의 가장 큰 도전과제는 앞으로 어떻게 5세대들이 협력하여 창업자의 경영철학과 가치를 지키며 회사를 발전시키느냐 하는 데 있다.

우수한 지배구조에 장수비결이 있다[30]

보니어Bonnier 그룹은 발렌베리와 함께 스웨덴의 존경받는 가족기업이다. 보니어는 1804년 코펜하겐에서 창업자 게르하르트 보니어Gerhard Bonnier가 서점을 개업하며 시작되었고, 8세대가 지난 지금 다각화된 미디어 재벌로 성장했다. 보니어 그룹은 현재 북유럽을 중심으로 20여 개국에 200개 이상의 기업을 운영하고 있으며 매출이 약 3조 가량 된다. 그룹 산하에는 책, 방송, 비즈니스 프레스, 디지털, 엔터테인먼트, 잡지, 신문 등 7개의 자회사가 있다. 매출의 47%는 해외에서 발생한다. 현재는 6, 7대들이 경영의 중심에 있으며 비상장기업으로, 주식이 가족 76명에게 분산되어 있다. 본사는 스톡홀름에 있고 직원은 1만 1,000명이다. 이들은 어떻게 200년 넘게 유대관계를 지키며 기업을 성장시킬 수 있었을까?

이에 대해 전문가들은 2가지 요인을 들고 있다. 하나는 200년을 지켜온 가족의 핵심가치에 있다. 보니어 가족의 핵심가치는 첫째 언론의 자유, 둘째 개인의 힘, 셋째 출판에 대한 열정, 넷째 가족회사에 대한 헌신이다. 그리고 다른 하나는 보니어 그룹의 지배구조다. 보니어 그룹은 스위스와 미국의 가족기업센터로부터 우수한 가족기업 지배구조를 가진 기업으로 선정될 정도로 가족과 기업의 지배구조를 잘 갖추고 있다. 그리고 그들은 자신들의 경험을 다른 가족기업들과도 공유하는 데 힘쓰고 있다.

창업자인 게르하르트 보니어에게는 11명의 자녀가 있었다. 그중 3명이 스웨덴으로 갔고, 열 번째 아들 알버트Albert는 17세에 부친을 도와 일을 시작해 마침내 후계자가 되었다. 알버트에게는 아들 칼 오토Karl Otto와 2명의 딸이 있었지만, 그 당시 여자는 비즈니스에 참여하지 않았기 때문에 오토가 단독으로 승계를 했다. 그렇게 1세대부터 3세대까지는 오너가 단독경영하는 방식으로 승계가 이루어졌다. 오토는 4남 2녀를 두었다. 2명의 딸은 회사에 참여하지 않았고, 아들 한 명은 과학자가 되었다. 나머지 3명의 아들 톨Tor, 아케Ake, 카이Kaj가 회사에 참여하였기 때문에 소유권은 이들 3명에게 이전되었다. 당시에는 회사에서 일하지 않으면 소유권을 받지 못했다. 그렇게 4대째에 이르러 형제경영이 시작되었다. 그런데 이들 형제는 경영방식에 대한 견해가 달랐다. 톨과 아케는 출판사 대표를 맡고 있던 카이를 압박했다. 결국 카이는 이를 감당하지 못하고 1953년에 자신의 지분을 형제들에게 팔고 회사를 떠났다. 이후 기업의 소유권은 톨과 아케의 자녀에게로 이전되었고, 5대에 이르러 사촌경영 단계에 접어든다. 톨은 6형제를 두었는데 이 중 3명의 자녀 알버트Albert, 존John, 루카스Lucas에게 소유권을 승계하고, 아케는 자신의 지분을 외아들 게르하르트Gerhard에게 이전했다. 그래서 이들 4명이 회사지분의 95%를 소유하게 되었다. 이들 중 CEO 및 이사회 의장은 장남인 알버트가 맡아 가장 큰 영향력을 행사했다. 그러나 게르하르트가 전체 지분의 45%를 갖고 있었기 때문에 서로 견제하며 균형을 맞출 수 있었다.

알버트는 회사와 가족 양쪽에서 훌륭한 리더 역할을 하다 1989년 82세로 사망했다. 알버트의 생전에는 그가 가족과 기업의 중심에 있었기 때문에 형제나 사촌 간 단합도 잘되고 화목하게 지냈다. 그러나 그의 사망 후 가족들은 회사의 지배구조 문제에 부딪혔다. 또한 알버트 사망 후 소유권 문제도 부각되었다. 6세대 자녀들 간 지분률에도 차이가 있고 또한 카이가 형제들에게 주식을 매도한 것과 관련하여 그의 자녀들이 불만을 표시했다. 그래서 사촌들이 협의하여 카이의 손자들에게 주식을 살 기회를 주었다. 이렇게 해서 현재 보니어가는 76명의 가족들이 주식을 가지고 있다. 이 중 약 30%는 여성이고, 70%는 남성이다. 전체 가족 중 18세 이상 된 주주는 약 60% 정도이며 이들 중 11명이 회사에서 일하고 있다.

현재 보니어 그룹의 주식은 100% 가족이 보유하고 있으며 앞으로도 당분간 그 정책에는 변함이 없을 것이다. 73명의 가족주주들은 한 세대, 즉 향후 30년 동안은 외부에 주식을 팔지 않기로 주주합의서를 작성했기 때문이다. 만일 누구든 주식매도를 원하는 경우에는 반드시 회사에 매도해야 한다. 그리고 주식가격은 공정가의 30%로 책정한다. 주식매매가격은 1999년 합의서를 갱신하면서 가족 만장일치로 확정했다. 이전 세대의 협약서는 1953년에 만들어졌는데 그때는 매매가격이 '0'으로 책정되어 있었다. 이렇게 매매가격을 낮게 책정한 데는 2가지 이유가 있다. 하나는 가족들이 서로 주식을 매도하지 않기를 바랐기 때문이다. 또 다른 하나는 만일 가족들이 주식을 팔기 원하는 경우 회사가 시장가격으로 주식값을 지불할 수 없기 때문이다. 이제까지 아무도 주식의 매도를 원하지 않았고 모든 가족이 이에 대해 만족하고 있다. 현재의 주주합의서는 유효기간이 30년이다. 그러므로 2030년이 되면 다음 세대들은 다시 합의내용을 검토할 수 있게 된다. 각 세대들은 자신들의 세대가 원하는 방식으로 결정할 기회가 있다.

현재 모든 주주들은 안정된 배당을 받고 있다. 배당률이 높지는 않지만 회사에서는 수익과 상관없이 안정적으로 배당을 지급하고 있다. 최근 약 900만 유로의 배당을 지불했는데, 매년 조금씩 증가하는 추세다. 회사에 적자가 발생해도 배당을 한다. 이는 배당정책에 대한 합의에 따른 것이다. 보니어 그룹은 기업을 공개하지 않았기 때문에 외부에서 자금을 확보하기가 어렵다. 그러므로 주주합의를 통해 배당률을 낮추고 충분히 수익률을 유보하는 정책을 채택했다. 이를 통해 회사에 필요한 재정을 충원하면서 안정적인 배당도 할 수 있는 것이다.

보니어 그룹 지배구조의 중심에는 가족총회가 있다. 가족총회는 주식보유 여부에 상관없이 전 가족을 대상으로 한다. 전체 가족 대상 총회는 1년에 한 번씩 개최한다. 76명의 주주들은 연간 2회의 미팅을 통해 회사 정보를 얻고 현안을 토론하는 등, 주주와 회사 간의 커뮤니케이션을 위한 회의를 갖는다. 가족총회 밑에는 4명으로 구성된 지명위원회가 있다. 그들의 역할은 후계자 후보를 지명하는 것이다. 이 중 2명은 가족재단의 이사직을 떠난 사람이 맡는다. 그리고 그 산하에 기업지배를 위한 지주회사 알버트 보니어 AB Albert Bonnier AB와 가족지배를 위한 보니어 가족재단Bonnier Family Foundation을 두고 있다.

먼저 지주회사를 보자. 알버트 보니어 AB는 지주회사로, 그 밑에 7개의 자회사가 있다. 지주회사의 이사회에는 12명의 이사가 있는데, 이들은 회사에서 일하는 동일한 세대의 가족들이다. 지주회사에서는 가족문제와 자회사의 전략계획 등을 토론하고 정보를 받는다. 그러나 자회사에 대한 재정적 의사결정 권한은 없다.

지주회사 밑에는 책, 방송, 비즈니스 프레스, 디지털, 엔터테인먼트, 잡지, 신문 부문의 7개 자회사가 있는데, 각 회사는 전문경영인을 두고 있다. 그리고 전체 자회사를 감독하는 이사회가 있다. 여기에는 12명의 이사가 있는데 4명의 가족과 5명의 사외이사, 3명의 직원대표로 구성되어 있다. 이사회에서는 각 자회사의 CEO 채용 및 해고를 결정한다. 가족들도 자격이 된다면 CEO가 될 수 있다. 현재 지주회사의 회장도 이전에 자회사의 CEO를 맡았다. 그러나 그가 생각하는 가장 바람직한 형태는 가족이 회장직을 맡고, 자회사는 전문경영인을 영입하는 것이다. 현재 각 회사에서 근무하고 있는 가족들은 서로 다른 부분에서 일하며 가족을 보고라인으로 하지 않도록 하고 있다. 그래서 모든 가족들은 각자 다른 상사를 두고 있다. 그리고 가족들은 회사에서 다른 직원들과 똑같이 일한다. 차이가 있다면 그들은 오너로서 주주회의에 참석한다는 것이다.

보니어가의 가족지배기구는 보니어 가족재단이다. 가족재단의 목적은 기업에서 일하지 않는 가족을 포함한 모든 가족들의 화합과 결속에 있다. 가족재단의 이사회는 8명의 가족으로 구성되어 있는데 이 중 2명은 지주회사의 이사회에서 지명한다. 그리고 6명은 가족총회에서 투표로 선출한다. 이사의 임기는 6년으로, 2년마다 2명씩 교체된다.

가족재단에는 가급적 회사에서 일하지 않는 가족들이 많이 참여할 수 있게 하고 있다. 재단에 따로 고용된 직원은 없고 19명의 가족들이 무료로 봉사한다. 가족재단 산하에는 여러 개의 위원회가 구성되어 있어 가족들은 자신들이 원하는 분과를 선택하여 활동하고 있다.

보니어가에는 가족맨션이라 불리는 저택이 하나 있는데, 여기에 창업 초기부터 책을 출판한 인물들의 갤러리가 있다. 이는 가족에게 상징적인 의미다. '가족맨션위원회'는 수집품 관리 규정이나 가족맨션의 개조 등을 감독한다. '재정위원회'는 가족재단의 투자전략과 재단 자산을 보호하며, '가족기록위원회'는 창업 초기부터 저자와 주고받은 편지 등 각종 기록물을 관리하고 감독한다. '교육위원회'는 후세들에게 가족의 철학을 계승하며, 가족기업 이외에 다른 분야의 교육을 원하는 자녀에게는 장학금을 지급하고 재정적으로 후원한다. '패밀리오피스'는 가족 개개인에게 재정적 조언이나 상담을 해주고, 가문의 법률, 세무 등 자산관리 및 유지에 필요한 전반적인 업무를 수행한다.

아울러 보니어 가족재단에는 구트킨트 컴퍼니Gutkind & Company라고 하는 차세대위원회가 있다. 이 위원회를 설립한 이유는 후세들이 영국, 미국, 프랑스, 포르투갈 등으로 떨어져서 서로 모르고 살게 되는 것을 우려했기 때문이다. 그들은 가족들이 서로 모르고 지내다 보면 결속력이 와해되고 기업의 영속성을 위협할 수 있다고 생각한다. 차세대위원회는 7~9세대 자녀들 중 16~32세 자녀 약 30명으로 구성되어 있다. 그래서 자녀들이 서로를 잘 알고, 다른 사람의 생각이나 개성을 존중할 수 있도록 그들을 위한 세미나를 개최한다. 일반적으로 세미나의 주제는 재무, 대차대조표, 대출 등과 같은 기업운영 관련 주제뿐 아니라 기업문화, 가족문화 등 폭넓은 주제를 포함한다. 이를 통해 자녀들이 모여 즐거운 시간을 함께할 뿐 아니라 가족의 역사와 기업에 대해 배운다. 그리고 이들 중 가족기업에서 일하기를 원하는 자녀들이 있다면 정해진 규정에 따라 기업에서 일할 기회가 주어진다.

이 모든 재단의 활동들은 지주회사가 비용을 지불한다. 즉 회사 이익의 일정부분으로 재단을 지원하는 것이다. 그러나 앞으로는 이러한 활동들을 관장할 CEO와 별도의 기금을 마련해 독립적으로 운영할 예정이다.

보니어 그룹이 9대에 걸쳐 200년 이상 생존할 수 있었던 비결은 바로 가족에 있다. 가족기업으로 대를 이어 유지하고자 하는 가족 공동의 꿈 그리고 이를 위한 가족들의 협력과 헌신 없이 기업이 한 가족 내에서 수세기를 생존한다는 것은 불가능에 가깝다. 보니어가의 사례는 가화만사성家和萬事成을 다시 한 번 생각하게 한다.

자선활동을 통해
좋은 이웃이 되어라

세계에서 자선재단이 가장 많고 규모가 큰 나라는 미국으로, 약 4만 개 이상의 독립 자선재단이 있다. 이 중 가족재단의 수가 절반 이상을 차지한다. 2009년에 가족재단이 자선활동에 쓴 금액은 약 185억 달러로, 전체 자선금액의 56%에 이른다.[31] 미국 다음으로 가족자선재단 수가 많은 나라는 영국이다. ESRC 리서치 센터에 따르면, 2009년 영국의 100대 가족자선재단에서 자선활동에 쓴 금액은 18억 달러에 이른다. 이 밖에도 유럽의 많은 나라에서 가족재단은 자선활동의 큰 부분을 차지하고 있다. 메릴린치는 2010년 '월드웰스 리포트'를 통해, 세계적으로 가족기업의 자선활동이 늘어나는 추세라고 보도했다. 특히 중동지역에서 향후 자선활동에 참여하겠다고 응답한 가족이 크게 증가하고 있다.

세계적으로 가족재단이 증가하는 이유는 무엇인가? 최근 들어 세대교체를 앞둔 많은 가족기업들이 성공적인 승계를 위해서는 건강한 가족지배구조가 필수적이라는 것을 깨닫고 있다. 즉 자선활동이 가족기업을 성공적으로 승계하기 위해 필요한, 중요한 플랫폼임을 인식하기 시작한 것이다.[32]

최근 미국이나 유럽에서는 자선재단에 대한 개념이 바뀌고 있다. 예전에는 가족재단을 사회적 기여와 함께 자산관리 및 절세전략의 일부로 보는 경우가 많았다. 그런데 성공한 가족기업은 가족이 함께 자선활동에 참여하는 것을 가족운영체제의 중요한 부분으로 여긴다. 가족의 사명선언서가 가족의 가치관을 표현한 것이라면, 자선활동은 가치관을 행동으로 옮기는 가장 효과적인 수단이기 때문이다.

미국에는 인류문화의 발전을 위해 재산의 상당량을 사회에 기부하는 가문들이 많이 있다. 카네기, 포드, 존슨, 켈로그, 멜런, 모건, 록펠러 등의 가문은 19세기 말과 20세기 초에 등장해 아직까지도 활발한 자선활동을 하고 있는 가문들이다. 그들은 가족기업을 통해 부를 축적하고 자선활동을 통해 나눔을 실천한다. 그들은 부를 나누는 것을 성공한 리더의 덕목이며, 자선활동이 지역사회 공동체의 삶뿐아니라 자기 가족의 삶도 증진한다는 사실을 알고 있다.

성공한 가족들은 자녀들이 함께 자선활동에 참여할 수 있도록 다양한 프로그램을 추진한다. 이것은 가족과 지역사회의 관계를 증진할 뿐 아니라 가족의 화합과 결속을 위한 가장 중요한 수단이 되기 때문이다.[33] 그래서 그들 가문에는 청지기정신과 기부의 정신이 뿌리내려 있다.

가족들이 함께 참여하는 자선활동에는 다음과 같은 이점이 있다.[34]

첫째, 가족의 유산을 계승한다. 가족기업의 장기적인 비전은 대를 이어 사회에 가치와 부를 창출하는 것이다. 성공한 가족기업들은 지속가능경영에 대한 열망을 가지고 있으며, 기업의 성공이 후세뿐 아니라 지역사회에도 도움이 되기를 원한다. 가족이 함께 자선활동에 참여한다면, 창업자는 가족을 통해 개인적 가치와 영적 가치까지도 실현할 수 있다. 이는 지역사회에 대한 헌신인 동시에 가족의 유산으로 계승된다.

둘째, 가족 간 또는 세대 간 결속을 강화한다. 가족자선활동에는 기업에서 일하지 않는 가족들을 포함하여 부모와 자녀, 또는 조부모와 손자 손녀가 함께 참여한다. 이를 통해 멀리 떨어져 있는 가족들이 함께 만나서 대화하며 자선활동에 대한 서로의 관심사를 나누고 가족 간 결속을 다질 수 있다. 이는 가족들이 가치를 공유하는 장이 될 뿐 아니라 자녀들에게 성장할 기회를 제공한다.

셋째, 승계전략으로 활용한다. 어떤 가족기업은 자녀가 회사에 입사하면 가족재단의 이사 일을 2~3년간 맡긴다. 재단활동을 통해 사업에 필요한 스킬과 경험을 얻을 수 있기 때문이다. 또한 자녀들이 지역사회에 관심을 갖는 계기가 되고, 다른 사람에 대한 배려나 형제 또는 사촌들과 공동으로 의사결정을 하는 법도 배운다. 이 때문에 성공한 많은 가족들이 가족재단을 자녀들의 리더십 개발 도구로 활용하고 있다.

넷째, 자녀교육의 장으로 활용한다. 많은 가족들이 자선활동을 통해 자녀들에게 좋은 태도와 습관을 물려주고 기업운영이나 사회에서 필요한 스킬을 교육한다. 성공적으로 가족재단을 운영하는 가족들은 대부분 자녀들이 고등학교에 들어가기 이전부터 자선활동에 참여시킨다. 자녀들이 어렸을 때부터 참여하지 않으면, 나중에 자선활동을 의무로 생각하거나 이를 위해 시간 내는 것을 꺼리거나 부담스럽게 생각할 수 있기 때문이다. 다른 사람과 어울려 살아야 한다는 개념을 아이들에게 심어주는 가장 좋은 방법은 기부와 봉사의 습관을 들이는 것이다. 부모는 자녀를 자선활동에 참여시킴으로써 다음과 같은 것들을 교육할 수 있다.

- '자기 것'을 나누는 습관을 가르친다.
- 자선활동이 자녀들의 인격형성에 도움이 되도록 지도한다.
- 자신의 의견을 얘기하고, 다른 사람들과 생각이 다를 때 이를 절충하는 방법을 가르친다.
- 돈의 가치를 이해하고 다른 사람과 협조하도록 가르친다.
- 재산관리의 중요성을 가르친다.

자녀들을 자선활동에 참여시키는 방법은 가족의 상황에 따라 다르다. 예를 들면, 록펠러 2세는 아이들에게 용돈을 주면서 그중 3분의 1은 기부할 것을 가이드라인으로 정해주고 실천하게 했다.[35] 어떤 가족은 자선재산을 설립하는 단계에서부터 자녀들을 참여시켜 재단 설립의 목적과 가족이 추구하는 가치 등을 함께 의논한다. 또 어떤 가족은 후세대를 위한 별도의 기금을 만들어 자녀들이 서로 협의하여 기부방법을 정하도록 한다.

3대째 가족기업을 운영하는 한 가족은 가족별로 기금을 할당하고 각 가족들은 저녁식사 시간을 활용하여 자녀들과 자선활동에 대해 토론하며 자녀들의 교육수단으로 활용한다. 그리고 1년에 한 번씩 전체 가족모임에서 서로 자신들의 활동내역을 발표함으로써 모든 가족들을 직간접적으로 자선활동에 참여시킨다. 만일 그룹으로 활동하기를 원하지 않는 경우에는 개인에게 일정금액을 주고 각자 자기가 원하는 NGO 등의 단체를 지원하도록 하는 가족도 있다.

그런데 중요한 것은, 다른 가족시스템이 건강하지 않으면 가족재단은 가족을 함께 엮어주는 역할을 하지 못한다는 것이다. 아니, 오히려 가족갈등의 장이 될 수 있다. 우리나라에서도 많은 기업들이 자선재단을 세우고 있지만, 그럼에도 한편에서는 가족들의 재산다툼이 벌어지고 있다. 이는 자선활동을 단지 사회적 기여 차원으로밖에 활용하지 못하기 때문이다. 가족시스템이 건강하고 기업이 건전하다면, 자선활동은 가족 공동의 열정이나 비전을 표현하는 장이 될 수 있다. 세계적인 명문가들이 수대에 걸쳐 명성을 유지하는 비결 중 하나는 자선활동에 있다. 가족이 함께 참여하는 자선활동은 가족의 인적자본과 사회적자본을 확충하는 가장 좋은 수단이기 때문이다. 특히 가족을 하나로 묶어주는 사회적자본과 가족과 사회를 연결하는 사회적자본을 확충할 수 있는 가장 효과적인 방법이다. 실제로 이것은 "부자는 3대를 가기 어렵다"는 3세대 함정을 극복하는 가장 좋은 수단이다.

가족을 뛰어넘는
자선 네트워크를 형성하라

록펠러 재단은 미국 자선재단의 원조 격으로 카네기 재단, 포드 재단과 더불어 미국에서 가장 큰 3대 재단으로 손꼽힌다. 록펠러 재단은 창업자인 존 록펠러가 1913년 "지식의 습득과 공유, 고통의 제거와 예방, 인류 진보와 관련해 미국인을 포함한 전 인류의 문명을 향상시키고 인류 복지 증진에 이바지하기 위하여"라는 목적으로 설립했다. 록펠러의 유지는 후손들에게로 전해져서 록펠러의 후손 대부분이 자신들의 자선재단을 만들어 활동하고 있다. 후손들의 자선사업에 관한 행보를 보면 록펠러가는 가히 자선사업의 명가로 불릴 만하다.

존 록펠러와 그의 아들 록펠러 2세가 벌이는 록펠러 재단의 활동에 고무되어 1940년에는 록펠러 2세의 아들딸들이 모여 록펠러 브라더스 펀드라는 자선재단을 설립했다. 록펠러 2세의 여섯 자녀 중 데이비드 록펠러와 로렌스 록펠러가 이 펀드에 적극적으로 관여하다 최근 이사회에서 물러났으나 록펠러 4, 5대 자손들이 계속 이사회 일을 보고 있다. 1967년에는 록펠러 가의 3, 4, 5대 가족이 록펠러 패밀리 펀드를 설립하였다. 이 또한 자선재단으로 세계평화와 환경보호, 여성의 경제적 지위 향상, 공공정책 문제에 집중해 기금을 지원하고 있다. 록펠러가의 마타, 존, 로렌스, 넬슨, 데이비스 등이 1967년 창립 멤버가 됐고 이후 1978년 5대손들이 대거 들어오면서 현재는 5대손을 중심으로 운영되고 있다.

그뿐 아니라 록펠러가는 100년 동안 쌓아온 자선사업의 노하우를 다른 부자들과 공유하고자 2002년 5월 록펠러 자산자문단이라는 비영리기구를 새롭게 만들었다. 〈뉴욕타임스〉에 따르면 이 자문단의 한 관계자는 "그간 대학이나 기업들은 돈을 벌고 쓰는 방법만 가르쳤지 어떻게 효과적으로 기부할지에 대해 준비시키는 곳은 거의 없었다"라면서 "록펠러 자선자문단은 부자들의 자선기부를 돕기 위한 것"이라고 말했다. 록펠러 가의 5대손 타라 록펠러는 〈뉴욕타임스〉와의 인터뷰에서 "가족의 규모가 점점 커짐에 따라 우리에게 동참하길 원하는 자선기부자들이 늘어나고 있다"라면서 "우리 가족을 뛰어넘는 자선 네트워크를 형성해 다른 가족들과 협력하기 위해 이 단체를 만들었다"라고 말했다.[36] 록펠러가는 장남인 록펠러 2세가 아버지가 시작한 자선사업을 총괄했고, 이것이 다시 록펠러 3, 4, 5세로 이어져 내려오고 있다.

반면 록펠러가와 대비되어 자주 거론되는 가문이 있다. 바로 밴더빌트Vanderbilt가다. 코넬리우스 밴더빌트Cornelius Vanderbilt는 1810년 해운업으로 시작해 이후 철도사업으로 엄청난 재산을 모았다. 그는 1877년 10억 달러 가까운 돈을 남기고 세상을 떠났다. 1998년 아메리칸 헤리티지는 그가 남긴 돈을 당시 가치로 추정했는데 약 959억 달러에 달했다. 그는 역사상 록펠러, 카네기에 이어 세 번째로 많은 재산을 모은 사람이었다.

하지만 돈을 모으는 동안 자선사업에는 거의 관심이 없었다. 그는 아들과 손자들에게 엄청난 돈을 남기고 세상을 떠나면서 "함께 돈을 지켜라"고 유언했다. "가족이 일치단결하여 가족의 화합을 지켜라"는 로드차일드의 유언과는 크게 대비된다. 그러나 그의 후손들은 그의 말을 심각하게 받아들이지 않았다. 뉴욕 5번가에 있던 그의 아들과 손자의 저택에는 미국 최고 부자가족들과 정치인들이 모여 매일 밤 파티가 열렸다. 그리고 요트, 말, 보석, 미술품 등을 구입하고 저택을 꾸미는 데 아낌없이 돈을 썼다. 벤더빌트가 세상을 떠난 지 48년이 되는 1925년 가문의 관리자 역할을 맡았던 그의 증손이 세상을 떠났다. 그는 아버지로부터 750만 달러를 물려받았지만 고작 13만 달러만을 남겼다. 이후 밴더빌트가의 가족들은 1973년 처음으로 '가족재회의 날' 행사를 열었다. 밴더빌트가의 연구서 《부의 아이들Fortune's Children》의 저자인 아서 밴더빌트는 "그날 모인 사람들 중에 백만장자는 한 명도 없었다"고 적었다. 그가 책을 쓰던 1989년 당시 록펠러 가문에서는 가족들 중 5명을 미국의 400대 부자 순위에 올려놓았고, 전 집안의 재산도 50억 달러나 불어나 있었다. 하지만 밴더빌트 가문은 부자 순위에 단 한 명도 없었다. 벤더빌드의 손자 윌리엄 밴더빌트는 "부는 나에게 바랄 게 아무것도 없게 해줬다. 돈이 많으니 애써서 찾거나 구해야 할 것이라고 스스로 규정할 것도 없었다. 물려받은 재산은 행복추구의 방해물에 불과했다"고 말했다고 한다.[37] 결국 밴더빌드가는 부의 3단계 공식을 그대로 따르며 '3세대의 함정'을 극복하지 못했다. 반면 록펠러가는 가족이 함께 자선사업을 통해 가문의 재산을 사회와 나누면서도 오히려 가문의 재산을 불렸다. 그들은 자선활동을 통해 사회에 기여하고 나누는 것이 사회에 유익하지만, 가족이 함께 참여한다면 궁극적으로 가문에 더 유익하다는 것을 증명해 보였다. 최근 해외에서 기업을 운영하는 많은 가족들이 가족재단을 가족지배구조의 플랫폼으로 활용하려 하는 이유도 바로 여기에 있다.

우리나라의 오너경영자들은 기업과 재산을 자녀에게 물려주려고만 하지 가족이 함께 재단을 운영하는 사례는 많지 않다. 대부분의 기업들은 기부금을 내거나 자선활동하는 것을 기업의 사회적 책임이나 사회적 접근 전략으로 인식하고 있다. 그래서 자선활동을 기업의 이미지를 개선시키고 직원들의 사기를 높이는 등의 방안으로만 활용한다. 그나마 대부분 불우이웃돕기와 장학사업 정도에 머물고 있다.

이제 우리나라 기업들도 다양한 분야에서 더 높은 차원의 자선사업에 나설 때다. 자선재단이라고 해서 꼭 재벌기업처럼 수천억씩 내놓아야만 하는 것은 아니다. 미국재단의 90%가 소규모 가족재단이라는 것은 우리나라 가족기업에도 많은 점을 시사한다. 특히 가족이 함께 참여하는 자선활동은 사회적인 기여뿐 아니라 창업자의 경영철학과 정신을 후손들에게 계승하는 가장 좋은 수단이고, 결국 가족에게도 더 유익하다는 점을 인식해야 한다.

100년 기업을 꿈꾼다면,
가족과 함께 미래를 설계하라

자신이 죽은 뒤에도 자녀들이 싸우지 않고 협력해서 기업을 잘 이끌어가기를 바라지 않는 부모는 없다. 그런데 막상 승계에 대해 구체적인 계획을 세우고 준비하는 경영자는 그리 많지 않다. 설령 계획이 있다 하더라도 경영자 혼자만의 생각에 머물러 있거나, "후계자가 잘못하면 어쩌나?" "자녀들끼리 서로 싸우면 어떻게 하지?"와 같이 부정적인 질문에 기초해 계획을 세운다.

승계계획은 당신이 걱정하는 것 이면의 긍정성에 초점을 맞춰야 한다. 즉 "어떻게 하면 후계자가 잘할 수 있을까?" "어떻게 하면 자녀들이 협력하고 화목하게 지낼까?" "어떻게 하면 대를 이어 건강한 가족과 기업을 유지할 수 있을까?"라는 질문에서 시작해야 한다. 문제를 어떻게 정의하느냐에 따라 해법도 크게 달라지기 때문이다.

이 책에서 소개한 100년 장수기업들은 모두 그러한 부분에 엄청
난 시간과 노력을 투자했다. 주목할 것은, 그들은 가족들이 참여하
는 가족회의를 통해 승계문제뿐 아니라 가족 관련 문제들을 함께 협
의한다는 것이다. 가족의 참여, 그것이 바로 세계적인 장수기업들이
수 대에 걸쳐 가족 간 결속을 유지해온 비결이다. 따라서 100년 기
업을 꿈꾸는 경영자라면 반드시 다음 사항을 기억해야 한다.

첫째, 먼저 가족들이 대를 이어 가족기업으로 성장·발전시키겠다
는 '가족 공동의 꿈'에 합의해야 한다. 둘째, 승계계획을 경영자 혼
자만의 문제가 아니라 가족 전체의 문제로 인식하고 준비해야 한다.
셋째, 당장 눈앞의 과제를 해결하는 데 초점을 맞추기보다 시스템적
으로 승계문제에 접근해야 한다.

이 책에 소개된 기업 외에도 세계적으로 100년 이상 장수하는 기
업 대부분은 가족기업이다. 하지만 가족기업이라고 해서 모두가 장
수기업의 꿈을 이룰 수 있는 것은 아니다. 4%도 안 되는 기업만이
100년 기업 대열에 합류할 수 있다. 이제 우리는 그들의 성공비결에
주목해야 한다. 그리고 그들의 지혜를 배워야 한다. 100년 기업은 오
직 철저히 준비한 기업에만 허락된다. 이 책이 우리나라 가족기업들
이 백년대계百年大計를 세우는 데 초석이 되기를 바란다.

김선화

가족기업의 성공적 세대이전을 위한 체크리스트

아래 항목들은 성공적으로 장수하는 가족기업들의 실천사례다. 가족기업이 대를 이어 지속적으로 성공하기 위해서는 대부분의 항목에 "예"라고 답할 수 있어야 한다. 본 체크리스트는 가족기업의 강점과 약점, 개선이 필요한 분야에 대한 가이드라인으로 활용할 수 있다.

	1. 가족관계 및 가족지배구조	예	아니오
1	가족들이 어떤 주제든 서로 자유롭게 이야기하는 분위기가 조성되어 있다.		
2	가족들은 가족문제와 기업문제를 별개로 생각한다.		
3	가족들이 함께 가족과 기업 문제를 협의할 공식적인 가족회의가 있다.		
4	가족의 화합과 단합을 위한 정기적인 가족행사가 있다.		
5	가족의 꿈과 가치, 비전, 사명선언서 등을 포함한 가족헌장이 있다.		
6	가족들의 기업참여규정을 명문화한 가족고용정책이 있다.		
7	기업에서 일하는 가족에게 직원과 동일한 규정을 적용한다.		
8	가족들은 가족의 재정 상황과 상관없이 항상 검소하고 겸손하게 행동한다.		
9	후손들이 기업에 관해 배우고 체험할 기회를 제공한다.		
10	가족이 함께 자선활동에 참여하거나 자선재단을 운영할 계획이 있다.		
	2. 후계자 선발과 훈련	예	아니오
1	후계자에게 자발적인 승계의지와 기업경영에 대한 열의가 있다.		
2	후계자에게 기업경영에 필요한 기술과 능력이 있다.		
3	후계자 후보가 복수인 경우, 공정한 선정 기준과 평가시스템이 있다.		
4	후계자 훈련과 리더십 계발을 위한, 명문화된 타임테이블이 있다.		
5	후계자는 다른 회사에서 일한 경력이 있다.		
6	후계자는 주요 부서 순환훈련을 받아 실무 및 현장을 잘 이해한다.		
7	후계자에게 일정 과제에 대해 독자적인 의사결정기회를 부여한다.		
8	후계자와 임직원들은 상호 협조적이며 커뮤니케이션이 원활하다.		
9	임직원들은 후계자의 능력을 인정하고 리더로서 신뢰한다.		
10	후계자는 기업을 성공적으로 후세에 계승해야 한다는 책임감이 있다.		

	3. 경영자의 은퇴 및 승계계획	예	아니오
1	현 경영자의 은퇴 시점 및 리더십 이전 시기를 공식화하고 있다.		
2	은퇴 후 회사를 떠나 새로운 삶을 살기 위한 계획이 있다.		
3	은퇴 후 회사에 의존하지 않도록 재정적으로 충분한 준비가 되었다.		
4	갑작스러운 유고 시 가족들이 각자 무엇을 해야 하는지 잘 알고 있다.		
5	최근 3년 이내에 유언장을 작성했거나, 유언장을 정기적으로 점검한다.		
6	유언장은 가족갈등과 분쟁이 발생하지 않도록 명확하게 작성되었다.		
7	소유권을 후세에 적극 이전하고 있거나, 구체적인 이전 계획이 있다.		
8	대화를 통해 자녀 각자의 꿈과 미래 계획을 잘 이해하고 있다.		
9	후계자와 커뮤니케이션이 원활하며 좋은 신뢰관계를 유지하고 있다.		
10	후계자와 기업의 비전과 핵심가치, 경영철학 등을 공유하고 있다.		
	4. 가족의 오너십	예	아니오
1	대를 이어 가족기업으로 유지할 수 있는 소유권 구조를 갖추고 있다.		
2	가족주주 간 소유권 문제를 협의할 주주협의회가 있다.		
3	가족주주 모두 기업을 후세에 계승해야 한다는 책임감을 갖고 있다.		
4	가족주주들은 기업을 사유재산이 아닌 가족의 공동재산으로 여긴다.		
5	가족들은 소유권을 갖는 데 따른 권리와 책임을 정확히 알고 있다.		
6	주식처분 시 우선적으로 가족 간에 거래하도록 규정하고 있다.		
7	주식처분을 원하는 가족을 위해 유동성 계획이 수립되어 있다.		
8	가족주주들에게 재무 및 기업성과에 대한 정보를 투명하게 공개한다.		
9	주주협의회는 기업전략과 기업문화, 이사회 등을 모니터링한다.		
10	가족주주 간 배당, 재투자수준 등 자본허용에 관한 합의규정이 있다.		

5. 기업경영 및 지배구조	예	아니오
1	기업의 핵심가치와 미션이 기업운영 및 주요 의사결정의 기준이 된다.		
2	기업전략은 단기성과보다는 기업의 장기적 경쟁력에 중점을 둔다.		
3	외부 환경변화에 빠르게 대응하는 기업문화가 구축되어 있다.		
4	임직원들에게도 능력에 따라 가족과 동등하게 기회를 부여한다.		
5	임직원들에게 능력에 따라 충분한 보상을 지급한다.		
6	독립적인 사외이사를 포함한 활동적 전문이사회가 구축되어 있다.		
7	사외이사는 어떠한 영향도 받지 않고 독립적으로 의사결정을 한다.		
9	이사회에서는 경영권 승계계획 및 후계자 선발과정 등을 감독한다.		
10	이사회는 가족과 기업의 균형점 역할을 한다.		
합계		

체크리스트 평가: 체크리스트에 "예"라고 답한 개수에 따라,

• 30~35개 : 당신의 가족기업은 수익성을 극대화하고 장기적으로 성공을 거둘 수 있는 효과적인 운영체제를 가지고 있다.

• 20~29개 : 당신의 가족기업은 수익성과 장기적 성공을 저해하는 요인이 많다. 더 나은 비즈니스 관행을 실현하려면 현재 시행되고 있지 않은 항목들을 도입하고 개선해야 한다. 그렇지 않으면 가족기업으로서의 장점과 혜택을 누릴 수 없다.

• 20개 이하 : 당신의 가족기업은 이미 심각한 문제를 겪고 있거나, 또는 현재 회사의 상황과 관계없이 향후 심각한 문제를 겪을 수 있다.

1장

(1) Julie Macintosh, 《Dethroning the King : The Hostile Takeover of Anheuser-Busch》, Wiley & Sons, 2011 ; William Konedelseder, 《Bitter Brew : The Rise and Fall of Anheuser-Busch and America's Kings of Beer》, HarperBusiness, 2012 ; Wolfgang Riepl, "Confidence is Good, Control is Better", FFI Brussels Conference, 2012 ; AB InBev Corporate Governance June 2012, 인베브 웹사이트 www.ab-inbev.com

(2) Roy Williams, Vic Preisser, 《Preparing Heirs : Five Steps to a Successful Transition of Family Wealth and Values》, Robert Reed Publishers, 2003.

(3) 제임스 휴즈 주니어, 《부의 대물림 : 미국 명문가에서 배우는》, 21세기북스, 2008.

(4) John L. Ward, 《Keeping the Family Business Healthy》, San Francisco Jossey-Press, 1987.

(5) John L. Ward, 《Perpetuating the Family Business》, Palgrave Macmillan, 2004.

(6) 대니 밀러, 이사벨 르 브르통 밀러, 《가족기업이 장수기업을 만든다》, 황금가지, 2009, p.12.

(7) Roger Martin, "The Age of Customer Capitalism", Harvard Business Review, Jan-Feb, 2010.

(8) Michael C. Jensen, William H. Meckling, "Theory of the Firm : Managerial Behavior, Agency Costs and Ownership Structure", Journal of Financial Economics, October, 1976, V3. No.4, pp.305-360.

(9) Ronald C. Anderson, David M. Reeb, "Founding-Family Firm Ownership and Firm Performance Evidence from the S&P 500", The Journal of Finance, June, 2003, pp.1301-1328.

(10) Benjamin Maury, "Family Ownership and Firm Performance ; Empirical Evidence from Western European Corporations", Journal of Corporate Finance, 2006, pp.321-341.

(11) 권다희, "가족경영 기업이 경제위기 더 잘 버텼다", 머니투데이, 2009. 12. 28.

(12) Julian Franks, Colin Mayer, Paolo Volpin and Hannes F. Wagner, "The Life Cycle of Family Ownership ; International Evidence", Financial Meeting EUROFIDAI-AFFI, Paris, December, 2011.

(13) John L. Ward, 《Perpetuating the Family Business》, Palgrave Macmillan, 2004.

(14) 고랜트 고든, 나이젤 니콜슨, 《패밀리 워즈》, 재승출판, 2008 ; Wikipedia(History of the Gucci House, 2007) ; "From Guccio to Gucci", Forbes Korea, January, 2010.

(15) 헤르만 지몬, 《히든 챔피언》, 흐름출판, 2008.

(16) 대니 밀러, 이사벨 르 브르통 밀러, 《가족기업이 장수기업을 만든다》, 황금가지, 2009, pp.5-6.

(17) Joseph Weber, Louis Lavelle, Tom Lowry, Wendy Zellner and Amy Barrett, "Family

Inc.", Business Week, November 10, 2003, pp.100-114.

(18) 대니 밀러, 이사벨 르 브르통 밀러, 《가족기업이 장수기업을 만든다》, 황금가지, 2009, pp.32-45.

(19) Randel S. Carlock, John L. Ward, 《When Family Businesses are Best》, Palgrave Macmillan, 2010.

(20) 헤르만 지몬, 《히든 챔피언》, 흐름출판, 2008, pp.113-114.

(21) 차학봉, "日 재벌 3세 회장, 도박으로 106억엔 날렸다", 조선일보, 2011. 11. 24.

(22) Randel S. Carlock, John L. Ward, 《When Family Businesses are Best》, Palgrave Macmillan, 2010, pp.229-230.

(23) 프레더릭모틴, 《250년 금융재벌 로스차일드 가문》, 주영사, 2009 ; 리룽쉬, 《로스차일드 신화 : 세계 금융의 지배자》, 시그마북스, 2009 ; Wikipedia(en.wikipedia.org/wiki/Rothchild) ; 로스차일드 웹사이트 www.rothschild.com

(24) 프레더릭 모틴, 《250년 금융재벌 로스차일드 가문》, 주영사, 2009, pp.229-230.

(25) 프레더릭 모틴, 위의 책, pp.212-216.

(26) 김재영, "로스차일드 가문 250년 부의 비밀", 머니투데이, 2004. 12. 8.

2장

(1) 윌리엄 오하라, 《세계 장수기업, 세기를 뛰어넘은 성공》, 예지, 2007.

(2) 이새봄, 황미리, "한국기업 평균수명은 고작 10년", 매일경제, 2010. 8. 20.

(3) Jeffrey Sonnenfeld, 《The Hero's Farewell》, Oxford University Press, 1988.

(4) Randal S. Carlock, John L. Ward, 《Strategic Planning for the Family Business》, Palgrave Macmillan, 2001.

(5) Eanesto J. Poza, 《Family Business》, Thomson Learning, 2004.

(6) Randal S. Carlock, John L. Ward, 《Strategic Planning for the Family Business》, Palgrave Macmillan, 2001, pp.5-7.

(7) Renato Tagiuri, John Davis, "Bivalent Attributes of the Family Firm", Working Paper, Harvard Business School, 1982.

(8) John L. Ward, 《Perpetuating the Family Business》, Palgrave Macmillan, 2004, pp.12-14.

(9) Kelin E. Gersick, John A. Davis, Marion McCollon Hampton and Ivan Lansberg, 《Generation to Generation》, Harvard Business School Press, 1997, pp.14-15 사례 내용을 각색함.

(10) Kelin E. Gersick, John A. Davis, Marion McCollon Hampton and Ivan Lansberg, 위의 책, pp.30-55.

(11) Leon Danco, 《Beyond Survival》, A Prentice-Hall Company, 1975.

(12) Ivan Lansberg, 《Succeeding Generations》, Harvard Business School Press, 1999.

(13) Leon Danco, 위의 책.

(14) Ivan Lansberg, 위의 책, pp.32-33.

(15) Ivan Lansberg, 위의 책, pp.34-37.

(16) Randal S. Carlock, John L. Ward, 《Strategic Planning for the Family Business》, Palgrave Macmillan, 2001.

(17) Hans Hinterhuber, "Integrating Family and Firm", EBF issue 14, Summer 2003 ; 김현진, "100년 장수기업의 비결, 크리스털 시장 점유율 80%, 스와로브스키", 조선일보, 2010. 3. 5.

(18) Craig E. Aronoff, 《Effective Leadership in the Family Business》, Palgrave Macmillan, 2011.

(19) James S. Coleman, "Social Capital in the Creation of Human Capital", American Journal of Sociology, 1988, pp.95-120.

(20) Francis Fukuyama, 《Trust : Social Virtues and the Creation of Prosperity》, London : Mamish Hamilton, 1995.

(21) Roy Williams, Vic Preisser, 《Preparing Heirs : Five Steps to a Successful Transition of Family Wealth and Values》, Robert Reed Publishers, 2003.

3장

(1) Khai Shiang Lee, Guan Hua Lim and Wei Shi Lim, "Family Business Succession : Appropriation Risk and Choice of Successor", Academy of Management Review, 2003, pp.657-666.

(2) Ronald C. Anderson, David M. Reeb, "Board Composition Balancing Family Influence in S&P 500 Firms", Administrative Science Quarterly, 2004, pp.209-237.

(3) 프레더릭 모턴, 《250년 금융재벌 로스차일드 가문》, 주영사, 2009.

(4) 장승규, 《존경받는 기업 발렌베리가의 신화》, 새로운제안, 2006.

(5) Dennis T. Jaffe, 《Working with the One You Love : Strategies for a Successful Family Business》, Conari Press, 1991, p.235.

(6) 김선화, 남영호, "가족기업의 승계프로세스 관련 이해관계자별 영향요인에 관한 문헌검토", 중소기업연구, 제33권 3호, 2011, pp.23-48.

(7) 김선화, 남영호, 위의 논문.

(8) Kelin E. Gersick, John A. Davis, Marion McCollon Hampton and Ivan Lansberg, 《Generation to Generation》, Harvard Business School Press, 1997.

(9) Michael Harvey, Rodney E. Evans, "The Impact of Timing and Mode of Entry on Successor Development and Successful Succession", Family Business Review, 1994, pp.221-236.

(10) 장익창, "아버지 편애가 이복형제 갈등 불렀다", 일요서울, 2007. 7. 23.

(11) Dennis T. Jaffe, 《Working with the One You Love : Strategies for a Successful Family Business》, Conari Press, 1991.

(12) John A. Davis, "Successor Development", Presentation at the International Family Enterprise Institute Meeting in Montreal, 1998.

(13) "중소기업 1.2세대 가업승계 실태조사", 중소기업중앙회, 2010.

(14) 김선화, 남영호, "가족기업의 승계프로세스 관련 이해관계자별 영향요인에 관한 문헌검토", 중소기업연구, 제33권 3호, 2011, pp.23-48.

(15) 조용탁, "2세 경영자로 산다는 것", 중앙일보, 2011. 3. 27.

(16) John L. Ward, 《Perpetuating the Family Business》, Palgrave Macmillan, 2004.

(17) Quentin J. Fleming, 《Keeping the Family Baggage out of the Family Business》, A Fireside Book, 2006.

(18) KBS, 〈100년의 기업 : 세계에 울리는 1000년의 전통 종 제작소〉, 2011년 1월 9일 방송.

(19) 장승규, 《존경받는 기업 발렌베리가의 신화》, 새로운제안, 2006.

(20) Leon Danco, 《Beyond Survival》, A Prentice-Hall Company, 1975.

(21) 조용탁, "2세 경영자로 산다는 것", 중앙일보, 2011. 3. 27.

(22) Ivan Lansberg, Joseph. H. Astrachan, "Influence of Family Relationships on Succession Planning and Training : The Importance of Dedicating Factors", Family Business Review, Vol.7, pp.39-59.

(23) 조용탁, "2세 경영자로 산다는 것", 중앙일보, 2011. 3. 27.

(24) Craig E. Aronoff, John L. Ward, 《Preparing Successors for Leadership》, Palgrave Macmillan, 2011.

(25) Craig E. Aronoff, John L. Ward, 위의 책.

(26) Craig E. Aronoff, John L. Ward, 위의 책.

(27) Louise Cadieux, "Succession in Small and Medium-Sized Family Businesses : Toward a Typology of Predecessor Roles During and After Instatement of the Successor", Family Business Review, 2007, pp.95-109.

(28) Stephanie Brun de Pontet, Carsten Wrosch and Marylene Gagne, "An Exploration of the Generational Differences in Levels of Control Held among Family Businesses Approaching Succession", Family Business Review, 2007, pp.337-354.

(29) Stephanie Brun de Pontet, Carsten Wrosch and Marylene Gagne, 위의 논문.

(30) Louise Cadieux, "Succession in Small and Medium-Sized Family Businesses : Toward a Typology of Predecessor Roles During and after Instatement of the Successor", Family Business Review, 2007, pp.95-109.

(31) James W. Lea, 《Keeping It in the Family : Successful Succession of the Family Business》, Wiley, 1991.

(32) John Davis, Renato Tagiuri, "The Influence of Life-stage on Father-son Work Relationship in Family Companies", Family Business Review, Vol.11, 1989, pp.47-74.

(33) 김선화, 남영호, "가족기업의 사회적 자본과 승계프로세스에 관한 탐색적 연구", 대한경영학회지, 2011.

(34) David H. Olson, "The Circumplex Model of Family System : VIII. Family Assessment and Intervention", Journal of Psychotherapy & the Family, Vol.4(1-2), 1988, 7-49.

4장

(1) Ivan Lansberg, "The Succession Conspiracy", Family Business Review, Summer 1988, pp.119-143.

(2) John L. Ward, "Family Succession Experience", Kellogg Family Business Conference, 2004.

(3) Leon Danco, 《Beyond Survival》, A Prentice-Hall Company, 1975.

(4) Quentin J. Fleming, 《Keeping the Family Baggage out of the Family Business》, A Fireside Book, 2006.

(5) Jeffrey Sonnenfield, 《The Hero's Farewell : What Happens When CEO's Retire》, New York : Oxford University Press, 1991.

(6) Craig E. Aronoff, 《Letting Go : Preparing Yourself to Relinquish Control of the Family Business》, Palgrave Macmillan, 2011.

(7) 헤르만 지몬, 《히든 챔피언》, 흐름출판, 2008, p.492.

(8) 김선화, 남영호, "가족기업의 사회적 자본과 승계프로세스에 관한 탐색적 연구", 대한경영학회지, Vol.24, No2, 2011, pp.743-767.

(9) 선우정, "일본 '후계 신화' 무너진다", 조선일보, 2006. 10. 28.

(10) 박수진, "신문에 초빙광고까지… '후계자 어디 없나요'", 한국경제. 2011. 9. 28.

(11) 대니 밀러, 이사벨 르 브르통 밀러, 《가족기업이 장수기업을 만든다》, 황금가지, 2009.

(12) Craig E. Aronoff, John L. Ward, 《The Final Test of Greatness》, Palgrave Macmillan, 1992

(13) 임재천, "중소기업 가업 상속, 현행 제도로는 불가능", 아주경제, 2011. 7. 4.

(14) Craig E. Aronoff, 《Letting Go : Preparing Yourself to Relinquish Control of the Family Business》, Palgrave Macmillan, 2011.

(15) Randal S. Carlock, John L. Ward, 《Strategic Planning for the Family Business》, Palgrave Macmillan, 2001.

(16) Ivan Lansberg, 《Succeeding Generations》, Harvard Business School Press, 1999.

5장

(1) 구보타 쇼이치, 2011 대한민국 강소기업포럼, 파이낸셜뉴스, 2011. 7. 13.

(2) 구보타 쇼이치, 위의 포럼.

(3) "100년 넘은 기업 2만개, 일본기업의 장수요인", 글로벌스탠다드리뷰, 2008. 11. 24.

(4) 도쿄상공리서치와 일본실천경영학회, 창업 100년 이상 된 기업 경영자 설문조사.

(5) 윌리엄 오하라, 《세계장수기업, 세기를 뛰어넘은 성공》, 예지, 2007, pp.52-70 ; KBS, 〈100년의 기업 : 세계에서 가장 오래된 여관, 1300년의 역사, 일본 호시료칸〉, 2011년 1월 16일 방송.

(6) 장승규, 《존경받는 기업 발렌베리가의 신화》, 새로운제안, 2006.

(7) Ronald Yates, 《The Kikkoman Chronicles : A Global Company with a Japanese Soul》, McGraw-Hill, 2003 ; 윌리엄 오하라, 《세계장수기업, 세기를 뛰어넘은 성공》, 예지, 2007.

(8) Ronald Yates, 위의 책.

(9) 마쓰시타 고노스케, 《위기를 기회로》, 청림출판, 2010, p.25.

(10) 윌리엄 오하라, 《세계 장수기업, 세기를 뛰어넘은 성공》, 예지, 2007.

(11) 레 제노키앙 웹사이트 www.henokiens.com

(12) Josep Tapies, Maria Fernandes, "Values and Longevity in Family Business : Evidence from a Cross-cultural Analysis", Working Paper, IESE Business School, July 2010.

(13) 윌리엄 오하라, 《세계 장수기업, 세기를 뛰어넘은 성공》, 예지, 2007. p.395에서 재인용.

(14) Matti Koiranen, "Over 100 Years of Age but Still Entrepreneurially Active in Business : Exploring the Values and Family Characteristics of Old Finnish Family Firms", Family Business Review, Sep. 2002, pp.175-187.

(15) Randal S. Carlock, John L. Ward, 《When Family Business are Best》, Palgrave Macmillan, 2010 ; SC 존슨 웹사이트 www.scjohnson.com

(16) 필립 코틀러, 《마켓 3.0》, 2010, p.136에서 재인용.

(17) KBS, 〈100년의 기업 : 일만 년 역사를 꿈꾸다, 348년 가위의 명가 장쇼우췐〉, 2011년 1월 23일 방송.

(18) 헤르만 지몬, 《히든 챔피언》, 흐름출판, 2008, p.268.

(19) Benjamin Maury, "Family Ownership and Firm Performance ; Empirical Evidence from Western European Corporations", Journal of Corporate Finance, 2006, pp.321-341.

(20) KBS, 〈100년의 기업 : 길 위의 로망을 꿈꾸게 하라, 모터사이클 100년 할리데이비슨〉 2011년 11월 2일 방송 ; 박성배, "비즈니스 3.0", SERICEO, 2009 ; "명품으로 부활한 꿈의 오토바이 할리데이비슨", IGM 경영리포트, 2009. 10. 30 ; Sharon Schembri, "Reframing Brand Experience : The Experiential Meaning of Harley-Davison", Journal of Business Research, Issue 13, 2009, pp.1299-1310.

(21) 대니 밀러, 이사벨 르 브르통 밀러, 《가족기업이 장수기업을 만든다》, 황금가지, 2009, p.82.

(22) 대니 밀러, 이사벨 르 브르통 밀러, 위의 책 ; KBS, 〈100년의 기업 : 자동차 문화를 판매한다, 122년 프랑스 타이어 회사 미쉐린〉, 2011년 3월 13일 방송 ; "늙지 않는 100년 기업 미쉐린", 삼성경제연구소, 2010. 3. 18 ; 미쉐린 웹사이트 www.michelin.com

(23) 대니 밀러, 이사벨 르 브르통 밀러, 위의 책.

(24) Michael Porter, Mark Kramer, "Creating Shared Value", Harvard Business Review, 2011, pp.62-77.

6장

(1) Katie Hunt, "Feuds Threaten Asia's Family Business", BBC News Hong Kong, 2012. 3. 18.

(2) "Asian Family Business Report 2011 : Key Trends, Economic Contribution, and Performance", Credit Swiss, October, 2011.

(3) Crag E. Aronoff, John L. Ward, 《Family Business Governance : Maximizing Family and Business Potential》, Palgrave Macmillan, 2010.

(4) Ivan Lansberg, 《Succeeding Generations》, Harvard Business School Press, 1999, pp.279-285.

(5) Randel S. Carlock, John L. Ward, 《When Family Businesses are Best》, Palgrave Macmillan, 2010, pp.200-203.

(6) 그랜트 고든, 나이젤 니콜슨, 《패밀리 워즈》, 재승출판, 2008.

(7) 그랜트 고든, 나이젤 니콜슨, 위의 책, pp.320-321.

(8) John L. Ward, 《Creating Effective Boards for Private Enterprises》, Jossey-Bass, 1992 ; Kelin E. Gersick, John A. Davis, Marion McCollon Hampton and Ivan Lansberg, 《Generation to Generation》, Harvard Business School Press, 1997.

(9) John A, David, "Governing the Family-run Business", Harvard Business Review, Sep. 2001.

(10) John L. Ward, 《Creating Effective Boards for Private Enterprises》, Jossey-Bass, 1992.

(11) Ivan Lansberg, 《Succeeding Generations》, Harvard Business School Press, 1999, pp.250-290.

(12) Monica Wagen, Joachim Schwass, "The French Maker of Luxury Items from Luggage to Scarves has Never Compromised its Brand Image over Six Generations, and It has Protected Family Control Like Fort Knox Gold", Business Magazine, Winter, 1998.

(13) Jane Hilburt-Davis, William G. Dyer, 《Consulting to Family Businesses》, John Wiley & Sons, 2003.

(14) Crag E. Aronoff, John L. Ward, 《Family Business Governance : Maximizing Family and Business Potential》, Palgrave Macmillan, 2010.

(15) Crag E. Aronoff, John L. Ward, 《Family Meetings : How to Build a Stronger Family and a Stronger Business》, Family Enterprise Publishers. 2002 ; Dennis T. Jaffe, 《Working with the One You Love : Strategies for a Successful Family Business》, Conari Press, 1991.

(16) 스티븐 코비, 《성공하는 사람들의 7가지 습관》, 김영사, 2003.

(17) Ivan Lansberg, 《Succeeding Generations》, Harvard Business School Press, 1999, pp.300-303 ; Fred Neubauer, Alden G. Lank, 《The Family Business : Its Governance for Sustainability》, Routledge New York, 1998.

(18) Ivan Lansberg, 《Succeeding Generations》, Harvard Business School Press, 1999, pp.303-309.

(19) "Merck Group Winds IMD-Lombard Odier Global Family Business Award", Compden FB News Article, FB, 2009. 1. 16 ; Frank Stangenberg-Haverkamp, "Merck-Family History, Family Management and Family Governance", Asian Invitational Conference of Family Business, 2011. 2. 5.

(20) "가족이 아닌 기업을 우선한다 : 300년 역사 머크 회장 인터뷰", 전자신문, 2012. 9. 6.

(21) Daniela Montemerlo, John L. Ward, 《The Family Constitution : Agreement to Secure and Perpetuate your Family and your Business》, Palgrave Macmillan, 2005 ; Frederick D. Lipman, Lisney B. Bozzelli, 《Family Business Guide》, Palgrave Macmillan, 2010.

(22) 제임스 휴즈 주니어, 《부의 대물림 : 미국 명문가에서 배우는》, 21세기북스, 2008, p.45.

(23) Ivan Lansberg, 《Succeeding Generations》, Harvard Business School Press, 1999 ; Crag E. Aronoff, John L. Ward, 《Family Business Governance : Maximizing Family and Business Potential》, Palgrave Macmillan, 2010. ; Fred Neubauer, Alden G. Lank. 《The Family Business : Its Governance for Sustainability》, Routledge New York, 1998.

(24) Richard Nava, Beth Silver, "How to Create Effective Governance in a Family Controlled Enterprise", NACD Direstion Monthly, Agust 2003.

(25) Crag E. Aronoff, John L. Ward, 《Family Business Governance : Maximizing Family and Business Potential》, Palgrave Macmillan, 2010.

(26) John L. Ward, 《Perpetuating the Family Business》, Palgrave Macmillan, 2004.

(27) Ivan Lansberg, 《Succeeding Generations》, Harvard Business School Press, 1999에서 재인용.

(28) 윌리엄 오하라, 《세계 장수기업, 세기를 뛰어넘은 성공》, 예지, 2007, pp.65-66에서 재인용.

(29) Jean lee, Hong Li, 《Wealth doesn't Last 3 Generations》, World Scientific, 2008 ; Vincent Mark, "Old Company, Modern Marketing Strategy : Lessons from Lee Kum Kee, Aisa Case Research Center", The University of Hong Kong, 2003 ; 이금기사 웹사이트 www.lkk.com

(30) Mats Larsson, Daniel Nyberg, "Long-Term Ownership and Ownership Strategies in Family Firms : The Case of Bonniers, 1950-1990", 6th European Business History Association Annual Congress in Helsinki, August 22-24, 2002 ; Hans-Jacob Bonnier, "A History of Transfers of Ownership Stockholm", Transfer of Ownership in European Experiences, March 26, 2010 ; "Bonnier Family : Generously Sharing their Experience", 2004 Kelloge Family Business Conference ; 보니어 그룹 웹사이트 www.bonnier.com

(31) "Funding as a Family : Engaging the Next Generation in Family Philanthropy", Credit Swiss Institute for Philanthropy, 2010.

(32) "Philanthropy : What It Provides to Family in Business", Tharawat Magazine Vol.10, www.tharawat-megazine.com

(33) 제임스 휴즈 주니어, 《부의 대물림 : 미국 명문가에서 배우는》, 21세기북스, 2008, p.32.

(34) "Philanthropy : What It Provides to Family in Business", Tharawat Magazine Vol.10, www.tharawat-megazine.com

(35) 방현철, 《부자들의 자녀교육》, 이콘, 2007, p.80.

(36) 이미숙, 《존경받는 부자들 : 기부와 자선 미국을 이끈다》, 김영사, 2004, pp.207-213에서 재인용.

(37) 방현철, 《부자들의 자녀교육》, 이콘, 2007, pp.64-87에서 재인용.

답을 내는 조직

김성호 지음 | 15,000원

《일본전산 이야기》의 저자가 4년 만에 내놓은 후속작. 지금 우리에게 필요한 것은 돈도, 기술도, 자원도 아닌, 기필코 답을 찾겠다는 구성원들의 살아 있는 정신이다. 이 책은 어떻게 하면 답을 찾는 인재가 될 수 있는지 크고 작은 기업들의 사례를 통해 속 시원히 밝힌다.(추천: 잠들었던 의식을 일깨우고 치열함을 되살리고 싶은 모든 이들)

부자지능

스티븐 골드바트 · 조안 디퓨리아 지음 | 15,000원

부모의 재력이나 운, 화려한 스펙 없이도 최고의 자리에 오르고, 부유하고 만족스러운 삶을 사는 이들이 있다. 그들이 갖춘 능력, 그 무언가가 바로 부자지능이다. 이 책은 당신이 본래 갖고 있는 자질과 성격적 특성, 가치관을 바탕으로 물질적 · 정신적으로 부자가 되는 비밀을 밝힌다.(추천: 돈과 친해지고, 정신적으로 풍요롭게 살고 싶은 모든 이들)

사장의 일

하마구치 다카노리 지음 | 김하경 옮김 | 15,000원

사장이 흔들리면 회사가 흔들린다! 사장은 직원의 생계와 미래를 모두 책임져야 하는 막중한 자리다. 이 책은 사장이라면 마땅히 품어야 할 사명과 더불어, 책임을 현명하게 감당하게 해줄 지혜의 말을 담고 있다. 현역 사장에게는 조직의 앞날을 내다볼 통찰이, 사장이나 리더를 꿈꾸는 이들에게는 사장으로 거듭날 계기가 되어줄 것이다.

부자들은 세금으로 돈 번다

김예나(삼성증권 세무위원) 지음 | 17,000원

지금껏, 대한민국 0.1%만이 누렸던 슈퍼리치 절세 전략. 마땅한 투자처를 찾기 쉽지 않은 저금리 시대에 숨은 1%를 찾아내고자 하는 노력은 투자자들에게 절체절명의 과제이다. 단 한 푼의 돈도 새어나갈 수 없도록 하는 세테크는 꼭 자산이 많지 않은 사람이라도 반드시 필요한 재테크 전략이다.

모든 비즈니스는 브랜딩이다

홍성태 지음 | 18,000원

브랜딩은 더 이상 마케팅의 전유물이 아니다! 이 책은 살아남은 브랜드와 잊혀져가는 브랜드의 사례를 토대로, 브랜드 컨셉을 어떻게 기업의 문화로, 가치로 녹여낼 수 있는지를 쉽고 친근하게 설명한다. 브랜딩이 단순한 마케팅 기법이 아니라 경영의 핵심임을 일깨워주는 책(추천: 마케팅 담당자뿐 아니라 모든 부서의 직원들을 위한 책)

장사의 신

우노 다카시 지음 | 김문정 옮김 | 14,000원

장사에도 왕도가 있다! 일본 요식업계의 전설이자 '장사의 신' 우노 다카시. 커피숍의 매니저로 시작해, 200명이 넘는 자신의 직원들을 성공한 이자카야 사장으로 만든 주인공이다. 부동산에서 가게 입지 선정하는 법, 백발백중 성공하는 메뉴 만드는 법, 올바른 접객 비법까지… 오랜 내공으로 다져진 그의 남다른 '장사의 도'를 낱낱이 전수받는다.

우리가 꿈꾸는 회사: 마이다스아이티, 세계 1등 기업의 비밀

류랑도 지음 | 14,000원

창업 7년 만에 세계 1위에 오른 기업 마이다스아이티. 직원들을 회사의 주인으로 만들어 최고의 성과를 내는 인본경영 전략을 밝힌다. 《일을 했으면 성과를 내라》 저자가 전하는 '회사와 직원' 모두 행복해지는 비밀! (추천: 구성원들의 주인의식을 끌어내고자 하는 리더, 자신의 역량을 불살라 최고가 되고 싶은 이들)

현대카드 이야기: 비즈니스를 발명하는 회사

이지훈 지음 | 16,000원

연회비 200만 원짜리 VVIP 카드, 슈퍼 콘서트, 슈퍼매치, 슈퍼토크, 하는 일마다 세상의 이목을 집중시키며 "카드 회사 맞아?"라는 감탄과 궁금증을 자아내는 독특한 회사, 현대카드. 현대카드의 성공을 가능케 한 그들만의 독특한 기업문화와 일하는 방식을 밝힌다! (추천: 일과 경영에서 '퍼스트 무버'를 꿈꾸는 이들에게 건네는 살아 있는 교과서)

인생에 변명하지 마라

이영석 지음 | 14,000원

쥐뿔도 없이 시작해 절박함 하나로 대한민국 야채가게를 제패한 '총각네 야채가게' 이영석 대표. '가난하게 태어난 건 죄가 아니지만 가난하게 사는 건 죄다, 똥개로 태어나도 진돗개처럼 살아라, 성공하고 싶다면 먼저 대가를 치러라…' 비록 맨주먹이지만 빌빌대며 살지 않겠다고 다짐한 이들에게 바치는 성공 마인드!

여기에 당신의 욕망이 보인다

송길영 지음 | 15,000원

미래는 현재의 욕망에 이미 존재한다. 욕망을 이해하면 미래를 알 수 있다! 이 책은 트렌드 예측의 핵으로 떠오른 빅 데이터(big data)를 통해 사람들의 욕망을 이해하고 미래에 대비하는 방법을 국내기업의 실제 분석사례 20여 건과 함께 보여준다.(추천: 고객의 생생한 목소리를 듣고 싶은 기업들, 시장과 사회의 변화 흐름을 읽고자 하는 이들)

Succession
Planning for
Perpetuating